梵網經

賴永海◆主編
戴傳江◆譯注

前言

《梵網經》是大乘菩薩戒的重要經典，它隨著大乘思潮而興起，宣示了大乘佛教的基本理論和根本精神，闡述了大乘菩薩道的修習階位及大乘菩薩戒的十重四十八輕戒，促進了大乘佛教在中國的流行及大乘菩薩戒運動。在闡釋菩薩心地法門時，《梵網經》明確表述了大乘佛教的佛性思想，集中體現了中道正觀，對佛教義理做了簡要的玄學化論述。

一、從聲聞戒到大乘菩薩戒

戒律為佛教經、律、論三藏之一。守持戒律不僅是佛弟子們解脫生死、開佛知見、證悟無上菩提而達涅槃妙境的始基，而且是僧團「和合安樂」、佛教正法住世的依據與標誌。《佛遺教經》中載佛陀涅槃前最後一次說法：

「汝等比丘，於我滅後，當尊重珍敬波羅提木叉，如闇遇明，貧人得寶，當知此則是汝等大師。」

《四十二章經》中說：

「佛子離吾數千里，憶念吾戒，必證道果。在吾左右，雖常見吾，不順吾戒，終不得道。」

佛陀制戒有著和合僧眾和證悟菩提的兩大本懷，戒律的守持直接關係到佛教解脫的能否實現。戒律於佛教中有著非常重要的地位，正所謂「一切眾律中，戒經為最上，佛法三藏教，毘奈耶為首。」

戒，梵語śīla，音譯尸羅。指用以防非止惡的、使人內心清涼的規矩。律，梵語vinaya，音譯為毘奈耶、毘那耶、鼻奈耶，有調伏、禁制之法、滅、詮量等義，是考量是非善惡、規範行為的準則。

在戒與律的關係上，狹義地講，戒是戒，律是律，律中包含戒，戒中不含律。持律含有持戒，持戒不能全攝持律。持律是僧團大眾共同的事，含有他律規範的意義；持戒則是僧眾自覺地自我規範，是個人的事。持戒稱為「止持」，其重心在於防非止惡；持律稱為「作持」，其重心在於奉行諸善。後來，戒律用以泛指佛教修行者所應遵守的一切規範。

從性質上講，戒律分為遮戒與性戒。性戒，如殺、盜、邪淫、妄語等戒，此戒無論佛教是否制定，人若持之即得福，犯之即得罪。遮戒，如飲酒等戒，若飲酒，可能因醉酒而犯其他性戒，故佛教制定不飲酒戒，但飲酒本身是沒有罪的。

在內容上，佛教戒律有五戒、居士戒、沙彌（尼）戒、具足戒等區分。五戒，指不殺生、不偷盜、不邪淫、不妄語、不飲酒，這五戒，是佛門四眾弟子的基本戒，不論出家在家皆應遵守。居士戒是指在家修習佛法者應該遵守的戒律。在家修行者，首先應該遵守五戒，如果進入寺廟嘗試一天一夜的出家生活，則應受持八關齋戒，即除受持五戒（「不邪淫」提升為「不淫」）外，還應受持過午不食、不坐高廣大床、不打扮和不享受歌舞。除消極地持戒止惡外，還應積極地為善，即所謂的十善：不殺生、不偷盜、不邪淫、不妄語、不惡口、不兩舌、不綺語、不貪欲、不瞋恚、不邪見（癡）。沙彌（尼）戒是指年少、初出家的僧眾應受持的戒律，有十戒：不殺生、不偷盜、不淫欲、不妄語、不飲酒、不香花嚴身、不歌舞觀聽、不坐臥高廣大床、不非時食、不蓄金銀財寶。具足戒又稱「近具戒」、「大戒」，為比丘、比丘尼所應受持的戒律。具足戒的內容，南北朝佛教所傳的戒本各異，按對中國佛教影響最大的律學典籍《四分律》所載，比丘戒有二百五十條，比丘尼戒有三百四十八條。

佛教的戒律，雖有針對佛教自身修行特點而制定，但大多則是承繼於古印度自吠陀以來的哲學、宗教思想和修行方法。《摩奴法典》是古婆羅門教保存下來的最完整的法典，其中不僅含有各種修行方法，而且還有嚴格的戒律內容，如苦行、戒殺、戒食葷、離欲、與梵合一等等，世尊早年的苦修實際上就是立足於這些內容，他的早期弟子們也大都是經年嚴格修行之人，於戒律當然是無須強調。但是，隨著許多本身修行較低甚至沒有修行基礎的人加入僧團，違背傳統修行戒律的事時有發生，直接影響到佛教的修行和僧團的和合，佛陀就根據隨犯隨制的原則，逐步建立起佛教的戒律體系。佛教戒律始於世尊滅後大迦葉等五百尊者於七葉窟中的首次結集，由優波離尊者經八十次誦出，是為《八十誦律》，為律典傳出之紀元。自是以後，師師傳承，四眾遵守。一百年後，上座、大眾兩部因「小戒是否可棄」、「十事是否非法」等律儀爭執而分裂，旋復逐步分出五種律部，即《根本說一切有部律》、《十誦律》、《四分律》、《五分律》、《摩訶僧祇律》。

在律學上，佛教戒律分戒法、戒體、戒行、戒相四科。「戒法者，如來所制法；戒體者，由於接受之作法而領納戒法於心臍，生防非止惡之功德者；戒行者，隨順其戒體而如法動作三業也；戒相者，其行之差別，即十戒乃至二百五十戒也。一切之戒，盡具此四科。」戒體是因受持戒法而產生的防非止惡的精神功能，戒法是佛陀所制的戒律內容，戒行是受持者由於納受戒體而在身、口、意三方面表現出來合乎戒律的行為，戒相是指僧眾由於持戒、納受戒體而於外表形象上表現出來的妙德吉相。對於戒法、戒體、戒行、戒相之間的關係，《行事鈔》中說：「威儀行戒，隨所施造，動則稱法，美德光顯，故名戒相。」即在四科關係上，法、體、行、相四者體現了「戒」的本體、現象和功用。宋代元照的《資持記》卷十五說：「戒是一也，軌凡從聖，名法。總攝歸心，名體。三業造修，名行。覽而可別，名相。由法成體，因體起行，行必據相。當知相者，即是法相，復具體相，又是行相，無別相也。」戒體因納法而生，但又是戒行、戒相之本。戒體與持戒體現出體與用的關係，因有戒體而能夠持戒，持戒本身反過來又成就戒體。戒體的完整是守戒的目的，也是能否守戒的前提，戒體的獲得成為戒子們求戒、受戒的核心。聖嚴法師在其《戒律學綱要》中說：「佛弟子的受戒，須是師師相授，講求戒體的傳承與納受。唯有受了戒的人，才能將戒傳給他人，此一戒體，是直接傳自佛陀，受戒而納受戒體，便是納受佛的法身於自己的心性之中，以佛的法身接通人人本具的法身，以期引導各人自性是佛的發明或證悟。」戒體的獲得或顯現直接關係到能否證得涅槃、成就法身，能否達到佛教修行的終極理想。因此，戒體於佛教戒律中自然處於核心地位，在中國佛教歷來的授戒儀軌上，儘管受戒的對象、內容、儀軌不盡相同，但其高潮必定是「明授戒體法」，由此求戒者才可以正式納受戒體，受戒成功。

隨著大乘佛教的興起，律學思想也有所變化。傳統律學重視戒身，重視考察身、口之惡，按戒律對僧眾的個體生活做出嚴格要求，以正身而求正心。大乘佛教重視以大乘思想闡釋小乘戒律，強調戒心，重點防範起心動念之「意」惡，以正心而求正身。大乘菩薩道，強調積極饒益眾生，並逐步有了區別於小乘戒律的大乘菩薩戒的產生。在戒體論上，菩薩戒特別注重發大菩提心，所謂「心無盡故，戒亦無盡」，對於戒體的最終根源，則歸之於眾生本有的佛性，也即所謂的佛性戒。

菩薩戒，就是指大乘菩薩所受持的戒律，又稱為「大乘戒」、「佛性戒」、「方等戒」、「千佛大戒」，其內容可歸於三聚淨戒，即攝律儀戒、攝善法戒、攝眾生戒（又作「饒益有情戒」）三項。自原始佛教到印度大乘佛教初期，並無所謂「大乘戒」獨立於小乘戒（也稱為「聲聞戒」）的存在，大乘戒實際上是伴隨著大乘思想的發展而經過長時間逐漸形成的結果。據日本學者考證，大乘戒的成立應該起源於《華嚴經》，該經〈十地品〉中第二離垢地已言及菩薩應行十善、離十惡，對一切眾生應起利益心、安樂心、慈悲心等，並令一切眾生住於正見，遠離惡道，此三事即是菩薩持戒的本分。此處的離十惡、行十善、利益眾生已經構成了大乘菩薩戒中的攝律儀戒、攝善法戒、饒益有情戒的雛形。大乘戒思想在《八十華嚴》和《大智度論》中也有所反應，但在此時期的經典中，大乘戒仍未單獨成立，也沒有大小二乘戒律的思想存在。在《大般涅槃經》中，首先有了聲聞戒與菩薩戒的區別：

「戒復有二：一聲聞戒；一菩薩戒。從初發心乃至得成阿耨多羅三藐三菩提，是名菩薩戒。若觀白骨乃至證得阿羅漢果，是名聲聞戒。若有受持菩薩戒者，尚知是人得阿耨多羅三藐三菩提，能見佛性、如來、涅槃。」

該經認為，只有受持菩薩戒者才能得成無上智慧，才能得見佛性，得涅槃。但是，經中仍然未見有像小乘二百五十戒那樣的大乘戒律科判，直至《梵網經》中，方才有以十重四十八輕等五十八條菩薩戒目的歸納，用以區別於小乘的二百五十戒。在《梵網經》的姊妹篇《瓔珞經》中，以三聚淨戒概括大乘菩薩戒正式成立，其中攝律儀戒引入《梵網經》的十重四十八輕戒，從而使大乘戒與小乘戒有了完全區別。但是，印度佛教中的瑜伽行派於大、小乘戒取折衷態度，《瑜伽師地論》中雖也說三聚淨戒，但其於攝律儀戒不取《梵網經》的十重四十八輕戒，而是採取了小乘二百五十具足戒，即於戒律中取大小乘兼受之意，於日常行事中持守小乘戒，同時又必須踐行攝善法戒與攝眾生戒，即住於大乘精神而行小乘戒，大小乘戒兼受也成為中國佛教宗派的主流律學思想。

二、《梵網經》注疏與中國佛教大乘菩薩運動

中土大乘菩薩戒的弘傳始於鳩摩羅什，敦煌寫本中有其所撰的《受菩薩戒儀軌》一卷。從東晉

至唐初傳譯的大乘戒本主要有《菩薩瓔珞本業經》、《梵網經菩薩戒本》、《瑜伽師地論·菩薩戒本》、《菩薩地持經戒本》、《菩薩善戒經戒本》、《優婆塞戒經戒本》等等。諸戒本中，在中土影響最大的是《梵網經菩薩戒本》、《菩薩地持經戒本》、《瑜伽戒本》，從總體上又可以分為《梵網》和《瑜伽》兩個系統的菩薩戒。《瑜伽》系統的菩薩戒，主要是針對出家眾的，因其攝律儀戒以小乘的七聚為準，無法廣攝一切眾生，但也有學者認為，《瑜伽地持經》兼容出家與在家二眾，《梵網》和《瓔珞》才是純粹的大乘戒法，其戒法直指大乘佛教最高的理念。由於中國本土傳統儒家思想的文化背景，大乘思想十分契合中土人士的價值觀，作為宣揚大乘菩薩戒的《梵網經》自然也受到特別的重視。

據《梵網經》載，該經本有一百二十卷，六十一品，但傳譯過來並流行於世的，僅有第十品〈菩薩心地品〉，此品又分為上下兩卷。《梵網經》在中土的流通，既有包含上下兩卷的全本，更多的是只有下卷的單行本《梵網經菩薩戒本》。由於《梵網經》下卷講的是大乘菩薩戒，所以更加得到偏愛大乘思想的中土人士的重視，其流行範圍廣泛，影響也較大，對其注疏自然也較多，其中影響較大的有：

《菩薩戒疏》二卷，（陳）智文注。

《梵網經菩薩戒經義疏》二卷，（隋）智顗說灌頂記，《續藏經》第五九套第三冊。

《梵網經菩薩戒本疏》三卷，（唐）法藏注，《大藏經》第四〇冊。

《梵網經菩薩戒疏》四卷，現存上卷，（唐）法銑撰，《續藏經》第六〇套第三冊。
《梵網經菩薩戒注》三卷，（宋）慧因注，《續藏經》第六〇套第三冊。
《梵網經菩薩戒經義疏發隱》五卷，（明）袾宏述，《續藏經》第五九套第五冊。
《梵網經菩薩戒經義疏發隱問辯》一卷，（明）袾宏述，《續藏經》第五九套第五冊。
《梵網經菩薩戒略疏》八卷，（明）弘贊述，《續藏經》第六〇套第五冊。
《梵網經菩薩戒初津》，（清）書玉述，《續藏經》第九五套第一冊。
《梵網經菩薩戒淺說》，當代聖一法師講述。
《梵網戒本疏日珠鈔》五〇卷，（日本）凝然撰。
《梵網經》上卷，主要是講菩薩修行的次第，具有一定的大乘佛教理論高度，文字較艱澀，歷代為其作注者較少，主要有以下幾位。
《梵網經古迹記》，（新羅）太賢集，《大藏經》第四〇卷。
《梵網經菩薩戒本述記》，（唐）勝莊撰，《續藏經》第六〇套第二冊。
《梵網經合註》七卷，（明）智旭註，道昉校訂，《續藏經》第六〇套第四冊。
《梵網經直解》四卷，（明）寂光直解，《續藏經》第六〇套第一冊。
《梵網經順朱》二卷，（清）德玉順朱，《續藏經》第六〇一套第三冊。
中國人對《梵網經》雖然極度重視，但自近代以來，一些學者認為《梵網經》是漢人所造，是偽經》對於中國大乘佛教興起和發展的意義卻是重大而深遠的。

真偽問題的爭論可算是由來已久，但據目前的證據、資料，尚不足以證明此經是漢地所造，然《梵網

經。據僧肇的〈梵網經序〉所說，該經是姚秦時鳩摩羅什所譯，但後世仍有所懷疑。關於《梵網經》

現存佛教律藏有廣律、戒經及律論三類，其中廣律是對每一律條進行廣泛解說的律典，它通常包括制緣（制定此律條的原因）、律文（律條的正文，亦稱為「學處」）、犯緣（構成犯戒的條件）和開緣（開脫犯戒的緣由）四個內容。中國僧人的戒律研究並不局限於戒律的制緣、戒本、犯緣、開緣等項目的科判，而是以中國化的人文精神，特別是以儒家價值觀做出中國化的闡釋，如東晉道安曾以儒家五常（仁、義、禮、智、信）比附佛教五戒。南北朝時期，伴隨著大乘菩薩道類經典的譯入，特別是自《梵網經》被譯出之後，中土掀起了大乘菩薩戒運動，上層社會掀起了受持菩薩戒的高潮。

正式受持菩薩戒的帝王有：齊高祖文宣皇帝、梁武帝、隋煬帝、唐中宗、唐睿宗等等。另外，貞觀初年皇太子及諸王、皇后、六宮都正式受菩薩戒。

自稱菩薩戒弟子的有：陳文帝、隋文帝、唐太宗等。

有「菩薩皇帝」之稱的梁武帝，還親自疏理戒律，制《文殊悔過》、《五悔法門經》等梁懺法，極大地促進了中國佛教大乘精神的弘揚。隋唐時期，台、賢、慈恩諸宗僧眾皆有《梵網經》的注疏問世。至於大乘菩薩戒另一經典《地持經》，北朝有義學僧人及律師僧苑、慧順、靈裕、法正等為之作疏，南朝（齊）慧光、曇遷亦弘此經，東晉慧遠也精研《地持經》。中國佛教宗派於佛教戒律通常是

大、小乘戒律齊受的，但在戒律精神上則始終是大乘的。律宗雖以《四分》立宗，但也認為《四分》通於大乘，對《四分》做出大乘的理解，也極力以弘揚大乘精神為己任。

中國律學基本上延續了道安的思想，走大乘路線。佛教大小二乘分裂的原因除了戒律爭論外，還涉及佛身論、涅槃真身、佛法詮釋等教義問題。大乘戒與小乘戒的基本區別，本質上是由大小二乘分別對於佛法所具慧識的殊異而形成的。小乘自求證果解脫，未能超越四聖諦而體悟緣起性空的勝義中道實相，嚴守戒律而忽視社會倫理，重視傳統慧學但少有慧學的積極創新。大乘菩薩道則強調「生死之外別無涅槃」、「一切眾生皆能成佛」、「上求佛道下化眾生」等利他本位的佛教倫理。菩薩戒精神直指佛教終極目標的成就，其戒法中本就蘊含著佛性、般若等佛教終極價值要素，感悟佛性、體證無上菩提才是菩薩戒的最終成就。攝戒歸性是大乘菩薩戒的宗旨，守持大乘菩薩戒的目的在於體悟佛性，佛性也是能夠持戒清淨的最終精神力量來源，守持戒律與最終成佛得到了同維度的統一。

三、《梵網經》的基本內容

《梵網經》，全稱為「梵網經盧舍那佛說菩薩心地戒品第十」，又名為「梵網經菩薩心地品」。梵者，能淨之義；網者，能攝有情眾生之義。梵網，原指大梵天王宮的因陀羅網，有千重而有千光，光光各各相攝不相妨礙。在本經中，諸梵王持羅網幢供佛而聽法，佛因此說無量世界猶如網孔，各各不同，並以梵網比喻佛教之法門，亦重重無盡，圓融無礙。法王說法，猶如梵網一般，孔雖多但網仍一，無量法門雖如恆河沙，但宗趣必歸於一，是故從喻立名為「梵網經」。《梵網經》現收於《大正藏》第二十四冊，金陵刻經處也有單刻本流通。

《梵網經》現今流行版由三藏法師鳩摩羅什所譯，該經正文前有僧肇的「梵網經序」。從內容上看，《梵網經》上卷主要闡述了菩薩修行階位，也對佛教基本義理做了簡要的闡述。下卷說明菩薩戒法，闡述了大乘菩薩戒的十重四十八輕戒的基本內容，其中也體現了大乘佛教的佛性、般若思想。

(一)菩薩修行的階位：三十心、十地

該卷是以釋迦牟尼佛在第四禪地中的摩醯首羅天王宮，與無量大梵天王及菩薩眾，向盧舍那佛問大乘菩薩修行的階位。在該卷中，大乘菩薩的修行可以分為四個層次：發趣十心、長養十心、金剛十心、體性十地，即三十心、十地共四十法門。

1. 發趣十心：所謂「發趣」，指發心修行，趣向大乘。發趣十心，是指發心修行十心，心心皆趣向大乘之境，最終成就佛果。發趣十心，具體指：第一、捨心（施捨心），第二、戒心，第三、忍心（忍辱），第四、進心（精進），第五、定心（禪定），第六、慧心（智慧），第七、願心（上求佛道，下化眾生之願），第八、護心（護持），第九、喜心，第十、頂心（頂，本指人頂，最尊貴之意）。

2. 長養十心：長養，指長養善法，成就功德，趣向聖位。長養十心指：第一、慈心，第二、悲心，第三、喜心，第四、捨心，第五、施心（布施），第六、好語心（慈愛語言待人），第七、利益

心（以身口意諸行利益於人），第八、同心（同理心），第九、定心；第十、慧心。

3. 金剛十心：金剛，喻金剛堅固不壞之意，指長養善法後，其心更加堅勇，不被外道侵損。金剛十心指：第一、信心，第二、念心（念佛、念法、念僧、念戒、念施、念天，共六隨念），第三、迴向心（趨於佛果的殷切之心），第四、達心（通達無礙），第五、直心（正直），第六、不退心（不退轉），第七、大乘心，第八、無相心（心無相），第九、慧心，第十、不壞心。

4. 體性十地：體是本體，性是本性。體性，指佛與眾生的本性，兩者同一而無差別。體性地，即菩薩修行證果的品位，由初地菩薩入聖流而至十地成佛。體性十地指：第一、體性平等地，第二、體性善慧地，第三、體性光明地，第四、體性爾焰地，第五、體性慧照地，第六、體性華光地，第七、體性滿足地，第八、體性佛吼地，第九、體性華嚴地，第十、體性入佛界地。

發趣、長養、金剛這三十心的修行，是修習菩薩道的前期。證入初地的菩薩才是真正得入聖流，再經二地、三地直至證入十地成佛。這三十心十地的菩薩道修行次第，修道者可依此順序由淺入深漸次捨凡入聖，直至得證佛界，究竟解脫。從修行次第上看，雖然一地菩薩不知二地事，但在體性上，每一心、每一地卻又是互攝無礙的。

㈡大乘菩薩戒：十重四十八輕戒

下卷透過盧舍那佛陳述的方式，著重闡述了大乘菩薩戒的基本內容。大乘菩薩戒，分重戒、輕戒二大類。重戒亦稱「波羅夷戒」，受戒者若犯，可致重罪，不僅會被逐出僧團，而且會喪失成佛之因。重戒有十種：殺戒、盜戒、淫戒、妄語戒、酤酒戒、說四眾過戒、自讚毀他戒、慳惜加毀戒、瞋心不受悔戒、謗三寶戒。

輕戒有四十八種，若違犯了，會導致「輕垢罪」。相對於重罪，輕垢罪較輕一點，但卻會玷污淨行。依經文，四十八輕戒又分為五聚，除最後一聚外，各聚都注明本聚在大部《梵網經》中哪些品內做廣泛而深入的說明。

第一至第十戒為一聚，即：第一、不敬師友戒，第二、飲酒戒，第三、食肉戒，第四、食五辛戒，第五、不教悔罪戒，第六、不供給請法戒，第七、懈怠不聽法戒，第八、背大向小戒，第九、不看病戒，第十、不畜殺具戒。

第十一戒至第二十戒為一聚，即：第十一、國使戒，第十二、販賣戒，第十三、謗毀戒，第十四、放火焚燒戒，第十五、僻教戒，第十六、為利倒說戒，第十七、恃勢乞求戒，第十八、無解作師戒，第十九、兩舌戒，第二十、不行放救戒。

第二十一戒至第三十戒為一聚，即：第二十一、瞋打執仇戒，第二十二、憍慢不請法戒，第二十三、憍慢僻說戒，第二十四、不習學佛戒，第二十五、不善知眾戒，第二十六、獨受利養戒，第二十七、受別請戒，第二十八、別請僧戒，第二十九、邪命自活戒，第三十、不敬好時戒。

第三十一戒至第三十九戒為一聚，即：第三十一、不行救贖戒，第三十二、損害眾生戒，第三十三、邪業覺觀戒，第三十四、暫念小乘戒，第三十五、不發願戒，第三十六、不發誓戒，第

三十七、冒難遊行戒，第三十八、乖尊卑次序戒，第三十九、不修福慧戒。

第四十戒至第四十八戒為一聚，即：第四十、揀擇授戒戒，第四十一、為利作師戒，第四十二、為惡人說戒戒，第四十三、無慚受施戒，第四十四、不供養經典戒，第四十五、不化眾生戒，第四十六、說法不如法戒，第四十七、非法制限戒，第四十八、破法戒。

除了十重、四十八輕戒的戒相之外，《梵網經》也論及到受戒的作法、大乘菩薩的集會作法等，甚至還有勸放生、追善供養等日常行儀的規定，對後世的影響很大，堪稱為一部完整的大乘戒經。

菩薩戒，亦稱「三聚淨戒」。聚者，集也；戒者，禁戒也；有三種戒，能攝一切大乘諸戒，故名「三聚戒」。也就是說，大乘菩薩戒，可以分為三類，即三聚淨戒：第一、攝律儀戒，謂一切律儀，無不聚攝，此類戒在於斷除一切惡行；第二、攝善法戒，謂身口意所行之行，能行一切善法也，聞思修三慧及布施等六度之法，無不聚攝；第三、攝眾生戒，謂能攝受一切眾生，能攝之行，即是慈、悲、喜、捨而利益眾生。《梵網經》中大乘戒律，雖分十重四十八輕戒，若收攝分類，也不出這三類。十重戒是攝律儀戒，四十八輕中的前三十輕，是攝善法戒，後十八輕，則可視作攝眾生戒。當然，大乘菩薩戒又是圓融互攝的，即受持任何一戒，三聚戒同時具足。以受持不殺戒為例，不殺生是一種止惡的行為，屬於攝律儀戒。但發誓不殺生也是一種善行，屬於攝善法戒的範疇。同時，不殺生亦是救護一切眾生，能令眾生無畏，有了饒益有情的內涵，於是又成攝眾生戒。又如飲酒戒，要離飲酒等過失，是攝律儀戒；常行對治，是攝善法戒；息世譏嫌，是饒益有情戒。

基於大乘佛教「上求佛道，下化眾生」的菩薩情懷，大乘菩薩戒特別注重發大菩提心，《瓔珞經》中說：「一切菩薩凡聖戒，盡心為體。是故心盡戒亦盡，心無盡故，戒亦無盡。」修習大乘者，當發大菩提心，受持大乘菩薩戒，不但要止惡揚善，而且要積極利益眾生。在自利利他的踐行佛法過程中，更要時刻趣向開顯佛性與開啟智慧，最終得證佛果。《梵網經》上卷對佛性、中道智慧等佛教義理做了簡約化的闡述，從而使下卷的十重、四十八輕的戒律思想建立在扎實的大乘義理之上，使得受持大乘菩薩戒有了佛教修行終極目標的當下指歸，體現了大乘佛教「戒乘互攝」的律學特徵。

四、關於本注譯本

《梵網經》在漢地有幾種版本，本注譯以金陵刻經處版的《佛說梵網經》（上、下卷）為底本，並參照了《大正藏》本《梵網經》、《梵網經古迹記》和法藏、智者等高僧所作的注疏。因各版本經文出入不大，故只對個別文字進行勘誤、補正。在結構內容上，金陵刻經處版的《佛說梵網經》經文已經分段，段首皆有例題，且綱目清晰，易於檢索閱讀，故本注譯遵循原版的框架結構。

本書之注釋，大多隨文而出，參照諸佛學詞典及古德今賢的注疏，盡量使其簡單明瞭。在譯文上，盡量遵循原文語句的結構，並力求達義而通暢，使讀者能夠完整而準確地把握原文本的涵義。

佛教經典注譯所常用的原則是「以經解經」，注譯者唯恐偏離佛陀之原意，這也是筆者極力用功之處。但是，佛教經典注譯既出自注譯者之手，必經注譯者之心，雖然注譯者極力「以經解經」，也必蘊含注譯者個人的理解。況注譯者沒有佛陀之證悟，很難傳達佛陀的本意。偏執於「以經解經」，執著於古德先賢的注疏，其注譯本通常會成為各種注解的會集，滿篇文字正確，但不見注者自身胸中之感悟。對於真理，各人只能證其於一隅，偏其於一方，不同個人感悟能夠平等交流，吾輩才可以糾偏取正，並不斷地接近真理。因此，本書在注譯部分盡量參照各種注本，但在解讀部分，則盡力發揮個人之感想與體悟，並嘗試從心理學角度及人格完善方面做出闡述。筆者浸染佛法十數年，證悟淺薄，不避「斷人慧命」之懼，堅信人心相通，筆者所感悟，或對或錯，相信諸讀者必有獨立之理性，抉擇之明眼，或讚或駁，或取或捨，皆有所值。

另外，今賢對於《梵網經》的注譯與研究，本書重點參考者，有王建光先生注譯的《新譯梵網經》和季芳桐先生釋譯的《佛說梵網經》，在此表示特別感謝。

目次

前言 i
梵網經序(一) 1
梵網經序(二) 8

卷上

菩薩心地品之上 13
十發趣心 33
第一 捨心 34
第二 戒心 40
第三 忍心 43
第四 進心 47
第五 定心 51
第六 慧心 55
第七 願心 59
第八 護心 62
第九 喜心 65
第十 頂心 68

十長養心 74
第一 慈心 75
第二 悲心 78
第三 喜心 82
第四 捨心 85
第五 施心 88
第六 好語心 90
第七 利益心 93
第八 同心 95
第九 定心 98
第十 慧心 101
十金剛心 104
第一 信心 105
第二 念心 109
第三 回向心 112
第四 達心 114
第五 直心 117
第六 不退心 119
第七 大乘心 122
第八 無相心 124
第九 慧心 127
第十 不壞心 130
十地 135
第一 體性平等地 138

第二　體性善慧地　144
第三　體性光明地　153
第四　體性爾焰地　160
第五　體性慧照地　166
第六　體性華光地　171
第七　體性滿足地　177
第八　體性佛吼地　183
第九　體性華嚴地　189
第十　體性入佛界地　194
卷下
梵網經菩薩戒序　211
菩薩心地品之下　215
十重戒　230
第一　殺戒　231
第二　盜戒　234
第三　淫戒　236
第四　妄語戒　239
第五　酤酒戒　242
第六　說四眾過戒　244
第七　自讚毀他戒　246
第八　慳惜加毀戒　248
第九　瞋心不受悔戒　250
第十　謗三寶戒　252
四十八輕戒　257
第一　不敬師友戒　259

第二　飲酒戒　261
第三　食肉戒　263
第四　食五辛戒　265
第五　不教悔罪戒　266
第六　不供給請法戒　268
第七　懈怠不聽法戒　271
第八　背大向小戒　272
第九　不看病戒　273
第十　不畜殺具戒　275
第十一　國使戒　277
第十二　販賣戒　278
第十三　謗毀戒　279
第十四　放火焚燒戒　281
第十五　僻教戒　282
第十六　為利倒說戒　284
第十七　恃勢乞求戒　286
第十八　無解作師戒　288
第十九　兩舌戒　290
第二十　不行放救戒　291
第二十一　瞋打報仇戒　293
第二十二　憍慢不請法戒　294
第二十三　憍慢僻說戒　296
第二十四　不習學佛戒　299
第二十五　不善知眾戒　300
第二十六　獨受利養戒　302
第二十七　受別請戒　304

第二十八　別請僧戒　305
第二十九　邪命自活戒　306
第三十　不敬好時戒　308
第三十一　不行救贖戒　310
第三十二　損害眾生戒　312
第三十三　邪業覺觀戒　313
第三十四　暫念小乘戒　315
第三十五　不發願戒　316
第三十六　不發誓戒　318
第三十七　冒難遊行戒　321
第三十八　乖尊卑次序戒　325
第三十九　不修福慧戒　327
第四十　揀擇授戒戒　329
第四十一　為利作師戒　332
第四十二　為惡人説戒戒　336
第四十三　無慚受施戒　337
第四十四　不供養經典戒　338
第四十五　不化眾生戒　340
第四十六　説法不如法戒　341
第四十七　非法制限戒　342
第四十八　破法戒　344
結語　355
延伸閱讀　357

梵網經序(一)❶

〔後秦〕長安釋僧肇述❷……

夫《梵網經》者，蓋是萬法之玄宗，眾經之要旨，大聖開物之真模，行者階道之正路。是以如來權教❸，雖復無量，所言要趣，莫不以此為指南之說。是以秦主識達圜中❹，神凝紛表，雖威綸四海，而沾想虛玄；雖風偃八荒❺，而靜慮塵外。故弘始三年❻，淳風東扇❼。於是詔天竺法師鳩摩羅什在長安草堂寺❽，及義學沙門三千餘僧，手執梵文，口翻解釋五十餘部。唯《梵網經》一百二十卷六十一品❾，其中菩薩心地品第十，專明菩薩行地。

是時，道融、道影三百人等❿，即受菩薩戒⓫。人各誦此品，以為心首⓬。師徒義合，敬寫一品八十一部，流通於世。欲使仰希菩提者，追蹤以悟理故，故冀於後代同聞焉。

【譯文】

《梵網經》，是釋迦牟尼佛所說百千萬法中最具玄妙深義的經典，也是眾多佛經的宗旨所在，是佛陀開示眾生修行而得解脫的真正範本，展示了大乘菩薩依階第漸次修行的正道。因此，如來因隨順眾生因緣而方便說法的權教，雖然浩瀚無邊，但要說到根本，則沒有不是以該經為標準的。所以說，才識周遍、日理萬機而氣定神閒的後秦國主，雖然威震四海，但仍神往心念虛靜玄妙；雖然征戰南北所向披靡，但仍能靜心參究超越塵世之道。弘始三年，值佛法淳風傳遍東土中原之際，後秦國主宣詔迎請天竺法師鳩摩羅什於長安草堂寺，並聚集當時中國著名義學僧人三千多名，共同研討翻譯佛教經論，計達五十餘部。其中有一百二十卷、六十一品的《梵網經》，但僅譯出了專門闡述菩薩修行階位的第十品〈菩薩心地品〉。

此經譯出之時，道融、道影等三百多人，依法受了菩薩戒。大家都誦讀此品，以之為修行根本。師徒對於廣傳流布此經有著共同的願望，大家遂恭敬抄寫了八十一部，以流通於世。希望那些發心求證無上智慧的人，能夠借由此經得以徹悟佛理，也希望後世求法者能夠一同得聞正法。

【注釋】

❶ 梵網經序：此序為金陵刻經處本和《大正藏》本中《梵網經》所共有。

❷ 後秦（三八四－四一七）：或稱「姚秦」，十六國之一，羌族貴族姚萇於晉孝武帝太元九年

（三八四）所立，都長安（今陝西西安）。後秦之前朝為前秦（三五一—三九四），亦稱「苻秦」，氐族苻健於晉穆帝永和六年所建，都長安。無論是苻秦還是姚秦，其國主都篤信佛教，為當時佛經的翻譯提供了大量的人力、物力支援。釋僧肇（三八四—四一四）：中國東晉著名佛教高僧、理論家。俗姓張，京兆（今陝西西安）人，原崇信老、莊，後從鳩摩羅什出家，為羅什門下「四聖」、「十哲」之一。僧肇擅長般若學，著〈物不遷論〉、〈不真空論〉、〈般若無知論〉和〈涅槃無名論〉，合稱「肇論」。在其著述中，僧肇通過對「空有」、「體用」、「動靜」等關係範疇的精確闡述，對當時佛教五家七宗思想做了總結，將當時的佛教般若學推至一個新的高峰，他也被時人稱為「中土解空第一人」。另，中國佛教出家僧人，常以釋迦牟尼之「釋」為姓，再起法名，如僧肇，全名為「釋僧肇」。

❸如來權教：如來，即佛，佛的十種稱號之一。佛的十種稱號即：如來、正遍知、明行足、善逝、世間解、無上士、調御丈夫、天人師、佛、世尊。如來，意為乘如實道來成正覺。佛的各種稱號，分別是從佛的各種功德上對佛的尊稱。權教，亦稱「方便教」，指佛陀為隨順眾生意，以方便權謀所施設之教門及未達究竟之教理。權，權巧、方便之義。權教與實教相對，實教，亦稱「真實教」，意為真實究竟之教，即佛陀隨自意內證之實義而發揮的最根本教法。實，真實、實際之義。對於佛教之權實高低，各宗各派所判各異。如中國佛教天臺宗，稱《法華經》為實教，其餘諸經為權教；就「教」而言，藏、通、別等三教為權，圓教為實。華嚴宗，判整個佛教為

小、始、終、頓、圓五教，認為小乘為二乘教，大乘始教為三乘教，終、頓二教雖揭示「一乘一性」，但未說一切眾生皆具佛知見，故都屬於權教，獨華嚴別教一乘為真實教。

❹秦主：指後秦高祖姚興（三六六—四一六），字子略，赤亭（甘肅）人，羌族，姚萇長子，繼姚萇為後秦國君，西元三九四—四一六年在位。姚興尊崇儒家，但也提倡佛教，曾廣建寺院，邀請龜茲高僧鳩摩羅什來長安講學譯經，支持法顯赴印度等國取經訪問，使長安成為當時全國的佛教中心，對佛教在當時中國北部地區的傳播與繁榮起了極大的推動作用。識達圜中：此句意思是說，秦主姚興才識周遍超群。圜，本義「圍繞」，此指「天」。《易．說卦》：「乾為天，為圜。」《楚辭．天問》：「圜則九重，孰營度之？」《呂氏春秋．圜道》：「圜，天道也。」

❺八荒：也叫「八方」，指東、西、南、北、東南、東北、西南、西北八個方向，後泛指周圍、各地，此處指「天下」。〈過秦論〉：「囊括四海之意，併吞八荒之心。」

❻弘始三年：弘始，後秦姚興之年號，此處指東晉安帝隆安五年，即西元四〇一年。

❼淳風東扇：因佛教有導人向善淨化人心之效，故以淳風東扇代指佛法東傳並得大興之意。淳風，指淳樸敦厚之風。

❽鳩摩羅什（三四四—四一三）：原籍天竺，生於西域龜茲國（今新疆庫車）。幼年出家，初學小乘，後遍習大乘，尤善般若，並精通漢文，曾遊學天竺諸國，遍訪名師大德，深究妙義。後秦弘始三年（四〇一），姚興派人迎其至長安，從事譯經。羅什率弟子僧肇等八百餘人，譯出《摩訶

般若經》、《妙法蓮華經》、《維摩詰經》、《阿彌陀經》、《金剛經》等佛經和《中論》、《百論》、《十二門論》、《大智度論》等論著，共七十四部、三百八十四卷，成為中國一大譯經家，其所譯佛經對中國佛教宗派的形成起到了極大的作用。在譯經過程中，羅什在長安形成了以自己為中心的龐大僧團，其弟子號稱千人，後世有「四聖」、「八俊」、「十哲」之說，其中又以竺道生、僧肇、僧叡、道融、僧導、僧嵩等最為著名。長安草堂寺：位於現今西安市南秦嶺圭峰山北麓的戶縣秦鎮草堂營村，距西安三十五公里，創建於後秦，相傳其始建時只是一座簡單的堂屋，以草苫蓋屋頂，故名「草堂」，寺亦稱「草堂寺」。鳩摩羅什自弘始八年（四〇六）從逍遙園移居草堂寺譯經，直至弘始十五年（四一三）逝世為止。草堂寺內現今還保存有「姚秦三藏法師」鳩摩羅什舍利塔，俗稱「八寶玉石塔」。

❾《梵網經》一百二十卷六十一品：鳩摩羅什譯，此為僧肇所說，現今所存《梵網經》共二卷，全稱「梵網經盧舍那佛說菩薩心地戒品第十」，又名「梵網經菩薩心地品」、「佛說梵網經」。

❿道融、道影：皆為羅什著名弟子。道融（三五五—四三四），汲郡（河南衛輝）人，著名佛教高僧，善辯論。道融十二歲出家，遊學多年，至三十歲，通內（佛學）外（諸子百家）之學，後從鳩摩羅什受學，參與譯經，著有《法華經義疏》等書。道影，亦稱「曇影」，鳩摩羅什的弟子，助師譯經，著有《法華義疏》四卷，並注釋《中論》。

菩薩戒：修習大乘佛教的菩薩們所應受持之戒律，又稱「大乘戒」、「佛性戒」、「方等戒」、

「千佛大戒」。反之，小乘佛教修行者所受持的戒律，稱「小乘聲聞戒」。大乘菩薩戒的內容為三聚淨戒，即攝律儀戒、攝善法戒、攝眾生戒三項。漢譯藏經中較受重視的菩薩戒本或菩薩戒經有《菩薩瓔珞本業經》、《梵網經菩薩戒本》、《瑜伽師地論菩薩戒本》、《菩薩地持經戒本》、《菩薩善戒經戒本》、《優婆塞戒經戒本》六種，其中《梵網經菩薩戒本》特別受到重視。《梵網經》下卷主要闡述了大乘菩薩戒的十重、四十八輕戒的戒相。中國佛教重視授三壇大戒，即初受沙彌、沙彌尼戒，次受比丘、比丘尼戒，最後現受出家菩薩式，但也有在家居士直接受大乘菩薩戒的作法。中國古代授菩薩戒主要依《瑜伽師地論》，現在則多以《梵網經》為依據。另，菩薩，「菩提薩埵」的略稱，意譯為「覺有情」，指有「上求佛道，下化眾生」菩提願心的大乘佛教修行者。《梵網經》上卷詳細闡述了大乘菩薩修行從凡夫到成佛的階第。

⑫心首：即心和頭，意為最重要之處。

【解讀】

僧肇不愧為「中土解空第一人」，深得佛教般若學之精髓。佛教中道智慧可用《中論》中的「三是偈」做概括：「因緣所生法，我說即是空，亦為是假名，亦是中道義。」也就說，對事物的認識應該從「空」、「假」、「中」三個方面進行。從事物緣起無自性上看是「空」，既已緣起，即非一無所有，因而稱其為「假」，認識到事物既是「有」又是「空」，這就是佛教的「中道第一義諦」。

任何事物都是「空」、「假」、「中」的統一體，三者雖三而一，雖一而三，即「空」即「假」即「中」。僧肇對於後秦國主姚興的描述，也許並不符合歷史的真實，但其描述卻是十分符合大乘菩薩的理想人格和人生境界。「識達圜中，神凝紛表，雖威綸四海，而沾想虛玄；雖風偃八荒，而靜慮塵外」，正如僧肇在其論著〈物不遷論〉中所說：「然則旋嵐偃嶽而常靜，江河競注而不流，野馬飄鼓而不動，日月歷天而不周。復何怪哉？」大乘菩薩修行，所謂「出世不離世，入塵不染塵」，正如後世禪宗所言之「無念、無相、無住」，即於諸境上心不染，於相而離相，雖入於諸相但知諸法體性本空，於諸法上念念不住，無所繫縛。正所謂，了生死而不離生死，入涅槃而不取涅槃。

梵網經序㈡❶

夫宗本湛然❷，理不可易。是以妙窮於玄原之境，萬行起於深信之宅。是以天竺法師鳩摩羅什，誦持此品以為心首。此經本有一百二十卷六十一品。什少踐於大方❸，齊異學於迦夷❹。弘始三年，淳風東扇。秦主姚興，道契百王，玄心大法。於草堂之中，三千學士，與什參定。大小二乘五十餘部，唯《梵網經》最後誦出。時融、影三百人等，一時受菩薩十戒。豈唯當時之益，乃有累劫之津，故與道融別書出此〈心地〉一品。當時有三百餘人誦此一品，故即書是品八十一部，流通於後代持誦相授。囑諸後學好道君子，願來劫不絕，共見龍華❺。

【譯文】

成佛之境，本寂淨湛然，其理玄妙而又常住不滅。佛法的深義通達於玄妙之境，無量佛教修持法門，都以發起對佛法的深切信心為基礎。因此，天竺法師鳩摩羅什，時常持誦《梵網經．菩薩心地品》，以其作為修行所依的根本。大本《梵網經》原有一百二十卷，六十一品。鳩摩羅什法師從小就學習大乘佛法，在釋迦牟尼佛的出生地迦夷羅國，他曾因駁倒諸多異學外道而聲名遠播。弘始三年，佛法之淳風流布東土中原。後秦國主姚興，道德功業符合以前的百代聖王，傾心於佛法的參悟與傳播。於是，在長安草堂寺中，聚集了當時中國著名義學僧人三千多名，與鳩摩羅什法師一起共同研討翻譯佛教經論，計得大小乘經論五十餘部，其中《梵網經》最後譯出。一俟此經譯出，道融、道影等三百多人即時依法受持了菩薩戒。《梵網經》的譯出，不僅利益於當時，更有功於後代萬世。因此，道融與其他學士一起從大本《梵網經》中摘抄出〈心地法門品〉二卷，因為當時有三百多人要同時持誦本品，所以共抄錄了〈心地法門品〉八十一部，也是為了後世流通持誦，轉相教授。殷勤囑咐後世喜好修持佛法者，願萬世誦持此經不輟，共赴龍華法會。

【注釋】

❶ 梵網經序：此序見之於《大正藏》本《梵網經》，金陵刻經處版本上無此序。

❷ 湛然：寂然清澈的樣子，此處指佛法修行的最高境界。湛然有時也用來形容禪定的境界，《摩訶止觀》卷九有「定心湛然，安住不動」（卷上）、「定心湛然，無緣無念」（卷下）的說法，即

內心安住，不攀外緣，不染外境，自心內照而不昏沉。

❸大方：即大乘佛教。

❹齊異學於迦夷：本句的意思是指，鳩摩羅什在佛陀的出生地迦夷羅得到眾多異學外道的尊敬。齊，敬重，恭敬。迦夷，即「迦夷羅」，釋迦牟尼佛出生之地。

❺龍華：本為樹名，梵名「奔那伽」，彌勒佛將於此樹下成佛。按佛教說法，釋迦牟尼佛涅槃後，下一位出世的佛即為彌勒佛，彌勒佛下生此世界時，將於龍華樹下三會說法，以救度眾生，無量眾生也會因為在龍華樹下聽聞彌勒佛說法而成佛，這就是「龍華三會」成佛之說。龍華，此處指悟道成佛，到達彌勒佛之淨土。

卷上

菩薩心地品之上

本品敘述了釋迦牟尼佛在第四禪天摩醯首羅天王宮中，為無量大梵天王及大菩薩，轉述蓮華臺藏世界盧舍那佛所說的心地法門品，其內容主要闡述了大乘菩薩修行的次第，發趣十心、長養十心、金剛十心、體性十地，即三十心、十地共四十法門。

大乘菩薩行者從初發菩提心到修行圓滿成佛的階位，《華嚴經》、《楞嚴經》、《深密經》、《菩薩瓔珞本業經》、《瑜伽師地論》等佛教經論皆有所述，但略有差異。《攝大乘論》中言其為四位，唯識家認為有四十一階位，《大智度論》說有四十二階位，《仁王般若經》說有五十一階位，《菩薩瓔珞本業經》、《華嚴經》中說有十信、十住、十行、十回向、十地、等覺、妙覺共五十二個等級。

十信：信心、念心、精進心、慧心、定心、不退心、護法心、迴向心、戒心、願心。

十住：發心住、治地住、修行住、生貴住、方便具足住、正心住、不退住、童真住、法王子住、灌頂住。

十行：歡喜行、饒益行、無瞋恚行、無盡行、離癡亂行、善現行、無著行、尊重行、善法行、真實行。

十迴向：救護一切眾生離眾生相迴向、不壞迴向、等一切佛迴向、至一切處迴向、無盡功德藏迴向、隨順平等善根迴向、隨順等觀一切眾生迴向、真如相迴向、無縛無著解脫迴向、法界無量迴向。

十地：歡喜地、離垢地、發光地、焰慧地、難勝地、現前地、遠行地、不動地、善慧地、法雲地。

發心修學大乘菩薩道者，當經歷此十信、十住、十行、十迴向、十地等五十個階位之後，進入第五十一等覺位。所謂等覺，指行十地，見解與佛相同，但實際修行比佛略遜一籌者。待斷盡最後一絲無明，證得圓妙般若，具足無量功德，便登上妙覺位，即相等於佛陀的正覺之位。

《梵網經》中菩薩修行雖只講三十心十地共四十次第，但與《華嚴經》、《菩薩瓔珞本業經》等大乘經典所講五十二階地大同小異，且都用十進位法，集中體現了大乘佛教修學的次第。對般若、佛性、涅槃等大乘佛教範疇，《梵網經》進行了簡約的、玄學化的說明，並對小乘佛教的有關思想做了大乘的理解和詮釋，從而為下卷的十重、四十八輕戒的戒律思想建立了扎實的大乘義理基礎。

爾時❶，釋迦牟尼佛，在第四禪地中摩醯首羅天王宮❷，與無量大梵天王❸，不可說不可說菩薩眾❹，說蓮華臺藏世界❺，盧舍那佛所說心地法門品❻。

【譯文】

那時，釋迦牟尼佛在第四禪天摩醯首羅天王宮殿之中，向無量多的大梵天王，以及難以言計的菩薩們，宣說蓮華臺藏世界，盧舍那佛所說的是《梵網經》之〈心地法門品〉。

【注釋】

❶爾時：那時，當……時。佛教經典一開頭通常是序分，簡略介紹釋迦牟尼佛宣說本經的時間、地點、聽眾等。「時」只是表示說法的時間，並非實指。爾時，是兩晉南北朝時期的常用之語。另外，印度文化不太重視歷史，曆法也不發達，其文化典籍中的歷史事件，通常並不標有確切的時間，只是用「時」、「爾時」等虛指時間詞彙標記。

❷第四禪地：即「捨念清淨地」。根據佛教理論，眾生所居住的地方分為三界，即欲界、色界和無色界，眾生於此三界生死輪轉。在三界之中，欲界最低，包括地獄、餓鬼、畜生、阿修羅、人和天人六道。地獄、餓鬼、畜生為三惡道，其中眾生罪業深重，愚癡不堪，痛苦無盡。阿修羅、人、天人為三善道，人道中眾生，苦樂參半，賢愚對分；天人則多享快樂，但臨終仍有墮落之

苦；阿修羅雖有天人之福，但卻因為瞋心強而有爭戰之苦。色界是高於欲界之天界，是脫離了淫欲、食欲和睡眠的眾生所生活之地，是一個超越了物質的有形世界。欲界的人，可以借由修行，不斷地由欲界上升到無色界，甚至可以超越三界，了生脫死。色界又可分為四個層次：初禪天（離生喜樂地）、二禪天（定生喜樂地）、三禪天（離喜妙樂地）、四禪天（捨念清淨地），個人可以透過修習禪定功夫而托生相應的天界。摩醯首羅天王宮就是位於第四禪地天中。摩醯首羅天王：又名「大自在天王」，居住在色界十八天層天之頂，為三千世界之主。該天王本為古印度婆羅門教三大主神之一的濕婆，有極大的降魔能力，號稱「毀滅之神」，傳說曾以額上的第三只眼噴射出毀滅一切的神火，燒毀三座妖魔城市和引誘他的愛神。婆羅門教認為「毀滅」有「再生」的涵義，故濕婆也是創造神，是創造力的象徵，受到性力派和濕婆派教徒的崇拜。在修行上，濕婆是苦行之神，終年在喜馬拉雅山上的吉婆娑山修煉苦行，透過嚴格的苦行和徹底的沉思，獲得了最深奧的知識和神奇力量。另外，濕婆還是舞蹈之神，曾創造剛柔兩種舞蹈，被譽為「舞王」。佛教興起後，濕婆被納入佛教譜系而成為護法神。

❸大梵天王：在佛教創立之前的古印度神話中，大梵天王是世界萬物的創造者，其地位相當於中國的盤古。梵天創造了世界萬物，世界上的一切秩序都要受梵天的控制，但他也仁慈無比，有求必應。梵天與毘濕笯、濕婆合稱為印度教的三大主神，後被佛教吸收為護法神，有時是釋迦的右脅侍，手持白拂塵，但他又是色界初禪天之主，稱「大梵天王」。

❹菩薩：音譯為「菩提薩埵」，「菩薩」是其簡稱。菩提，覺悟的意思，薩埵，有情的意思，故漢譯為「覺有情」。小乘佛教時期，僅把釋迦牟尼累世修行的前身和尚未成佛的悉達多王子稱為菩薩，大乘佛教時期，發宏願「上求菩提、下化眾生」修習大乘佛法，修行上僅次於佛並即將成就佛果者，被稱為菩薩，甚至一些精通佛法，德高望重的高僧大德及在家居士也稱作菩薩。所以說，菩薩有高低次第之分，既有僅次於佛的得道聖者，如中國人所敬仰的文殊師利、普賢、觀世音、地藏四大菩薩，也有初發心修習大乘佛法的凡夫發心菩薩。

❺蓮華臺藏世界：又名「華藏世界」、「華藏國」，意即自蓮花出生之世界，或指含藏於蓮花中之功德無量、廣大莊嚴的世界。佛教認為，在風輪之上的香水海中有大蓮華，此蓮華中含藏著如微塵般無量的世界。蓮華臺藏世界，是說在華藏世界大香水海中，有一華臺，上大下小，共有二十層，狀如蓮華形，藏有無邊數的世界，故名「蓮華臺藏世界」，西方淨土信仰中的極樂世界即在此世界的十三層中。據《華嚴經》所述，毘盧舍那佛是蓮華臺藏世界的教主，普賢菩薩、文殊菩薩是其輔助。

❻盧舍那佛：釋迦牟尼佛報身的名號。佛有三身，分別是「法身」、報身和化身。法身佛是毘盧遮那佛，為中道之理體，以法為身，故稱「法身」，法身處於常寂光淨土；報身佛是盧舍那佛，喻光明遍照，表示證悟絕對真理得成佛果而顯示的智慧佛身，是行六度萬行功德而顯示的佛之實智，對於初地以上菩薩應現之報身，處於實報莊嚴土；應身佛就是指釋迦牟尼佛的生身，表示隨

緣教化，度脫世間眾生而現的佛身。心地法門：心地，指發心修行大乘者，發「上求菩提、下化眾生」之大願心，猶如大地那樣承載並滋養萬物，故名心地。法門，法，軌持。門，通達，指依法修行可通達佛地。

是時，釋迦身放慧光❶，所照從此天王宮❷，乃至蓮華臺藏世界。其中一切世界，一切眾生❸，各各相視，歡喜快樂，而未能知此光，光何因？何緣？皆生疑念。無量天人，亦生疑念。

爾時，眾中玄通華光主菩薩❹，從大莊嚴華光明三昧起❺，以佛神力，放金剛白雲色光❻，光照一切世界。是中一切菩薩，皆來集會與共，同心異口問此光，光為何等相？

【譯文】

這時，釋迦牟尼佛全身放無量智慧光，遍照摩醯首羅天王宮，乃至整個蓮華臺藏世界。此間的一切世界，一切眾生，見此無量慧光，都歡喜快樂，但不知此光依何因何緣而放，所以皆心生困惑。即使是無量的天人，對此也心有疑念。

正值大眾歡喜並困惑之時，玄通華光主菩薩，從大莊嚴華光明正定中起定，仰仗佛力的加持，也放出金剛白雲色光，遍照一切世界。承此光明所照的一切菩薩，也都集會此處，異口同聲詢問此光的因緣、實相是什麼？

【注釋】

❶慧光：智慧之光。智慧，梵文音譯為「般若」，是修習佛法而明見一切事物及道理的高深智慧。漢語「智慧」並不能完全表達「般若」，因而有世間般若與出世間般若之分。世間般若，即世俗的、相對的智慧，表現為世智辯聰，體現為世界觀、方法論；出世間般若，即超世俗的、絕對的智慧，可以助人解脫煩惱，了生脫死。證悟佛教智慧者，不僅在於理論上的通達，而且具備了知行合一的能力。所以，佛教經論對於智慧的功用多有描述，如智慧劍、智慧刀、智慧風、智慧水、智慧燈、智慧楫、智慧根、慧燭、慧露、慧日、慧教、慧力、慧眼、慧命、慧光等等。佛陀徹悟了無上智慧，心性通達靈明，自然會釋放無限慧光，可以照破眾生內心無明（愚癡，不能正確認識佛法、宇宙人生真理）而回歸本自光明自性。大乘佛教認為，一切眾生皆具慧光，但因無明障蔽，慧光不顯，若除盡無明，則可引發人人心中本有的慧光。

❷天王宮：即摩醯首羅天王宮。

❸眾生：又譯為「有情」，指一切有情識的生物，以人類為代表。一切眾生，狹義上指具無明煩惱而流轉生死的迷界凡夫，《雜阿含經》卷六中說：「佛告羅陀，於色染著纏綿，名曰眾生；於

受、想、行、識染著纏綿，名曰眾生。」從廣義講，眾生也包括悟界的佛、菩薩等。另外，眾生也有眾人共生、歷經眾多生死等義。

❹玄通華光主菩薩：依《梵網經古迹記》中所說，所證真理名「玄」，能證真智名「通」，能生大果名「華」，能除暗障名「光」，故名「玄通華光」。因德行智慧能通達佛光甚深之道，並能於眾中作唱導之主，因此而立名「玄通華光主菩薩」。

❺大莊嚴華光明三昧：依《大品般若經》、《大智度論》，三昧共有一百零八種，大莊嚴華光明三昧只是其中一種，係大乘菩薩眾德莊嚴、成於大光明三昧的一種禪定狀態。三昧，又作「三摩地」、「三摩提」、「三摩帝」，意譯為「定」、「等持」、「正受」、「調直定」、「正心行處」、「息慮凝心」等，指一種禪定境界，係修行者心定於一處或一境而不散亂的寂靜狀態。

❻金剛：喻堅固，佛教經典中常用它比喻佛法的恆久、珍貴及堅不可摧，並能斷除一切煩惱。白雲：形容佛德或佛智淨無瑕玷，萬德叢集。

是時，釋迦即擎接此世界大眾❶，還至蓮華臺藏世界，百萬億紫金剛光明宮中❷，見盧舍那佛，坐百萬億蓮華赫赫光明座上。時釋迦及諸大眾，一時禮敬盧舍那佛足下已。

釋迦佛言：「此世界中❸，地及虛空，一切眾生為何因緣得成菩薩十地道❹？當成佛果為何等相？」如〈佛性本源品〉中，廣問一切菩薩種子❺。

爾時，盧舍那佛，即大歡喜，現虛空光體性❻，本源成佛常住法身三昧❼，示諸大眾。

【譯文】

這時，釋迦牟尼佛以其神力，上擎下接此光所照一切世界的大眾，歸於蓮華臺藏世界百萬億紫金剛光明宮中。見盧舍那佛，端坐在百萬億蓮華赫赫放光的光明座上。釋迦牟尼佛與無量大眾，皆禮拜盧舍那佛足下。

禮畢，釋迦牟尼佛問道：「此蓮華臺藏世界中、大地上及廣大無邊虛空的一切眾生，借憑何種因緣而能成就菩薩十地道？證得佛果之時，又是何等境界？」如在〈佛性本源品〉中那樣，全面地詢問了一切菩薩修行證果的根本。

此時，盧舍那佛，聽聞此種問題，非常歡喜，隨即向無量大眾展現了遍照虛空智慧之光的體性，示現了成就無上智慧得證佛果的無上正定。

【注釋】

❶擎接：擎上接下。

❷百萬億紫金剛光明宮中：如兜率天彌勒菩薩五百億宮。紫金剛光明，表示智慧的境界。宮中，表

示涅槃的理境。理以智明，智係理發，以理契智，圓融無礙。

❸世界：世，指一維的時間流變，有過去、現在、未來的三世遷流。界，指方位，有東南西北、上下等十方空間的定位，所以說佛教的「世界」是一個含有時間、空間的複合概念。按佛教的世界觀，以須彌山為中心，加上圍繞其四方的九山八海、四洲（四天下）及日月，合為一單位，稱為一世界。合千個一世界，為一小千世界；合千個小千世界，為一中千世界，合千個中千世界，為一大千世界，宇宙即由無數個三千大千世界所構成。

❹因緣：是因與緣的合稱。因，指引生結果的直接內在原因。緣，指由外來相助的間接原因。按佛教理論，一切事物皆由因緣的聚散而生滅，一切萬有都是因緣和合的假有存在，無有自性，此即「緣起性空」之理。從一定意義說，整個佛教義理，包括佛教的世界觀、人生觀、解脫論、幸福觀等等，都是建立在「緣起論」的基礎之上。菩薩十地道：即菩薩修行十個階地的道理。按本經下文所述，大乘佛法修行從凡夫到佛地，共三十心、十地四十個次第，其中「十地」為證得菩薩果位後由低到高的十個層次，與華嚴、唯識等家所說的菩薩十地略有區別。

❺菩薩種子：指菩薩成就的根本。種子，原指植物種子，佛教以「種子」比喻行為或現象生起的根本，即世間的種種行為在發生過後尚有餘勢潛在地存留著，並成為未來行為生起的原因，或影響未來的行為。原始佛教將促使善惡業及其果報連續不絕的潛在功能譬喻為種子，經量部、化地部等部派認為種子是支持人類生存的力量，大乘瑜伽行派則將阿賴耶識中能生起現行的功能立為種

子，此為唯識學所繼承。

❻虛空光體性：即遍照虛空智慧之光的實相。虛空，蕩無纖塵。光，遍照法界。體性，實相。

❼法身三昧：法身，即諸佛所證得的真如法性之身。法身正定，即成就無上智慧得證佛果的無上正定。

是諸佛子❶，諦聽，善思修行。

我已百阿僧祇劫修行心地❷。以之為因，初捨凡夫，成等正覺❸，號為盧舍那，住蓮華臺藏世界海❹。其臺周遍有千葉，一葉一世界，為千世界。我化為千釋迦，據千世界。後就一葉世界，復有百億須彌山❺，百億日月，百億四天下❻，百億南閻浮提❼，百億菩薩釋迦，坐百億菩提樹下❽，各說汝所問菩提薩埵心地。其餘九百九十九釋迦，各各現千百億釋迦，亦復如是。

千葉上佛，是吾化身。千百億釋迦，是千釋迦化身。吾以為本源，名為盧舍那佛。

【譯文】

諸位佛弟子，請認真聽我所言，仔細思維義理，並如實修行。

對於菩薩心地法門，我的修行已歷經百數劫久遠的時間。憑著菩薩心地法門的滋養，我才能夠捨棄凡夫之性，成就無上正等正覺，號稱「盧舍那佛」，得住蓮華臺藏世界海。此海中央的蓮華台，四周有蓮華千葉轉繞，每一葉中有一世界，故有千世界。我化身千釋迦，示現於千世界中。就千葉中一葉世界來說，又有百億須彌山、百億日月、百億四天下、百億南閻浮提，百億數的菩薩、釋迦，端坐在百億的菩提樹下，分別在宣說著你們所詢問的菩薩心地法門。其他九百九十九位釋迦，又都各各化現千百億位釋迦，也在宣講著菩薩心地法門。

千葉上的每一位佛，都是我的化身。千百億的釋迦，也是千釋迦的化身。諸佛皆以我為本源，號稱「盧舍那佛」。

【注釋】

❶佛子：佛弟子，廣義上指奉行佛陀教法的人。狹義上，指修習大乘佛教，受持大乘菩薩戒，承擔如來家業，欲成佛而使佛種不絕的大乘菩薩。原始佛教時期，佛子也是阿羅漢的通稱。

❷阿僧祇劫：指極久遠的時間。阿僧祇，意為無量無數。劫，原為古代印度婆羅門教極大時限的時間單位，佛教沿用以說明世界生成與毀滅的過程。婆羅門教認為世界已經歷無數劫，一劫相當於大梵天的一白晝，或一千時，即人間的四十三億二千萬年。劫末有劫火出現，燒毀一切，復重創世界，世界如此輪迴，一個輪迴，是為一劫。佛教對於「劫」的分類，諸經論有各種說法。

❸等正覺：佛的十個名號之第三，謂遍正覺知一切法，獲得真正覺悟的人。覺即知也，覺知遍於一切，是遍也；覺知契於理，是正也。

❹蓮華臺藏世界海：恆河沙多的三千大千世界為一世界海，十萬恆河沙的世界海為一佛世界。

❺須彌山：又作「蘇迷盧山」、「須彌盧山」，意譯為「妙高山」、「好光山」等。須彌山原為印度神話中的山名，佛教宇宙觀沿用之，謂其為聳立於一小世界中央的高山，以此山為中心，周圍有八山、八海環繞，而形成一世界。一千個一世界稱為一小千世界，一千個小千世界稱為一中千世界，一千個中千世界為一大千世界，合小千、中千、大千總稱為三千大千世界，此即一佛之化境。

❻四天下：須彌山四方的四大洲，由金輪聖王統領。

❼南閻浮提：又名「閻浮利」、「閻浮」或「南閻部洲」，位於須彌山南部，為四大洲之一，此洲有一大樹名「閻浮提」，餘洲皆無，故以此為名。

❽菩提樹：又名「畢鉢羅樹」，釋迦牟尼曾於中印度摩揭陀國伽耶城南菩提樹下證得無上智慧，故此樹又譯名為「覺樹」、「道樹」、「道場樹」、「思維樹」、「佛樹」。

【說明】

從經文開頭至此處，為本經的「序分」，下面為詳說部分。

爾時，蓮華臺藏世界盧舍那佛，廣答告千釋迦、千百億釋迦所問心地法品。

「諸佛當知，堅信忍中❶，十發趣心向果❷：一捨心，二戒心，三忍心，四進心，五定心，六慧心，七願心，八護心，九喜心，十頂心。

「諸佛當知，從是十發趣心，入堅法忍中❸，十長養心向果❹：一慈心，二悲心，三喜心，四捨心，五施心，六好語心，七益心，八同心，九定心，十慧心。

「諸佛當知，從是十長養心，入堅修忍中❺，十金剛心向果❻：一信心，二念心，三迴向心，四達心，五直心，六不退心，七大乘心，八無相心，九慧心，十不壞心。

「諸佛當知，從是十金剛心，入堅聖忍中❼。十地向果❽：一體性平等地，二體性善慧地，三體性光明地，四體性爾焰地，五體性慧照地，六體性華光地，七體性滿足地，八體性佛吼地，九體性華嚴地，十體性入佛界地。

「是四十法門品，我先為菩薩時，修入佛果之根源。如是一切眾生，入發趣、長養、金剛、十地，證當成果。無為無相❾，大滿常住❿。十力、十八不共行、法身、智身滿足⓫。」

爾時，蓮華臺藏世界，盧舍那佛赫赫大光明座上，千華上佛，千百億佛，一切世界佛。是座中有一菩薩，名華光王大智明菩薩，從坐而立，白盧舍那佛言：「世尊，佛上略開十發趣、十長養、十金剛、十地名相，其一一義中，未可解了，唯願說之！唯願說之！」妙極金剛寶藏一切智門，〈如來百觀品〉中已明。

【譯文】

此時，於此蓮華臺藏世界之中，盧舍那佛廣泛回答了千釋迦、千百億釋迦所問的心地法門。

盧舍那佛說：「諸佛應當知道，發心趣向大乘，成就『堅信忍』，有『十發趣』而心心皆趣向佛果。即：一、捨心，二、戒心，三、忍心，四、進心，五、定心，六、慧心，七、願心，八、護心，九、喜心，十、頂心。

「諸佛應當知道，從此『十發趣』可證入『堅法忍』中，得『十長養心』而心心皆趣向佛果。即：一、慈心，二、悲心，三、喜心，四、捨心，五、施心，六、好語心，七、益心，八、同心，九、定心，十、慧心。

「諸佛應當知道，從此『十長養心』可證入『堅修忍』中，得『十金剛心』而心心皆趣向佛果。即：一、信心，二、念心，三、迴向心，四、達心，五、直心，六、不退心，七、大乘心，八、無相心，九、慧心，十、不壞心。

「諸佛應當知道，從此『十金剛心』可證入『堅聖忍』中，入十地位而趣向佛果。即：一、體性平等地，二、體性善慧地，三、體性光明地，四、體性爾焰地，五、體性慧照地，六、體性華光地，七、體性滿足地，八、體性佛吼地，九、體性華嚴地，十、體性入佛界地。

「此處所說的四十法門品（即上述三十心、十地），是我在修大乘菩薩道時所修持的內容，是證得佛果的根本。所以，一切眾生，如果能夠修持這十發趣、十長養心、十金剛心，乃至十地，則能證成佛果。能夠通達無為無相的真義，諸漏永盡，功德圓滿，不變不遷，十力、十八不共法、法身、智身圓滿具足。」

這時，蓮華臺藏世界，盧舍那佛赫赫大光明座上，千華之上無量諸佛，千百億佛，一切世界諸佛，皆會聚而至。在座有位華光王大智明菩薩，從座位上站起，向盧舍那佛說：「世尊，您剛才已經簡略開示了十發趣、十長養、十金剛及十地的名相，然其中一一深義，我們未能詳細了解，懇請您詳細解說！懇請您詳細解說！」妙極金剛寶藏一切智門，在大本《梵網經》中的〈如來百觀品〉中已經詳細說明。

【注釋】

❶ 堅信忍：菩薩修行的法門，即修習信心堅固，得成於忍，以得證發趣位。

❷ 十發趣：即「十住」或「十心」，是入位之初，故為「發趣」。心向果：即心心皆指向佛果，心心符合「上求佛果，下化眾生」的宏願。發趣，即發心趣向大乘之境。

❸ 堅法忍：從法趣位，修習堅固，得成於忍，乃得證長養位。

❹ 十長養：菩薩修行五十二階位中，第二十一位至第三十位的十行位。於此位中，菩薩增長善根，

長養聖胎，故名「長養」。此時所修之十種心，即「十長養心」。

❺堅修忍：修習長養心，堅固成忍，乃得證金剛位。

❻十金剛：菩薩修行五十二階位中，第三十一位至第四十位的十迴向位。迴向，指以大悲心救護一切眾生之意。修行到達十迴向位時，便會堅強地積集善根，故又稱為「十金剛位」。

❼堅聖忍：修習聖法，成堅固忍，乃證入十地位。忍可諦理，故名「聖忍」。

❽十地：真正證入菩薩果位的十個階位。大地能生長萬物，故佛典中常以「地」來形容能生長功德、負荷一切的菩薩行。十地，與前面的十信、十住、十行、十迴向有了本質的區別。證入初地，即入見道位，現證法身，此時必歡喜之極，從此能荷擔如來家業，紹隆佛種不斷，真是佛子，真正得生如來家。

❾無為：原係「涅槃」之異名，「無造作」之意，與「有為」相對，即非由因緣所造作、離生滅變化而絕對常住之法，又稱「無為法」。無相：無形相之意，為「有相」之對稱，也用來描述涅槃之境。北本《大般涅槃經》卷三十〈師子吼菩薩品〉：「涅槃無色相、聲相、香相、味相、觸相、生相、住相、壞相、男相、女相等十相，故涅槃又稱無相。」

❿大滿：指萬德圓滿。常住：指不變不遷。

⓫十力：即「十種智力」，從內容上有佛的十力和菩薩的十力兩種之分。菩薩十力，指在十迴向中，第九無縛無著解脫迴向位之菩薩所具足的十種力：深心力（直心力）、增上深心力（深心

力）、方便力、智力（智慧力）、願力、行力、乘力、神變力（遊戲神通力）、菩提力、轉法輪力。如來十力，是指佛十八共法（見下注）中的十種。因為如來證得實相之智，了達一切，無能壞，無能勝，故有多種神力。即：一、處非處智力，謂如來於一切因緣果報審實能知。二、業異熟智力，謂如來於一切眾生過去、未來、現在三世業緣果報生處，皆悉遍知。三、靜慮解脫等持等至智力，謂如來於諸禪定自在無礙，其淺深次第如實遍知。四、根上下智力，謂如來於諸眾生根性勝劣、得果大小皆實遍知。五、種種勝解智力，謂如來於諸眾生種種欲樂善惡不同，如實遍知。六、種種界智力，謂如來於世間眾生種種界分不同，如實遍知。七、遍趣行智力，謂如來於六道有漏行所至處、涅槃無漏行所至處如實遍知。八、宿住隨念智力，謂如來於種種宿命，如實遍知。九、死生智力，謂如來借天眼如實了知眾生死生之時與未來生之善惡趣，乃至美、醜、貧、富等善惡業緣。十、漏盡智力，謂如來於一切惑餘習氣分永斷不生，如實遍知。（《佛光大辭典》）十八不共行：也稱「十八不共法」，指佛和菩薩所具有的十八種不同於聲聞、緣覺的特徵或功德，在內容上有菩薩十八不共法和佛十八不共法。菩薩十八不共法：一、行施不隨他教，二、持戒不隨他教，三、修忍不隨他教，四、精進不隨他教，五、靜慮不隨他教，六、般若不隨他教，七、行於攝事，能攝一切有情，八、能解迴向，九、方便善巧為主，十、不退大乘，十一、善能示現於生死涅槃，而得安樂，言音善巧能隨世俗，十二、智為前導，雖現前起種種受生，而無所作，離諸過失，十三、具足十善身語意業，十四、為攝諸有情，恆不捨離，常能忍受一切苦蘊，十五、能為示現一切世間之所愛樂，十六、雖於眾多苦惱愚夫及聲聞中住，而不忘失一切智心，如寶堅固清淨莊嚴，十七、若受一切法王位時，以繒及水繫灌其頂，十八、能不捨離諸佛正法示現悕求。佛之十八不共法：一、諸佛身無失，二、口無失，三、念無失，四、無異想，五、無不定心，六、無不捨心，七、欲無減，即度眾生之欲望不減，八、精進無減，九、念無減，十、慧無減，十一、解脫無減，十二、解脫知見無減，十三、身業隨智慧行，十四、一切口業隨智慧行，十五、一切意業隨智慧行，十六、智慧知見過去世無閡無障，十七、智慧知見未來世無閡無障，十八、智慧知見現在世無閡無障。（《佛光大辭典》）智身：華嚴宗所說佛的十身之一，因佛身具足圓明之智慧，故又稱「智身」。

【解讀】

對於大乘菩薩道的修習，《梵網經》分四十階位，可粗分為四位，此四位又是漸次推進，相互攝持的。一、十發趣，就是說，修習大乘菩薩道，首先得發「上求佛道，下化眾生」的大乘願心，具體表現在捨心、戒心、忍心、進心、定心、慧心、願心、護心、喜心、頂心。雖然發心，但不一定能常存此心，所以得時常修習此十心，待此十心於自心接近純熟，是謂證入「堅信忍」，得「十住位」，即信心堅固，則心心皆趣向佛果，正所謂「發心如初，成佛有餘」。二、十長養心，由十發趣而對大乘佛法信心堅固，由修習佛法而產生法喜，進而得以增修、滋養善根。修法得益，則會進一步增強對大乘佛法的信心，是謂「堅法忍」，得「十行」位。三、十金剛，「十長養心」涵養成熟，法喜日盛，繼續培養善根，則逐漸達到十金剛心，待十金剛心成熟，則入「堅聖忍」，成就「十迴向」位。四、十地。前三階位的修行，總體上說屬於證果成聖的前期階段，即使與十地中的最低階位初地相比，仍然有著本質的區別。前三期成就者可以稱為「賢人」，真正登地證果者，方可稱為「得道聖人」。證入初地的菩薩，初始見道，證我空法空之理，斷小乘所說的「三結縛」（身見、戒禁取見、疑見），得從來未有之出世心，嘗到從來未有的離世樂，觀察如來所有的一切功德，分證了無上菩提，所以得到無比的歡喜。登地菩薩，方才真正開始能荷擔如來家業，紹隆佛種不斷，才是真正意義上的佛子，名為「生諸如來家」。但證果菩薩又有境界不同，共有十個層次，是謂十地。第十地成就後，即進入等覺位，並最終登上妙覺位而成就佛果。

十發趣心

《梵網經》的十發趣心大致相當於華嚴十信位的十信心，具體指：第一、捨心，第二、戒心，第三、忍心，第四、進心，第五、定心，第六、慧心，第七、願心，第八、護心，第九、喜心，第十、頂心。

對於十信心，各種菩薩戒經的說法略有不同。《仁王般若經》：信心、精進心、念心、慧心、定心、施心、戒心、護心、願心、迴向心。《菩薩瓔珞本業經》：信心、念心、精進心、定心、慧心、戒心、迴向心、護心、捨心、願心。

所謂發趣心，指發心修行，趣向大乘。發趣十心，即發心修行十心，心心皆趣向大乘之境，最終成就佛果。處於十發趣心位的佛法修持者，雖然已經發心修習大乘，但仍然是凡夫，故名「初發心菩薩」。

爾時，盧舍那佛言：「千佛諦聽，汝先言云何義者，發趣中。」

【譯文】

那時候，盧舍那佛對大家說：「諸佛請仔細聽，你們先前所問我將做出回答。現在先說發趣之義。」

第一　捨心❶

若佛子，一切捨。國土、城邑、田宅、金銀、明珠、男女、己身❷，有為諸物❸，一切捨。無為無相，我人知見，假會合成❹，主者❺，造作我見❻，十二因緣❼，無合無散無受者❽。十二入、十八界、五陰❾，一切一合相❿，無我、我所相⓫，假成諸法。若內一切法、外一切法⓬，不捨不受⓭。菩薩爾時名如假會觀現前故⓮，捨心入空三昧⓯。

【譯文】

佛弟子，若要發心修習大乘佛法，就應當有一顆無執著之心，一切都應能捨棄。無論是國土、城邑、田宅，還是金、銀、明珠，抑或是妻妾、兒女、奴婢，甚至是自己的身體性命，所有的因緣和合諸物，一切都能夠捨棄。

萬物本性為空，無有形相，但人們由於執著於有我、有人的知見，以為目之所見皆實，並以我為主宰，從而生種種貪著。其實，一切萬法都是假有的存在，都是假借眾緣和合而成。

認為事物有主宰，是眾生造作的我見。因為一切有為諸法，都是由十二因緣相生相依和合而成，本無恆常主宰。一切事物雖由因緣和合而生，但其體性本空而無有生，所以說其無合。一切事物也會待因緣盡而滅，但其體性本空而無有滅，所以說其無散。既無生無滅，也就無有受生滅者。十二入、十八界、五蘊，一切事物都是因緣和合而成的一合相。一切事物，都沒有恆常的主宰，也沒有恆常之相，只是因緣聚會的假有存在。若能對一切物質現象和精神現象不捨不受，菩薩就能夠徹見萬法皆假，體性本空，從而成就捨心，證入空心三昧。

【注釋】

❶ 捨心：捨棄之心。為了修持並弘揚大乘佛法，應該隨時做好準備捨棄一切，包括捨棄財物和生命，以及對其擁有之心。捨心是初發心修行大乘菩薩道者應該具備的基本心態之一。

❷ 男女：指修行者擁有的男女奴婢。

❸有為諸物：指由因緣和合所產生的所有事物。有為，謂有所作為、有所造作之意，又稱「有為法」。小乘佛教認為，世上萬法，除去三種無為（虛空無為、擇滅無為、非擇滅無為），其餘皆屬有為現象。大乘則將無為等同於真如，真如以外，皆屬有為。

❹假會合成：假借各種因緣聚會和合而成。假，假借。佛教認為，世界上所有的事物都是因緣聚會而成，並無恆常的主體存在，所以只能說是暫時的、假有的存在。

❺主者：主宰，即認為萬事萬物存在著恆常不變的主宰。

❻我見：指執著於有實我的妄見，對於並無恆常主宰的萬事萬物，妄執有恆常性。據《大乘起信論》中所說，我見又分人、法二種：一、人我見，即執著於色、受、想、行、識，以五蘊假合的身心為實我。二、法我見，即妄計一切法皆有其實在體性。我見為四根本煩惱之一，以「染慧為性」，可分為身見、邊見、邪見、見取見、戒禁取見五種。

❼十二因緣：又名「十二有支」、「十二緣起」等。十二因緣是佛教最重要的基本理論之一，是佛教對於宇宙人生的基本觀點，它以十二種條件來說明眾生人身涉三世而輪迴六道的次第緣起。十二因緣為：無明、行、識、名色、六處（六入）、觸、受、愛、取、有、生、老死。據《長阿含卷．十大緣方便經》中所載，緣癡有行，緣行有識，緣識有名色，緣名色有六入，緣六入有觸，緣觸有受，緣受有愛，緣愛有取，緣取有有，緣有有生，緣生有老、死、憂、悲、苦惱大患所集。此十二支中，各前者為後者生起之因，後者為前者之果，前者若滅，後者亦滅，相依相

待，即一切事物皆具有相依性，皆由因、緣所成立。十二因緣闡述了三世二重因果。無明與行為過去世二因，識、名色、六處、觸和受所說的是現在世五果，此二因與五果構成了過去、現在之一重因果。受、取、有為現在三因，其造就了生與老死未來二果，此現在三因與未來二果為現在、未來一重因果。總體上說，十二因緣法詮釋了眾生人身六道輪轉之三世輪迴二重因果。

❽無合無散無受者：指萬法與法體的關係。萬法因緣而生，法體本來不生，所以說無合；萬法因緣而滅，法體本來不滅，所以說無散；既無生滅又無合散，當然亦無受彼生滅者。

❾十二入：指內六根加外六境，又稱「十二處」，為蘊、處、界三科之一。佛教認為，人類的認識，是人的認識器官六根（眼、耳、鼻、舌、身、意）對於外部世界的六塵（色、聲、香、味、觸、法六種現象）發生作用而產生。入是「涉入」的意思，謂根能涉塵，塵能入根，根塵互相涉入而生識，並為識之所入，故稱「十二入」。六根六塵是「託以生識」之處，也就是說，人們對外部世界的六識（即關於色、聲、香、味、觸、法的認識）是依託六根六塵而生的，六根六塵是六識所生之處，故六根六塵又名「十二處」。十八界：界，音譯「馱都」，具有層、根基、成分、要素、領域、種族、分界等義，此處意為「種類」。十八界，指十八種類，上述的六根、六塵與六識合稱為「十八界」。佛教用十八界統攝世界上的一切現象，也就是今日所說的物質世界和精神世界。五陰：又稱「五蘊」、「五眾」、「五聚」等，蘊、處、界三科之一。蘊，音譯「塞建陀」，指積聚、類別之意。五蘊，指構成人類身心的五種條件，即：色、受、想、行、

識。一、色蘊：泛指宇宙間一切物質現象，亦包括我人的身體，由地、水、火、風四大種所造。二、受蘊：我人的感受、感覺，包括身的感受和心的感受。三、想蘊：我人的思想、概念，或心中浮現的形象。四、行蘊：行是造作，包括我人的意志、意念及行為，也包括對境而生起的瞋貪等強烈善惡情緒，以及無緣而起的瞋貪等情緒。行蘊有二種：心相應行蘊和心不相應行蘊。觸、作意等，與心相應，是名心相應行蘊。舉得、不得、無想定、滅盡定等等，不與心相應，是名心不相應行蘊。五、識蘊：對境而了別識知事物之心及其本體。

⑩一合相：事物是由眾緣和合而形成的一種相狀，故稱為「一合相」。以佛教觀點而言，世間上的一切事物，皆為一合相。

⑪無我、我所相：世界上的一切事物都是因緣和合而成，是一定時空條件下暫時的假有存在，並無恆常的主體，所以說無我、無我所。

⑫內一切法、外一切法：即一切道理，一切事物，總體上可分為三類：一者有為法，二者無為法，三者不可說法。

⑬不捨不受：指不捨棄也不執著。事物是因緣和合所生，我們既認識到它性空的面，從而不執著；也要認識到它暫時存在的意義，從而不捨棄。正所謂即空即有，是謂中道。

⑭假會觀：指從假入空。雖然面對紛繁的萬事萬物，但能清楚地認識到它們只是因緣和合的假有存在，其本性為空，這樣才能入塵而不染塵，有求無執。

⑮入空三昧：即觀一切事物皆是因緣所生，色、受、想、行、識五蘊也是因緣和合所生，無我，也無我所，本性為空，如此則能入於空三昧。空三昧是指心境空靈寂滅、離於邪亂、斂守寧靜的一種禪定境界。三昧，又名「三摩地」、「三摩提」等，指定心一處而使心境寂靜的狀態。

【解讀】

本節所述捨心為十心之首，其主旨在於強調修習大乘菩薩道者，首先得發起放下捨棄之心。在對發起捨心的論述中，大乘佛法之中道觀始終貫穿其中。捨，在大乘佛教，更多的是放下，而不是放棄。一切事物都是因緣和合而生，是假有的存在，是流動變遷的，也就是「諸行無常」。但是，人們總是認為事物應該恆常不變，事物的變化總是應該有所主宰的，當人們執著於恆常時，而事實上又不可能時，痛苦也就產生了。正確的方法是認識到事物的無常假有，接納事物的本然狀態，痛苦也就不存在了。大乘佛教，不僅要認識到事物空的一面，不執著於有，更要重視有的一面，重視當下的責任義務。在心性上，應當掃除一切有為、無為的執著相，但在事相上，則要發大菩提心，認真做好每一件事，即所謂即有即無、非有非無的中道智慧。

第二　戒心

若佛子，戒、非非戒❶，無受者❷。十善戒❸，無師說法。欺盜乃至邪見，無集者❹。慈、良、清、直、正、實、正見、捨、喜等❺，是十戒體性❻。制止八倒❼，一切性離❽，一道清淨❾。

【譯文】

佛弟子，大乘菩薩戒，既不執著於有，不以戒相約束於身，也不是沒有戒，似凡夫、外道那樣，以為無戒可持，恣意妄為，不受束縛。大乘菩薩戒是一種無受而受、無戒而戒的大戒。

若通達了大乘菩薩戒遠離有無二邊的精神實質，菩薩十善戒，就算無師說戒與授戒，欺盜乃至邪見等惡業，也不會招集。慈（不殺）、良（防盜）、清（防淫）、直（防妄）、正（防酤酒）、實（防讚毀）、正見、捨（防慳）、喜（防瞋）等，是大乘十戒的真正體性。通達了十戒的體性，則可以制止凡夫、外道的「八種顛倒」，遠離惡性，達到清淨的梵行。

【注釋】

❶戒、非非戒：也可作「非戒、非非戒」。在戒律思想上，大乘佛教注重心的持戒，不重視有形的

授戒、受戒和持戒，是謂「非戒」。但是，大乘佛教修持者，由於重視智慧的開啟與自性的清淨，在身、口、意等方面，也不是不符合戒律的要求，是謂「非非戒」。非戒、非非戒，體現了有無雙遣的大乘中道智慧觀。

❷無受者：指大乘菩薩戒無受而受，無戒而戒，不著有、無二邊。大乘菩薩仍然有成文的戒法，正式的授戒形式，無受者，只是從心性和智慧方面立論。

❸十善戒：佛教將人的行為分為身、口、意三業，具體又有身三業、口四業和意三業，共十種業。十善戒就是分別對治十種業的戒律，即不殺生、不偷盜、不邪淫、不妄語、不兩舌、不惡口、不綺語、不貪欲、不瞋恚、不邪見。

❹無集者：無聚集，不招集。

❺慈：佛教講的慈，是對一切生命無差別的友愛，因為有慈悲心，從而有戒殺的行為。中國大乘佛教進一步提倡吃素，不吃眾生肉，長養慈悲心。佛教慈悲，也是與智慧聯繫在一起的，不僅要發心慈悲，更要注重結果上的慈悲。良、清、直、正、實：良以防盜，清以防淫，直以防妄，正以防酤，實以防讚毀。十善戒的諸種功德，可直接對治相應的惡習。正見：正確的知見，就是以佛教的觀點去看待世界與人生。捨、喜：以捨防慳，以喜防瞋。

❻十戒體性：十戒，大小乘皆有十戒的說法，此處當指卷下所說的大乘十戒。即殺戒、盜戒、淫戒、妄語戒、酤酒戒、說四眾過戒（出家、在家菩薩和比丘、比丘尼）、自讚毀他戒、慳惜加

毀、瞋心不受悔戒和謗三寶戒。體性，事物的實體為體，其體的不變性為性，此處體性指十善戒的功德本性。

❼八倒：八種顛倒，是凡夫與二乘人所執取的，與佛的知見相反的八種錯誤見解。凡夫有四種：將無常計為常，無樂計樂，無我計我，無淨計淨。二乘亦有四種：即將常計無常，樂計無樂，我計為無我，淨計無淨。

❽一切性離：指正戒性、邪戒性、有戒性、無戒性等，皆已遠離。

❾一道清淨：指體性本自清淨。

【解讀】

戒、定、慧是佛教三種最基本的理論，由戒而定，由定生慧，最終走向生命的解脫。戒律的作用在於防止修行者身、口、意造作惡業。小乘佛教比較注重行為上的持戒，堅守系列戒法，大乘佛教則比較注重戒心，防止心意上造作惡業。從戒與慧的成就方面講，持戒可以生定，定則能生慧，所以戒是定慧的基礎。但是，只有會犯戒者才有必要持戒。守戒，也是跟自己的習性做鬥爭。既有鬥爭，就會有內心的拉扯，有拉扯，內心也會更加煩躁，更不能生定生慧。因此，佛教修行者，有人從戒到定到慧，也有從慧到定到戒。隨著智慧的成就，定力自然增長，持戒能力增加，身心也會自然符合戒相而無須持戒。大乘佛教強調發大菩提心，證悟中道智慧，成就道共戒體，則自然遠離有無二邊，雖無守戒之心，但內心通達戒之體性，身、口、意沒有不符合戒法的。

第三　忍心

若佛子，忍❶，有無相慧體性❷。一切空，空忍❸。一切處忍，名無生行忍❹。一切處得，名如苦忍❺。無量行，一一名忍。無受、無打、無刀杖瞋心，皆如如❻。無一一諦❼，一相❽。無無相、有無有相，非非心相、緣無緣相❾。立住動止，我人縛解。一切法如❿，忍相不可得。

【譯文】

佛弟子，忍心，以「無相慧」（覺諸法為空的空性智慧）為體性。以無相慧觀照一切「壞苦」，皆知本空，心無掛礙（罣礙），是名空忍。觀一切處「行苦」，本無生滅，心安住於無生無滅之理而不動，是名無生行忍。觀一切「苦苦」，於世間一切處苦相，難忍能忍，如忍諸毒害苦惱，是名如苦忍。對於百千法門無量妙義，菩薩皆以無相慧觀照，則於一一法中能成忍心。菩薩修無相慧，了達三輪體空，內不見有能受打之我相，外不見有打我之人相，中不見有刀杖所受所打之眾生相，於三輪中覓一瞋心而不可得，如此則我、人、眾生、壽者四相如如，皆空無所有。菩薩以無相慧觀照世間、出世間之俗諦、真諦，悉皆無相，是名實相。實相無相，甚至連無相亦不立。菩薩修空觀時，因諸法體性本空，故名無相。修假觀時，因諸法假有，所以也不是非心相。修中觀時，則緣此無緣相，即假即空即中。菩薩空慧體性現前，則立（站立）、住（安住）、動（行動）、止（臥止）四威儀，我、人、束縛、解脫四相，一切法當體皆空，而忍相亦不可得。

【注釋】

❶忍：大乘佛教六波羅蜜或十波羅蜜之一，又譯為「羼提」，有忍辱、忍耐、堪忍、忍許、忍可、安忍等意，即受他人之侮辱惱害等而不生瞋心，或自身遇苦而不動心，證悟真理，心安住於理上。依經論所載，忍有二忍、三忍、四忍、五忍、六忍、十忍等不同的說法。

❷無相慧：佛法中道智慧，教人既不執著於有，也不執著於空，能離於二邊之偏執，體認無相之中道智慧，即為無相慧。無相慧屬於別教菩薩於十地位中的智慧。無相，無形相之意。佛教認為，一切諸法皆是因緣和合而生，都無自性，自性本空，無形相可得，故名「無相」。

❸空忍：觀三界苦果，無有實體；生死苦諦，性本空寂，即得空忍。

❹無生行忍：又名「無生忍」，指安住於無生無滅之理而不動。《大智度論》卷五十中說：「無生忍法者，於無生滅諸法實相中信受通達無礙不退，是名無生忍。」《大乘義章》卷十二中說：

「理寂不起，稱曰無生。慧安此理，名無生忍。」通達無生忍者，於一切善惡凡聖境界，了無一相可得，無所掛礙，無有恐怖，無得無失，能證乎此者，則入大菩薩位矣。

❺如苦忍：於世間一切處，難忍能忍，忍人之所不能忍，如忍諸毒害苦惱一樣，是名「如苦忍」。此為世俗之忍，有形之忍，有忍之忍。

❻如如：即「真如」。三輪體空，無有我、人、眾生、壽者，四相皆空，真如現前，是名「如如」。真如，指事物的真實相狀，或真實性質，又作「如如」、「如實」、「法界」、「法性」、「實相」、「如來藏」、「法身」、「佛性」、「自性清淨身」、「一心」等等。對於「真如」的涵義，佛教各派解釋不同，真如的分類也各有異。

❼諦：指真實不虛之義，言真實之道理不虛妄也。佛教有二諦、四諦等說法。二諦即俗諦、真諦，如世俗的道理，名為「俗諦」；涅槃寂靜的道理，名為「真諦」。見真諦理者為聖者，不然為凡夫。四諦即苦、集、滅、道，是佛教最基本的理論之一。

❽一相：即「實相」。實相，亦名「諸法實相」，原義為本體、實體、真相、本性等，指一切萬法真實不虛的體相，或真實的理法、不變的義理。佛教認為，宇宙間一切事物都是因緣和合而生，是變化無常的，都沒有永恆固定不變的自體，這就是「空」，空就是宇宙萬有的「真性」，亦即「諸法實相」。對於實相的內涵，《大般涅槃經》卷四十：「無相之相，名為實相。」《中論．觀法品》：「諸法畢竟空，不生不滅，名諸法實相。」在中國佛教宗派中，三論宗以「無依無

得」的空理為諸法實相；天臺宗以「一念三千」、「三諦圓融」的性具說為諸法實相；華嚴宗以隨緣之真如為諸法實相；法相宗以「圓成實性」為諸法實相。小乘以「我空」之涅槃為實相；大乘則以「我空」、「法空」之涅槃為實相。

❾非非心相：非非心，也不是真的無心，是說真正的忍心，雖有忍的力度但沒有忍的相。菩薩修空觀時，以「空」觀照萬法，故無相；修假觀時，則非無相。緣無緣相：依佛教中道觀，菩薩修行當依無緣相，行中道智慧。即觀空時，無假無中而不空；觀假時，無空無中而不假；觀中時，無空無假而不中。三即一，一即三，即空即有即中。

❿法：佛教中所說的「法」有多種涵義：一、軌範：早期佛教多以「法」為軌範，認為「法」是認識的標準、規範、法則、真理等。二、一切現象：後來「法」的意義趨於廣泛，常指一切物質現象和精神現象，甚至無形的概念，舉凡意識所能思及的，都可以稱為「法」。三、佛法：路徑之義，指修證佛法的方法，如佛教三藏十二部經典。四、聖境：佛教修行的理想，是到達了生脫死、證悟無上菩提的境界。瑜伽行派對宇宙萬有各種現象進行分類，心法八種，心所有法五十一種，色法十一種，心不相應法二十四種，無為法六種，合計共百種，故稱「五位百法」。

【解讀】

忍辱是大乘佛教六度（布施、持戒、忍辱、精進、禪定、智慧）之一。面對世界的眾多苦難，人生本來就是忍受苦難的過程，所以人們才會尋求生命解脫之道。面對苦難，眾生常會對境生心，貪、瞋、癡三毒並起，故沉淪苦海，六道輪轉。修行者，則以全新的視角對待苦難，接納苦難，忍受苦難，以求心靈的平和自在。忍辱有有形、無形之分。有形忍者，雖知諸法皆空，但內心仍有要忍之事與忍受之心，如此或可忍受一時一事，但也會因內心拉扯掙扎而增加煩躁，心靈更不能平和，甚至會產生自虐性精神憂鬱症。無形忍者，知諸法空性，證無相慧，心力堅強，雖遇世人所稱之諸多苦難，而在智者心中，則無有苦難相，無有要忍之事，也無忍受之心，遇事雖盡力而為，但當體即空，了無所牽，如此則是無忍之忍。故大乘佛教修行，提倡發大菩提心，注重成就無上智慧。空性現前，智慧通達，才是忍心的真正成就。

第四 進心❶

若佛子，若四威儀一切時行❷，伏空、假會、法性❸。登無生山❹，而見一切有無，如有如無❺。天地青黃赤白一切入❻，乃至三寶智性❼。一切信進道，空、無生、無作❽，無慧❾。起空入世諦，法亦無二。相續空心，通達進分善根❿。

【譯文】佛弟子，應當行、住、坐、臥時時刻刻如法修行，降伏其心，契入於空。了知一切事物皆因緣假會而成，當體即空。

菩薩融通空、假二觀，達中道智慧最高處，於此觀照一切有為、無為之法，既蕩一切法空，不見纖法可生，又觀一切法假，不見毫法可滅，是謂即空即有，如有如無。天地間青、黃、赤、白等一切遍處世間法，乃至佛、法、僧三寶智性之出世間法，亦如此觀。一切聖賢精進修習之道，證得空、無生、無作三解脫法，亦無三解脫慧相可得。菩薩起真空觀而入世諦法，雖然入真、入俗，其實根本沒有真、俗二相。菩薩以無相心發起種種精進，心心相續，念念無間，通達實相，分分增進趨向佛位之善根。

【注釋】

❶進心：即精進心，大乘佛法六度之一，謂於修善斷惡、去染轉淨之修行過程中，精而不雜，進而不退，不懈怠地努力上進。

❷四威儀：指行、住、坐、臥四種威儀。威儀，謂起居動作皆有威德規則，舉止皆應合乎規矩，語默不失方正，人見之能起崇仰畏敬之念。在佛教，一切生活起居都有與其相應的做法、觀念及祈願，如睡醒時唱「睡眠始寤，當願眾生，一切知覺，周顧十方」偈後，安詳而起；漱口時誦「以

水漱口，當願眾生，得清淨口，誦持佛法」；如廁時唱「大小便時，當願眾生，棄貪瞋癡，蠲除罪垢」，此等均是僧眾威儀。在生活細節方面，也有瑣細的規定，故諸經論有「三千威儀，八萬律儀」之說。

❸伏空：制伏凡夫以假為真、執無我為有我的妄執妄情，而認識到諸法皆因緣和合而成，體性本空。伏，指制伏、降伏其心。空，入於空。法性：指諸法的真實體性，亦即宇宙間一切現象所具有真實不變的本性。又作「真如法性」，是「真如」的異稱。「法性」一詞，小乘很少論及，大乘佛教所論極多，中國佛教以四家為主。一者唯識家，認為法性是三性（遍計所執性、依他起性、圓成實性）中之圓成實性，是依他起性、一切有為萬法之所依，是萬法的本體。二者三論宗，以真空為法性，諸法之性為真空，真空即妙有，妙有之性即是真空，即法性也。三者華嚴宗，謂真如有不變隨緣二義，因隨緣之義，變造一切諸法；雖變造，猶保真如而不變，如是隨緣變造萬法，故稱「真如」為「法性」。四者天臺宗，認為性具善惡，法性本具染淨。

❹無生山：指中道智慧最高之處。菩薩觀一切法皆空，不見絲毫一法可得；又觀一切法皆是假有的存在，不見絲毫一法消滅，如此無生無滅，空假皆真，以登山為喻，名得中道第一義。

❺一切有無，如有如無：有，指世俗之人所執著的現象，此本為假，是緣於各種條件的暫時性存在。無，即萬法的本性為無、為空，此是從最勝義上說的。如有如無，就是說，從事物的現象上說是有，但從事物的體性說是無，真正徹悟事物本身的認識，是如有如無，即空即有。

❻一切入：又名「一切處」。一指遍處、不論何處之義，因通於十方無有障礙，故名「一切處」。二為禪定之名，又作「遍入」，因所觀之境周遍一切處，計有地、水、火、風、青、黃、赤、白、空、識十種，故又稱「十遍處」。

❼三寶智性：三寶，指佛教徒所尊敬供養的佛寶、法寶、僧寶，又作「三尊」。佛寶，就是指佛陀，因佛陀覺悟人生真相，且能教化眾生得到生命解脫，故被尊稱為「寶」，後世又泛指一切諸佛。法，為佛陀所悟且向眾生宣說之教法，眾生依之可通達解脫之道，故亦為「寶」，名為「法寶」。僧，佛法的實踐者和弘揚者，佛陀滅度後，佛法依其而傳承，故名之「僧寶」。三寶深義，各家各派皆有所發揮，有現前三寶、住持三寶、一體三寶等多種說法。歸依三寶，是真正佛教徒不可欠缺的條件，不論任何時代、地域，也不論大乘、小乘，歸依三寶都是最受重視的。歸依三寶，不僅是形式上的歸依，更重要的是心性歸依，真正地相信佛陀及其教法，並依教奉行，以智慧為宗，因智而得解脫，故又名「三寶智性」。

❽空、無生、無作：為三解脫法。菩薩觀一切諸法，皆從因緣和合而生，其體本空，即悟自性真空而不隨因緣生，是名「空解脫」。既觀諸法，一切皆空，無相可得，既無有相，即悟自性常生而不隨因緣滅，是名「無生解脫」。菩薩觀諸法，空無有相，則無願求，不造作生死之因，亦無生死之果，是名「無作解脫」。

❾無慧：指無三解脫慧。智慧成就，生命解脫，到達彼岸，終不可仍然負筏而行。最勝之義，無一

法可得，無一境可尋，當然也無一慧可執。

❿ 善根：又稱「善本」、「德本」，指能生出善法的根本。身、口、意三業之善法，能生妙果，故謂之「根」，是謂「善根」。或將善以樹根為喻，故名「善根」。

【解讀】

精進為修道之根本，但若不知修法之根本，雖然精進用功，也會是南轅北轍，看似向西卻向東。生命解脫在於智慧解脫，即有即無、非有非無之中道智慧是大乘佛法的最高成就。佛法修習，念經念咒，參禪打坐，若不能以空性為指歸，以智慧成就為宗旨，而是注重功夫境界，即使是感應成片，驚天動地，虹化飛升，也是與佛法無緣。為道日損，損之又損，不斷放下，放下對事業名利的執著，放下對禪境功夫的追求，破除生生世世的習性，轉染成淨，轉識成智，方合於真正的解脫之道。

第五　定心

若佛子，寂滅❶，無相無相❷，無量行、無量心三昧。凡夫聖人，無不入三昧，體性相應❸。

一切以定力故❹，我、人、作者、受者，一切縛見性❺，是障因緣，散風動心。不寂而滅，空空八倒無緣❻。假靜慧觀❼，一切假會，念念寂滅。一切三界果罪性❽，皆由定滅，而生一切善。

【譯文】

佛弟子，寂滅之時，能定之心與所定之境悉皆無相，從而能具無量心行，總成無量心正定。一切凡夫，一切聖人，皆可入此正定，因凡夫聖者雖有迷悟染淨差別，但在體性上卻是平等相應的。一切我見、人見、作者見、受者見，皆可使人產生執縛，都具邪見之性，它們都是障道因緣。眾生一遇散亂境風，便會鼓動心海，隨波逐浪而流轉於生死，然而這一切皆可依仗定力而得寂滅。不得寂靜定力而能滅除障惑者，無有是處。故依此定力，則凡夫二乘之八種顛倒見解，生滅之緣，皆得自空。假靜止動，假慧照昏，以靜慧觀照因緣和合所生之假有存在，則念念歸於寂滅。一切欲界、色界、無色界三界苦果及其諸惡罪性，亦皆借此定力而得以滅，並可滋生無漏功德智慧等一切善法。

【注釋】

❶寂滅：「涅槃」之異名，又名「略滅」，指度脫生死、寂靜無為的境地，即煩惱之火消失，此心歸於寂靜的究竟解脫境界。又因為此境地遠離迷惑世界，含快樂之意，故又稱寂滅為樂。佛教大

小乘對寂滅的闡述有所差異，小乘認為，相對於生死之擾動不安，不生不死之寂靜安穩為寂滅。大乘則認為，諸法本來呈現寂滅相，並非離生死而別有寂滅涅槃之境。

❷無相無相：此處為解釋寂滅之詞，指能定之心與所定之境皆寂滅無相。

❸體性相應：佛與眾生，雖有覺、迷不同，其體性則同一而無差別，故名「體性相應」。體性，也指實體，事物之實質為「體」，而體之不變易稱為「性」，故「體」即「性」。

❹定力：又名「三摩地」，意為注心一境，不散亂。修習禪定，能產生一種息止散亂、伏除煩惱妄想的精神力量，故稱「定力」。

❺縛見性：即能生一切執縛的邪見種性。一切我見、人見、作者見、受者見，皆可使人生起一切執縛，從而不能解脫自在，此種種見，全都是障道因緣。

❻八倒：亦名「八顛倒」，指凡夫與小乘之人所認同的八種顛倒見解。即：一、常顛倒，於世間無常之法而起常見。二、樂顛倒，世間五欲之樂皆是招苦之因，凡夫不明此理，妄計為樂。三、我顛倒，此身皆因四大假合而成，本無有我，凡夫不明此理，於自身中強生主宰，妄計為我。四、淨顛倒，己身他身，具有五種不淨，凡夫不明此理，妄生貪著，執以為淨。五、無常顛倒，於如來常住法身，妄計有生滅變異之相。六、無樂顛倒，於涅槃清淨之樂而計無樂。七、無我顛倒，於佛性真我之中，妄計無我。八、無淨顛倒，如來常住之身，非雜食身，非煩惱身，非血肉身，非筋骨纏裹之身，二乘不明此理，故計為不淨。（《佛光大辭典》）

❼假靜慧觀：以靜止動，以慧照昏，以此二者為觀，則定慧圓明。假，假借。靜，定也。慧，智慧。

❽三界：指有情眾生所居住的欲界、色界、無色界三界。一、欲界，有淫欲、情欲、色欲和食欲之眾生所居住地，上自六欲天，中自人界，下至無間地獄，謂之「欲界」。二、色界，此界在欲界之上，其中眾生已離淫、食二欲，無男女之形，生命皆為化生，具有清淨色可以示現。此色界由禪定之淺深粗妙而分四級，稱為「四禪天」。三、無色界，此界無有物質，無身體，亦無宮殿國土，唯以心識住於深妙之禪定，故謂之「無色」。

【解讀】

定，是佛教最基本的理論「戒、定、慧」三學之一。禪定具足，是智慧成就的重要基礎。就實際佛法修習而言，卻是定慧圓融的。有人重視修定，借由定而生慧。有人重視修慧，智慧成就了，定力自然具足。大多數人則是定慧雙修，定力與智慧同步增長。定，有世間定與出世間定之分。世間定是有我之定，依堅強意志力而得定，雖可提高心靈的敏銳度和覺察力，提升世間智慧，甚至可以觸發神通變化，但人我不消，以定力強壓煩惱，於生命解脫而言，則無有是處。出世間定，依佛法修習，破除人我習性，轉染成淨，轉識成智，內心清淨無物，成真正定，無有我見、人見、作者見、受者見，得生命解脫。

第六　慧心

若佛子，空慧非無緣❶，知體名心❷。分別一切法，假名主者，與道通同❸。取果行因，入聖捨凡❹，滅罪起福，縛解，盡是體性功用。一切見❺，常、樂、我、淨❻。煩惱，慧性不明故。以慧為首，修不可說觀慧❼，入中道一諦❽。其無明障慧❾，非相、非來、非緣、非罪、非八倒、無生滅。慧光明焰，為照樂虛，方便轉變神通❿，以智體性所為，慧用故。

【譯文】

佛弟子，空慧本有，非是無緣而生，亦非即緣而生。空慧靈明之體，名之為真心。真心照用，則能分別一切諸法當體本空，皆假立其名，實無主宰，與至道通同一味，體無差別。證取聖果，皆依因地所行。捨凡而不退墮，入聖而增進修，滅一切罪業，發起一切福，解脫一切執縛，皆是此空慧體性之功用。

凡夫、外道、二乘之人，持邪見、我見、常見、斷見等一切錯誤的見解，將無常、苦、無我、不淨的己身與世界執取為常、樂、我、淨，從而沉淪煩惱，皆是不能通達智慧體性的緣故。

以空慧作為佛法修行之首，修不可說觀慧以為助，細審細察，互觀互融，證入中道第一義諦中。此時則證知，無量無明煩惱，各種障慧之顛倒知見，皆無有實體而非相，無有動轉而非來，無有合散而非緣，無有因果而非罪，無有榮枯而非八倒，亦無有生滅，唯有空慧智光，靈明徹焰，其所照耀，如太陽處於虛空。

菩薩能起種種方便，輾轉變化，運御神通妙用，度脫一切有情眾生，皆是以平等智為體性，以空慧為其用。

【注釋】

❶空慧：大乘佛法六度之一，梵語「般若」，又名「般若波羅蜜」，此云「智慧」。諸法皆因緣和合，體空本空。學人證入空性，即能於境分明無惑，是名得證本有空慧。此處將「空慧」理解成觀空理之智慧，也合文意。

❷知體名心：指本有空慧靈明知體，惟是真心妙用，不假方便，能分別一切諸法當體即空。知體，本有空慧靈明之體。心，真心。

❸與道通同：指與覺道，通同一味，體無差別。

❹入聖捨凡：聖、凡，指聖人與凡夫。聖人，指證得聖智，在見道位以上之人。俱舍宗以四善根為內凡，三賢為外凡，三賢以下皆是凡夫；大乘則以初地以前為凡夫，初地以上為得道聖人。凡

夫，音譯「必栗託仡那」，意譯為「異生」，指凡庸之人。就修行階位而言，未見四諦真理之凡庸淺識者，均稱「凡夫」。

❺見：指由眼前所見或推想而對某事物產生一定的見解，意謂見解、思想、主張等。「見」分為二見、七見、十見等各種類別：一、二見：有見與無見，或斷見與常見。二、七見：邪見（否定因果之理）、我見（執實我）、常見（執於身心常住不變）、斷見（執於身心斷滅）、戒盜見（又作「戒禁取見」，執著不正確之戒律）、果盜見（執著由邪行所得之結果為正確）、疑見（懷疑真理）。三、十見：五見加貪見、恚見、慢見、無明見、疑見等，共為十見。

❻常、樂、我、淨：此處應該是指凡夫四顛倒見，即凡夫不知自己和世界的真相本為無常、苦、無我、不淨，而以為人將永遠存在（常）、人生是快樂的（樂）、萬物有其主宰性（我）、身心是清淨的（淨）。早期佛教，為對治此四顛倒見，而教之修習觀身不淨、觀受是苦、觀心無常、觀法無我四念處。另外，常、樂、我、淨也指大乘涅槃與如來法身所具足之四德，又稱「涅槃四德」。涅槃境界是永恆而無生滅的，謂之「常」；其境界無苦而安樂，謂之「樂」；得大自在，毫無拘束，謂之「我」；解脫一切垢染，謂之「淨」。

❼觀慧：指觀想、觀照的智慧。以諸法緣起無自性之空理，觀照一切現象，則一切煩惱無明，悉皆照破。

❽中道一諦：中道，即離開二邊的極端，臻於不偏不倚的中正之道。釋迦牟尼佛住世時代，最初的

中道觀，是指遠離苦行與欲樂兩種極端的修行方法。一、在阿含類經典中，中道，亦稱「八正道」，是指遠離快樂主義與苦行主義等偏頗的修行方法，由此可成就智慧，趣入涅槃。二、部派佛教，繼承了阿含教的立場，認為遠離斷、常之二見，是謂「中道」。三、大乘中觀派主張，遠離一切執著、分別而無所得者，是謂「中道」。中道，亦稱「八不中道」，即不生、不滅、不斷、不常、不一、不異、不去、不來，由此可破一切邪執而顯諸法實相。四、天臺宗立空、假、中三諦圓融中道說。唯識宗立有、空、中三時教判，認為遠離有、空二邊而完全彰顯非有非空之中道真理，是謂中道了義教。

❾無明：梵語「阿尾儞也」，泛指無智、愚昧，指暗昧事物，不能明白理解事物的真相，不通達宇宙真理的狀態。佛教中的無明，特指不了解佛教關於宇宙人生的道理，更不能依佛教奉行。無明為十二因緣之一，稱為「無明支」。俱舍宗、唯識宗立無明為心所（心之作用）之一，稱為「癡」。

❿神通：又作「神通力」、「神力」、「通力」等，指依修禪定而得到的無礙自在、凡人不可度測的不可思議能力。佛教於神通一般分為六種，即：神足通（身能飛天入地，出入三界，變化自在）、天眼通（能見天上人間粗細一切事物）、天耳通（能聞天上人間一切聲音）、他心通（能洞悉他人思想）、宿命通（能知前世事蹟）、漏盡通（能斷一切煩惱惑業，永脫生死輪迴）。前五通可依禪定功夫產生，外道諸仙、聲聞及菩薩皆可獲得。至於漏盡通，僅有達小乘之無學位或大乘之等覺位的聖者才能獲得。

【解讀】智能離癡，慧能治愚，智慧為佛法修行之本，是眾生了生脫死之必依。佛教智慧修習，或漸次破妄顯真，智慧依階第而成。或直入空性，成就空性慧，入中道智，再以其觀照萬法，一切煩惱知見執著，當體即空，並可運御神通妙用度化有情眾生。此兩種方法，為漸、頓之區分。大乘佛教，特別是禪門慧能（惠能）南宗，依大菩提心和強出離心，提倡於當下直指人心，頓現佛性，頓悟無上智慧。然理則頓悟，事須漸修，從而有悟後起修之論。正如祖師所言：不識本心，學法無益。學人不必自認小根，當發起直取之願，只要努力，雖不中，也會離道不遠了。

第七　願心

若佛子，願，願大求❶，一切求。以果行因故❷，願心連❸。願心連相續百劫，得佛滅罪。求求至心❹，無生空一願❺，觀觀入定照❻。無量見縛，以求心故解脫；無量妙行❼，以求心成菩提；無量功德，以求為本。

初發求心，中間修道，行滿願故，佛果便成。觀一諦中道，非陰，非界，非沒生。見見，非解慧❽，是願體性❾，一切行本源。

【譯文】

佛弟子，菩薩發願，當發起上求佛道之大願，發起下化一切眾生之宏願。以證悟佛果之願心，行因地一切善行，則願心連續不斷。願心相續而經萬劫不輟，永無退悔，方能得見本佛，滅無量罪業。上求證悟佛道，下求度化眾生，至誠懇切，以修證無生空法為當下所行。空觀、假觀，禪定、慧照，圓融互用無礙，則無量邪見、執縛，皆以此上求下化之大願求心而得解脫。無量妙行，也因為此求求至心而得成就無上智慧。無量恆沙稱性功德，都是以此大願求心為根本。

因此，佛子初發大願心，經中間累世累劫修證佛法，待至始覺、漸次覺、究竟覺三覺果滿，成德周圓，方得成就佛果。菩薩以中道第一義諦智慧觀照萬法，則觀五蘊非五蘊，觀十八界非十八界，觀生滅非生滅。能見、所見，皆非分別解慧。中道智慧，是一切願心的本體，是一切行向的根本源心。

【注釋】

❶ 大求：即發願求證無上智慧，成就佛的果位。求，即企求，希冀之意。
❷ 以果行因：在上以求成就佛道，自利為果。在下當行化眾生，利他為因。
❸ 連：相續連接不斷。
❹ 求求：即持續不斷地發起上求證悟佛道、下求度化眾生之願。至心：至誠之心。
❺ 無生空：指修行無生空法，證入空性，契無生空理，求無所求，亦名「無生空智」。一願：指度

生一願滿足，也指眾生平等，生佛無二。

❻ 觀觀入定照：前面的「觀」，指「空觀」。後一個「觀」，指「假觀」。定，指「禪定」。照，指以智慧觀照。空觀是禪定之體，禪定是空觀之用；假觀是慧照之體，慧照是假觀之用。又，禪定是空觀之體，空觀是禪定之用；慧照是假觀之體，假觀是慧照之用。證入中道智，則空觀假觀、禪定慧照，互攝互入，即體即用，一而二，二而一。

❼ 妙行：又名「三妙行」、「三清淨」，即身妙行、語妙行、意妙行，指三種智者所喜歡能招致善報的行為。大乘菩薩以上求佛道、下化眾生之大願，修一切善行，成無量功德，是謂「妙行」。

❽ 解慧：華嚴之信、解、行、證四法之一。菩薩初發願心，首先須相信佛法，其次要了解佛法，進而身體力行修習佛法，最後證悟佛果而了生脫死。

❾ 願體性：指一切願心之本體，萬行之本源。菩薩修行，必須證無生空慧，發無我願，依此起一切無相妙行，才能證得佛之無相菩提涅槃妙果。

【解讀】

發大菩提心，是成就佛果的重要動力。但是，發大願者，必須發大願證悟空性智慧。若不能體悟無生空慧，則不能生起靈明覺照，不能照見自身的我執、我慢，大願心很可能成為大我慢心和大我執心，是謂狂願。即使踐行一切善法，也只能增長我慢我執，與生命解脫無涉。

第八　護心

若佛子，護三寶❶，護一切行功德，使外道八倒❷，惡邪見，不嬈正信。滅我縛、見縛❸。無生照達二諦❹，觀心現前，以護根本，無相護。護空、無作、無相❺，以心慧連。慧連，入無生空道、智道❻，皆明光明光❼。護觀入空、假，分分幻化，幻化所起，如無如無，法體集散不可護❽，觀法亦爾。

【譯文】

佛弟子，應當護持佛、法、僧三寶，護持六度萬行一切聖賢功德，不使外道知見、凡夫二乘八種顛倒惡見邪見，擾亂佛法正信，滅除我縛、見縛。惟用無生智理，觀照通徹空假二諦，照空而不沉空，照有而不滯有，不墮斷見常見，二諦圓融，即是觀慧成就，是謂真正護持三寶正信根本。雖曰護持，但能護之心與所護之境亦應無相，是謂無相護。空、無作、無相三解脫法門，亦應護持，是因為心慧相連。依此空心使無相慧相續相連，則能證入無生空道（無餘涅槃理果）、無生智道（無上菩提智果）。理智互照互融，則慧光明焰，普照萬法，巨細不遺。菩薩從護心中而起觀照，觀入於空即遣真相，觀入於假即遣俗相，真相俗相既空既假，分分幻化。諸法皆幻化所起，生即如生，滅即如滅，生滅皆如，故云如無。法體本自不生，緣生而集；法體本自不滅，緣滅而散。則諸法體本無集散，則無實法可護。所護法體既不可得，又豈有能護智觀。境智俱遣，了不可得，如是觀行，如是正信，方能護持三寶功德。

【注釋】

❶護：又名「護持」，有內護與外護兩種。內護，即內護己心，淨化身、口、意三業。外護，指給親族、同修等以物質和精神上的相助，從而使其安心修道，早成佛果。此處「護」應為外在護持。

❷外道：又作「外教」、「外法」、「外學」，指佛教以外的一切宗教。「外道」之原義，係指神聖而應受尊敬的隱遁者。初期佛教稱其他教派為外道，意為「正說者」、「苦行者」，而自稱為「內道」，稱佛教經典為「內典」，稱佛教以外之經典為「外典」。至後世，漸漸附加異見、邪說等義，外道遂成為侮蔑排斥的貶稱，意為真理以外之邪法者。

❸我縛、見縛：我縛，指因為對實我的執著而產生對生命的束縛，不能自在。眾生之身體，原為五蘊假合而成，若妄執身體中有著主宰作用的實體自我存在，而產生「我」與「我所」等妄想分別，即稱「我執」。世界人生是無常無我的，若執著有常有我，各種苦也就隨之產生，生命也就受到束縛而不能自在。見縛，指眾生由於執著於各種錯誤的知見而形成生命的束縛。

❹無生：又作「無起」，謂諸法之實相本空，無有生滅變化。若觀無生之理，可破除生滅之煩惱。

二諦：指「真諦」和「俗諦」。諦，指真實不虛之理。《增臺阿含經》卷十七中說，如來所說諸法真實不虛，故稱為「諦」。諦的種類，各經論宗派說法不同。如真俗二諦說，俗諦，指凡夫從實際事物現象中觀察而得到的認識；真諦又作「勝義諦」、「第一義諦」，是指聖人由事物之真實現象體認空，依觀察智而體會到的真理。原始佛教說有苦集滅道四諦，天臺說空假中三諦，其他還有五、七、九、十、十六、二十五諦等各種說法。

❺空、無作、無相：指修習佛法而達涅槃解脫的三種法門，亦稱「三解脫門」、「三門」。即：一、空門，指觀一切法皆因緣和合而生，其本性為空，若能通達空性，則於諸法而得自在。二、無作門，又稱「無願門」、「無欲門」，謂若知一切法無相，則於三界無所願求；若無願求，則不造作生死之業；若無生死之業，則無果報之苦而得自在。三、無相門，又稱「無想門」。謂既知一切法空，乃觀男女一異等相實不可得；若能如此通達諸法無相，則離差別相而得自在。（于凌波，《唯識名詞白話新解》）

❻入無生空道、智道：無生空道，即是「無餘涅槃理果」。無生智道，即是「無上菩提智果」。

❼明光明光：即智理互照之象。繇智契理，因理冥智，智理如如，互發圓照，故云「明光明光」。

❽法體：又譯作「自性」、「自體」，指事物存在的本體、自身、本質等意，如部派佛教中說一切有部的「三世實有，法體恆有」中的「法體」，即是主張法體實有。

【解讀】

護持三寶，既有對人的護持，也有對法的護持。護持的目的，在於修習佛法，成就智慧，得證佛果。但護持之道，也應具足中道智慧，否則的話，要麼所護非人，要麼所護非正法，執著於護持之相，則生人、我、法諸相，於自他修行皆有所礙。能護之人，所護之法，所護之智，悉皆無相，是名無相護持三寶。

第九　喜心❶

若佛子，見他人得樂❷，常生喜悅，及一切物。假空照寂❸，而不入有為❹，不無寂然大樂❺。無合有受❻，而化有法❼，而見云假❽。法性平等一觀，心心行多聞❾。一切佛行功德，無相喜智，心心生念。而靜照樂心，緣一切法。

【譯文】

佛弟子，遇見他人得世間、出世間快樂，應當為之生起歡喜心，並將此歡愉之心普悅於一切有情眾生。菩薩空觀假觀雙運，禪定智慧圓修。不入有為，離於有相，故不同凡夫情見之喜；不住無為，離於無相，故不同二乘空見之喜；不空不假，不有不無，則有寂然大樂，又能樂及眾生。二邊不住，中道不立，根境無合而有喜受，則定力智慧湛然，不被物轉而能轉物。雖有法可見，然種種諸境，當體即空，皆是假有。諸法之性，在聖不增，在凡不滅，平等不二，以此為觀。然雖觀諸法體性平等，但法身之理果尚未究竟，故當心心發起大願而行之，乃及多聞一切諸佛無量妙行而行。一切諸佛妙行圓滿功德，本乎無相。通達無相，生喜心智慧，起行長養，永承無失，心心相續。恆以此靜照不二之樂心，遍緣於一切已得法樂、未得法樂之眾生，令其同證無相喜中，同生寂然大樂。

【注釋】

❶喜：又稱為「喜受」、「喜根」，五受（苦受、樂受、捨受、憂受、喜受）之一，即心中的歡悅狀態。

❷樂：與「苦」相對，謂由身心調適而得快樂的狀態。亦稱「樂受」，是指作為善業所引之果報，所引發的歡愉及之於身心樂的感受。

❸假空照寂：菩薩空觀假觀雙運，禪定智慧圓通。假，即「假觀」。空，即「空觀」。照，即是「慧」。寂，即「定」也。

❹有為：有所作為、造作之意，又稱「有為法」，泛指由因緣和合所造作的一切現象，以生、住、異、滅之四有為相為其特徵；狹義而言，特指人的造作行為。相對於此，永遠不變而絕對存在

者，則稱為「無為法」。

❺寂然大樂：認識諸法性空，契入空性，則生起無上大樂的覺受。寂然，指寂靜無事之狀態，或心中呈現平靜澄澈之境地。《維摩詰經》卷上〈弟子品〉中說：「法常寂然，滅諸相故。」

❻無合有受：菩薩喜心，不同凡夫情見之喜，亦不同二乘空執之喜，而是不空不假，不有不無，既有寂然大樂，又能樂及眾生。無合，指六根與外境不合，二邊不住，中道不立。有受，指確實有喜悅的感受。

❼而化有法：化，不留之意。以其合於無，有定力故，不被物轉，並能轉物，所以說可化有法。

❽而見云假：指雖有法而見，然種種諸境，本無實體，皆是假有。

❾心行：謂心內之作用、活動、狀態、變化等。眾生心念生生滅滅，遷流不息，故名「心行」。也指心願、決心等義。

【解讀】

喜，既是菩薩因地所當修習，更是菩薩證入果地所發空性之覺受。世俗情見之喜，二乘執空之喜，皆不究竟。菩薩當成就不一不二、不空不有之中道智慧，則能生寂然大樂，自然生起樂及眾生之大心。喜心，不僅是一種心理愉悅狀態，更是一種智慧，有相、無相，其細微之處，唯親證者方能了知。

第十　頂心❶

若佛子，是人最上智❷，滅無我輪、見、疑、身、一切瞋等❸。如頂觀連❹，觀連如頂，法界中因果❺，如如一道❻。最勝上如頂，如人頂。非非身見、六十二見、五陰生滅、神我主人動轉屈伸❼，無受無行可捉縛者❽。

是人爾時，入內空值道，心心眾生❾。不見緣，不見非緣，住頂三昧。寂滅定，發行趣道❿。性實，我、人、常見、八倒、生緣⓫，不二法門⓬，不受八難⓭，幻化果畢竟不受。唯一眾生，去來坐立，修行滅罪，除十惡⓮，生十善。入道，正人，正智，正行。菩薩達觀現前，不受六道果⓯，必不退佛種性中⓰，生生入佛家，不離正信。

上〈十天光品〉廣說。

【譯文】

佛弟子，頂智是超過上述九種觀智的最上智，此智能滅除我執而免輪諸趣，能破除邪見、疑見、身見及瞋恚等一切諸惑。依此頂智相續觀照，相續觀照而體證無上頂智。如此則能了知十法界中因果輪迴，真俗不二，諸法本為一相。是故此智為最上最勝頂智，猶如頭頂，為人身中最為尊貴。菩薩修得此頂心觀智，則能破除外道身見、六十二種斷常邪見，洞悉五蘊生滅之理，亦非外道所計神我主人所能轉動，它不受諸法，無行相可得，故亦無所執著。

菩薩依頂智觀照諸法，內在五蘊身心及外在山河大地皆當體即空，唯道獨存，由此而起同體大悲之心，心心所念，唯在普度有情。菩薩雖以度生為念，然不見有能緣之心，亦不見所緣之境，終日度生而無生有度，終日說法而無法可說，心境雙泯，智理全空，爾時倏然安住最勝頂心三昧寂滅正定。菩薩於寂滅定中，發起妙行，趨向佛道。體性真實，猶如金剛，外道所執著的我見、人見、常見，八種顛倒、生滅因緣等，皆入「不二法門」。滅盡無餘，則不受「八難」果報，亦畢竟不受三界一切幻化異熟業果果報。

菩薩雖得解脫，不受輪迴，為度脫一切眾生，故示現去來坐立，作精進修行，用種種方便，令諸眾生，除滅十惡而生十善，使入佛道。佛法中正信之人，具足正智，並能發起正行。菩薩通達觀智，妙觀成就現前，雖然往返三界，示同凡夫，實非業繫，既不受六道有漏之果，亦復不退佛種聖性，生生世世生於佛家，亦不離菩提正覺正信。

以上在大部《梵網經》內〈十天光品〉中有更廣說明。

【注釋】

❶ 頂心：即具備最上智之心。又名「灌頂住」，謂觀空無相，得無生心，得法水灌頂。

❷最上智：又作「智波羅蜜」、「若那波羅蜜」，為菩薩欲達於大涅槃所修十種勝行之一，即如實知一切法的智慧，分為「受用法樂智」與「成熟有情智」兩種。菩薩十種勝行，全稱「十波羅蜜多」，又名「十度」、「十到彼岸」。即：施波羅蜜、戒波羅蜜、忍波羅蜜、精進波羅蜜、禪波羅蜜、般若波羅蜜、方便波羅蜜、願波羅蜜、力波羅蜜、智波羅蜜。

❸我輪：我，即我見。輪，即輪迴。眾生以不識我見本空，所以輪迴諸趣。疑：謂對因果、因緣等佛法猶豫而無法相信的心理狀態。《大乘義章》卷六中說疑有二種，一者疑事，如夜觀樹而疑為人非人等。二者疑理，疑聖諦等。疑為「五鈍使」之一。佛教認為，有五種銳利的煩惱，即身見、邊執見、見取見、邪見、戒禁取見，是謂「五利使」。也存著五種相對遲鈍的煩惱，雖較為遲鈍，但亦能驅使心靈不得自由，它們是貪、瞋、癡、慢、疑，是謂「五鈍使」。一切瞋：瞋，又作「瞋恚」、「瞋怒」、「恚」、「怒」，是佛教最為強調的三種根本煩惱（貪、瞋、癡）之一，係指對有情眾生不如己意之思想或行為產生怨恨的心理狀態。

❹如頂觀連：即持續以定慧觀察諸法本空而得最上智的智慧觀照。眾生我慢，如山一般高，非以高大智慧觀照不能破除，故說以頂心妙智作觀。觀，觀照。連，連續不絕。

❺法界：法界有二義，一是指作為諸法本體的真如、實相；二是泛指宇宙中的一切事物，包括世間、出世間法，通常釋為「軌持」，即一切不同的萬事萬物都能保持各自的特性，互不相紊，並按自身的規則運動變化，且能讓人們理解其涵義。界，含有種族、分齊的意思，即分門別類的不

同事物各守其不同的界限。

❻如如：此處指法界中的因果輪迴，諸法無二，是名「如如」。

❼六十二見：指古代印度外道所執的六十二種錯誤見解，佛經中有數種異說。《長阿含經・梵動經》中載有十類六十二見之說，大致分為本劫本見、末劫末見二類。神我：外道所執之常住不滅的自我，我體常實並且靈妙不可思議，稱為「神我」。數論外道二十五諦之第二十五，稱為「神我諦」。此派認為，當人的肉體與神我結合時，神我會受物質的繫縛；然在解脫之時，神我則脫離肉體而單獨存在，成為本來純粹而清淨者。神我的立場與佛陀的無我立場針鋒相對，是佛所極力批判的邪見之一。

❽無受無行：頂智不受諸物，無行相可得。

❾心心眾生：即修菩薩道者當恆續發起救度眾生之心，心心以度眾生為事。

❿發行趣道，即發起慈悲喜捨之廣大心，修行妙行，趨向佛道。

⓫常見：又名「常邪見」、「常論」，為「斷見」之對稱。常見者，主張世界常住不變，人類之自我不滅，人類死後自我亦不消滅，且能再生而再以現狀相續，即執我為常住，執著此見解，是謂「常見」。生緣：即生滅因緣。

⓬不二法門：指顯示超越相對、差別之一切絕對、平等真理的教法。佛教教法有八萬四千法門之多，然而，在諸法門之上，能直見聖道者，是謂「不二法門」。不二，指超越一切相對的兩端

（如大小、高下、來去、一多等）而顯絕對的境界。法門，指佛教的教法。

⓭八難：指不得遇佛，不聞正法的八種障難。又作「八難處」、「八難解法」、「八無暇」、「八不閒」、「八非時」、「八惡」、「八不聞時節」等，具體指地獄、餓鬼、畜生、邊地下賤、生不見佛、諸根不具、生長壽天，世智辯聰共八種障難。

⓮十惡：又稱「十不善業」、「十不善業道」等。即：殺生、偷盜、邪淫、妄語、綺語、惡口、兩舌、貪欲、瞋恚、愚癡，共十種邪惡的行為。

⓯六道：又稱「六趣」，指凡俗眾生因善惡業因而流轉輪迴的六種世界，即地獄、餓鬼、畜生、阿修羅、人、天。其中，地獄、畜生、餓鬼稱「三惡道」，或「三塗」。阿修羅、人、天稱「三善道」。六道中若不含阿修羅，則為「五道」，或「五趣」。

⓰佛種性：又稱「如來性」、「覺性」，即佛陀的本性，或指成佛之能性、因性、種子，為「如來藏」之異名。原始佛教沒有佛性的概念，佛性是大乘佛教中的重要範疇，大乘佛教的一些經典認為，一切眾生皆有佛性，眾生都有覺悟成佛的可能性。另外一些經典則主張，並非一切有情都有佛性，一闡提人，即使勤修也不能成佛。「佛性」一詞在不同的情況下有不同的解讀。

【解讀】

智慧成就，是生命解脫的根本。修習最上智，是一切大乘佛子所應承當。最上智者，無相，無住，無生死，無涅槃。心中若有一相，便為執著，有執著，則不能得解脫。大乘成就，正所謂了生死而不離生死，證涅槃而不取涅槃。雖解脫自在，但仍流連六道。廣度眾生而心中無一眾生有度，整日說法而無法可說。真正的大乘精神，非那些口說大乘而整日執著神我往生之徒所能體會。

十長養心

《梵網經》中的十長養心，按明代蕅益大師的《梵網經合註》中所說，大致相當於華嚴的「十行法門」，具體指：第一、慈心，第二、悲心，第三、喜心，第四、捨心，第五、施心，第六、好語心，第七、利益心，第八、同心，第九、定心，第十、慧心。所謂長養，即長養善法，成就功德，趣向聖位。四無量定，四攝法慧，最能增長佛道，養育眾生，故名「十長養」。

處於十長養位乃至十金剛位的大乘佛教修持者，稱為「賢位菩薩」，指處於修善根而制伏煩惱，使心調和的修行階位。賢位菩薩，未斷無明煩惱，還未入聖位證果，按唯識學所言，仍然處於積集福德和智德兩種資糧的過程，是名資糧位。賢位，《菩薩瓔珞本業經》以十位、十行、十迴向為三賢；《瓔珞經》及華嚴以十住、十行、十迴向為三賢；《仁王般若波羅蜜經》以十信十種性、十止性種性、十堅心道種性為三賢。佛教認為，相對於證果的聖人，三賢仍然是修行者中的凡夫位，相對於初發心等外凡而言，稱三賢為「內凡」。

盧舍那佛言：「千佛諦聽，汝先問長養十心者❶。」

【譯文】

盧舍那佛繼續說：「眾佛子請仔細聽，下面我將要為你們宣說十長養心。」

【注釋】

❶長養：指生長、養育之意。《雜阿含經》卷十五中說，依摶食、觸食、意思食、識食等四食，令諸根及心、心法等相續長養。《瑜伽師地論》卷三、《俱舍論》卷二等論著中則以飯食、資助、睡眠、等持、梵行等諸勝緣以資養身心，是謂「長養」。

第一　慈心

若佛子，常行慈心❶，生樂因已。於無我智中樂相應觀入法❷，受、想、行、識、色等大法中❸，無生、無住、無滅❹，如幻如化，如如無二故❺。一切修行成法輪❻，化被一切，能生正信❼，不由魔教。亦能使一切眾生，得慈樂果。非實，非善惡果❽，解空體性三昧。

【譯文】

佛弟子，應當時常發起對於一切眾生的慈悲之心，利濟眾生而令其皆得安樂。菩薩以無我智觀諸眾生，實無苦境，本來自樂，是故自樂樂他。觀一切諸法，色、受、想、行、識五蘊身心，地、水、火、風四大種性，其體性皆無生、無住、無滅，其存在皆如幻如化，從中道智而言皆如如不二，即空即假即中。

菩薩修行六度萬行，無非為了成就無上法輪，度化一切眾生，令其長養對於佛法的正信之心，不因遭逢諸異道邪魔之教而稍生疑念。又能使一切眾生，得起慈三昧真實樂果。此果，非權小之實法小果，亦非人天善惡有漏之果，而是以一念相應智，契入空智，得正受體性三昧自樂樂人之慈樂果。

【注釋】

❶ 慈心：對處於苦惱困境中的人生起惻隱之心，並生起愛護、幫助之心，稱為「慈心」。慈有三

種：一有情緣慈，謂菩薩觀一切眾生，如同子女；二觀法緣慈，觀一切法，因緣生滅了無自性；三無緣大慈，言無心攀緣一切眾生，無為而為，則一切眾生自然獲益。

❷無我智：又作「根本智」、「如理智」、「無分別智」。相對於後得智而言，根本智指能契證真如之妙理，平等如實，無有差別，故亦稱「無分別智」。

❸受、想、行、識、色等大法：受、想、行、識、色，指五蘊身心。大法，指地、水、風、火這四大法。佛教認為，地、水、火、風是構成世界的四種最基本元素，地大，性堅，支持萬物；水大，性濕，收攝萬物；火大，性暖，調熟萬物；風大，性動，生長萬物，這四種元素造作了一切色法，故謂之「能造四大」。印度文化中的「四大」，類似於中國古代的「五行」，也不能以現代之元素觀理解，更多的是一種哲學上的範疇。

❹無生：即諸法實相無生無滅，萬法皆是無常的存在，也沒有主宰，但眾生執為常，強為主宰，所以有了求不得苦、愛別離苦等諸多苦難煩惱。無住：指諸法無固定之實體，無自性，隨緣而起，故名「無住」；或指心不執著於一定的對象，不失其自由無礙的作用。住，所住之意。

❺如如無二：諸法體性本空，即真，如幻如化，即假。如如無二，即中。佛教中道智慧，即假即空即中，是謂「如如不二」。

❻法輪：又稱「梵輪」、「寶輪」，是對佛法的喻稱，以輪比喻佛法，一為摧破之義，即佛法能摧破眾生的罪惡，猶如轉輪聖王之輪寶，能輾摧山嶽岩石；二為輾轉之義，即佛法不停滯於一人一

處，猶如車輪輾轉不停；三為圓滿之義，即佛之教法圓滿無缺，猶如輪之圓滿。

❼ 正信：正直、正確的信念，指虔誠相信佛陀所說之正法，信心不因遭逢諸異道邪魔之教而稍生疑念。諸經論宗派雖然都強調正信，但正信的獲得，卻是需要一定的智慧，對於佛法有一定深度的理解與體悟，才能建立起理性的相信，僅是宗教感情上的盲目信仰，是難以達到真正的正信。

❽ 非善惡果：非天上人間的世俗善惡果。

【解讀】

在諸心中，慈悲心最接近空性，修慈悲心，也最容易得根本智。慈悲，有因地慈悲，有果地慈悲。因地慈悲，是因地修菩薩行時應該時常發起的對於有情眾生的慈悲之心，因慈悲心而廣行六度萬行，自利利他。果地慈悲，又名「勝義慈悲心」，是證入空性後生起的同體大悲的覺受，是無緣而生的大慈悲心，是自性本具的大慈悲心。然慈悲心還須配合智慧，才能有好心出好果。因此，雖證根本智，生起同體大悲心，還須證後得分別智，如此才能契入中道智，如理如法如機地救度眾生。

第二　悲心

若佛子，以悲空空無相❶。悲緣行道❷，自滅一切苦，於一切眾生無量苦中生智。不殺生緣，不殺法緣，不著我緣。故常行不殺、不盜、不淫，而一切眾生不惱。發菩提心者❸，於空見一切法如實相❹，種性行中生道智心❺，於六親六怨、親怨三品中與上樂智❻，上怨緣中九品得樂果❼。空現時，自身、他、一切眾生，平等一樂，起大悲。

【譯文】

佛弟子，菩薩之悲，非眾生情愛之悲，而是空空無相大悲。憑此悲心廣行佛道，不僅能夠滅除自己的一切苦惱，而且能於滅除一切眾生苦惱的過程中生長無量方便智慧。菩薩借此不殺生命、不破壞佛法和不執我見之悲心，能常行不殺、不盜、不淫之淨行，前倡後襲，自能感動一切眾生亦不殺、不盜、不淫，從而滅諸苦惱之因，並發起菩提心。

發大菩提心者，當於真空實相理中，照徹一切諸法皆如實相，於種子性中發起大悲道智之心，於父母兄弟姊妹六親六怨、親怨三品，皆施與最樂智，上怨緣中九品，令其皆得樂果。當空性現前時，自身、別人，甚至一切眾生，皆平等快樂，為悲無量心之起用。

【注釋】

❶悲：音譯作「迦樓那」、「加盧那」，意即因惻隱他人之苦而欲救濟之心。悲心為四無量心之一。悲與慈，字義相近，然悲更強調一點大用。慈更多地體現在使眾生安樂，然而眾生現在苦中，必須離苦，方能得樂，是故佛子恆用悲心，令諸眾生離苦得樂。空空無相：諸法雖實相為空，但也不可愚執為空；諸法體性雖然無相，但也不可執著於無相，是謂空空無相。菩薩雖然恆以悲心救濟眾生離苦得樂，然實非愛見之悲，無能無所，無自無他，所以說空空無相。

❷悲緣：此處為動詞，即攀緣、憑藉之義。人之心識，通常攀緣於一切境界，如眼睛攀緣於好看的境界，心隨物轉，從而有執著而生煩惱。在人們的認識過程中，人的心識（認識器官認識能力）為能緣，所認識的對象為所緣。悲緣，即以悲心為能緣，以諸法空性為所緣。

❸菩提心：全稱「阿耨多羅三藐三菩提心」，又作「無上正真道意」、「無上菩提心」、「無上道心」等，即在上求證無上智慧，得涅槃解脫，在下廣化一切眾生的大願心。菩提心的內容，即「眾生無邊誓願度，煩惱無盡誓願斷，法門無量誓願學，佛道無上誓願成」之四弘誓願。佛教認為，菩提心為一切諸佛之種子，淨法長養之良田，若發起菩提心而勤行精進，當得速成無上菩提。

❹實相：亦名「真如」、「一如」、「法性」、「涅槃」、「實性」、「無為」等，指一切事物真實的、常住不變的本性。

❺種性：又作「種姓」，原義有寶山（埋藏珍寶之山）及血統、家族等義。印度種性制度，將人分成婆羅門、剎帝利、吠舍、首陀羅四種階層，「種性」即為社會身分的象徵。在佛教，「種性」專指修行人的資質。此處指佛及聲聞、緣覺、菩薩等三乘人各具有可能證得菩提的本性。種性有先天具足與後天修行而得兩種，前者稱為「性種性」，後者稱為「習種性」。行：身口意之造作名「行」，此處指發起大悲道智之心。道智：十智之一，指緣道諦作道、如、行、出等四種行相而斷除迷惑之無漏智，亦稱「道法智」。

❻六親六怨：六親，指父、母、兄、弟、妻、子這六親。對其友善為「六善」，加害於六親則為「六怨」。親怨三品：親怨的感情程度有上、中、下三個級別。人們將與自己相關聯的人通常分為三類，即親（關係密切，感情深）、怨（仇人）、中庸（關係一般者），當這三類人在自己面前均各受苦時，恆常人對之，會有相對應的三種心理生起，一不忍、二喜、三捨。也就是說，如親人或關係親近的人有苦，則不堪忍；仇人有苦，則生歡喜；於中庸者有苦，則多生棄捨而不關心。

❼九品：對人親怨的程度有上、中、下三品，上等中又有上、中、下三品，中、下等亦如此，合三為九，故有「九品」。如對上等親愛者有苦而產生的不忍心，又會因親近程度及感情程度而復分為上、中、下三品，分別為極不忍、次不忍、小不忍。喜、捨，亦如此。

【解讀】

相對於慈，悲更顯菩薩悲天憫人之情，更顯菩薩救度無量眾生之大宏願。大乘佛教修行，雖然倡導由人間、地獄等道受苦眾生的苦惱而生起出離心和大菩提心，但若無空性智為基礎，既很難生起真正的同體大悲之心，也會因無根本智而不能生起方便智，所謂發大菩提心則很可能成為大我慢心，所謂的救度眾生很可能變成相互纏縛。真正發大菩提心者，雖然廣修六度萬行以積累福德資糧，於自修而言，當先觀照出自己身心之苦，因感受自苦方才真正發起出離心，再力求證入空性，悟後起修，滅除己苦，在自利利他中成就後得方便智，以到功德圓滿，得證聖果。

第三　喜心

若佛子，悅喜，無生心時❶，種性體相道智❷，空空喜心❸。不著我所❹，出沒三世因果無集❺。一切有，入空觀行成❻，等喜一切眾生。起空入道，捨惡知識，求善知識❼，示我好道。使諸眾生，入佛法家。法中常起歡喜，入佛位中。復是諸眾生入正信，捨邪見，背六道苦❽，故喜。

【譯文】佛弟子，菩薩暢悅喜歡，是證入無生心時所起。當此喜時，種子性分本體相狀皆如實相，證入道智，空之亦空，得無相喜心。不執著於我、我所，為度眾生雖出入於過去、現在、未來三世，然所謂三世因果於菩薩而言實無有招集，無有掛礙。菩薩以不著故，於一切處凡有所入，以空觀行，不假用心而自成就。菩薩空觀既成，平等喜悅度化一切眾生，令其發起空智，趣入佛道，亦令眾生遠離惡知識，尋求親近善知識，並開示自身求法、修法之妙道。即以此道，總令眾生生於如來之家，入於佛法之中，常獲喜悅。菩薩雖入佛位，然又示身入六道，教化一切眾生，使其發起正信，捨諸邪見，生生世世出離六道之苦。以是之故。菩薩心意滿足而心生歡喜。

【注釋】

❶ 無生心：不執著於任何事、理，不住一切處之心，是名「無生心」。

❷ 道智：即「中道智」。道，即「中道」。智，即「觀智」。

❸ 空空：大乘佛教般若思想中的十八空之一，空之亦空曰「空空」。《大智度論》卷四十六中說：「何等為空空？一切法空，是空亦空，是名空空。」聖者證入空，然連一空相也不著，才是真正的空。真空能生妙有，一著空相，即入空境，後得分別智則不能生起，也不能進入無修而修的修行階段。

④我所：全稱「我所有」，即我之所有、我之所屬之意。人們一般認為自身為我，自身以外之物皆為我所有。在佛教義理中，我與我所，被認為是一切世俗之人所執著的重點，是眾生種種煩惱的根源。因此，我、我所，是佛教修行所破除的對象。

⑤三世因果：三世，即過去、現在、未來三世。佛教認為，世上萬物皆由因緣而遷流不息，處於因果的鏈鎖之中，過去者為因，現在者為果；現在者為因，未來者為果，是謂「三世因果」。佛教認為人的生命也是因果相報，輪迴不盡的。以過去生的業力為因，招感現在之果；以現在的業力為因，招感未來之果，如是因果相續，生死無窮。當然，所謂的「三世」，不一定是時間上相續的三世，只是相對於某因來說的下一世。如現在世所造的業力，所感的果不一定是在下一期生命，很可能是無數世後的某一世，但相對於此世的業而言仍然是下一世。無集：無所招集，無有掛礙。菩薩證入空智，無我相，無我所相，雖然往返三界，出沒隱顯，和光同塵，世俗人所謂三世因果，在菩薩看來，既無三世因果之相，亦無受者，故其本來無集，無有掛礙。集，招集。

⑥觀行：指觀心修行，或指觀法之行相。唯識宗之觀行有二種：一、尋伺，也就是對根塵相對所起的一念之心，以空、假、中三觀觀之。尋，即對粗心猛烈推求的心理活動；伺，則為細心分別的心理活動。二、真如，指常以妙觀觀於心性本具真如，速令顯發。此處「觀行」指以空觀行，屬後一種意義。

⑦善知識：音譯作「迦羅蜜」，又作「知識」、「善友」、「親友」、「勝友」等，指正直而有德

行，能教導眾生正道並引導其修習善法解脫煩惱的人。反之，說人以邪法、惡法，而使人住於煩惱或墮於魔道的人，稱為「惡知識」，亦名「惡友」、「惡師」。

❽背六道：遠離六道，脫離六道之苦。

【解讀】

菩薩以證入空智，故能生無相喜心，並以此喜心平等度化一切眾生，令其離苦得樂。

第四 捨心

若佛子，常生捨心。無造、無相、空法中❶，如虛空。於善惡，有見無見❷，罪福二中❸，平等一照❹。非人、非我所心，而自他體性不可得，為大捨❺。及自身肉手足、男女國城，如幻如化，水流燈焰❻，一切捨。而無生心❼，常修其捨。

【譯文】

佛弟子，應當常生捨心。既無能造捨之人，又無所捨之法及受捨者，能造所造皆空，於此三解脫法中，觀一切法究竟如虛空。如此則善惡二因、有無二見、罪福二報，以妙智平等觀照，皆了然無二，與實相不相違背。是故無人、我二相，亦無我、我所二執，自他體性俱如虛空而不可得故，如是之捨，是為大捨。

至於自身肉及手足等內財，男女、國城等外物，皆如幻如化，似流水燈焰，皆虛假非實而不能常住，故當能捨此一切而永無吝惜。

菩薩雖了知自他體性俱不可得，但仍於無相心中常生方便，修行捨心，度化一切有情。

【注釋】

❶無造、無相、空法：此為三解脫法門。無造，即無所造作，無能造捨之人。無相，即無有形相，無所捨之法及受捨者。空法，即諸法體性本空，能捨所捨皆如虛無相，三輪體空。

❷有見：又作「常見」，指執著於有之偏見，即妄執世間萬物皆具有恆常不變的實體的見解。如認為人類之精神生命不滅，人類死後精神自我亦不消滅，且能再生而再以現狀相續，即說自我為常住。無見：又稱「斷見」、「斷滅論」，常斷二見之一，為「常見」之對稱，指偏執世間及我終會歸於斷滅之邪見。蓋世間諸法之因果各別，各由業力而相續，非常亦非斷，執斷見者則偏執於一邊，謂無因果相續之理，世間萬法及我僅限於一期生命，死後即歸於斷滅。主張此等斷見者，被佛教稱為「斷見外道」，屬外道十六宗之一。

❸二中：即罪福二種果報中。

❹平等一照：即菩薩捨心如虛空，無所能捨之人，無有所捨之物及受捨之人，遇一切諸法，以妙智平等慧觀照，皆了然無二，與實相不相違背，亦究竟如虛空。

❺大捨：放下人、我二心，內外執情當下頓空，自他體性俱如虛空皆了不可得，如此之捨，是謂大捨。大捨之心，即是發大菩提心，發強出離心，捨下一切自我的執著，方能證入無上菩提，也才能真正地利樂有情。

❻水流燈焰：如水流，如燈焰，皆虛假不實，自他體性了不可得。

❼無生心：又名「真如心」，即本來具足無生無滅之清淨本心。

【解讀】

捨心，首先得捨下自己的一切我執、法執，不僅捨有，而且捨無，不執於有，也不執於空，三輪體空，是謂大捨。正所謂英雄能征服天下，但不能征服自我。聖人能降服自我，而不願征服天下。大捨之人，才能得大智慧。有大智慧，方能有大用。

第五　施心

若佛子，能以施心被一切眾生❶，身施、口施、意施、財施、法施❷，教導一切眾生。內身、外身、國城、男女、田宅❸，皆如如相。乃至無念財物❹，受者、施者，亦內亦外，無合無散❺。無心行化❻，達理達施❼，一切相現在行❽。

【譯文】

佛弟子，菩薩當生起布施之心而化被一切眾生。常行身施、口施、意施、財施、法施等，教化引導一切慳吝眾生，令其出離生死苦海。

菩薩起慧觀，了達內在五蘊身心，乃至國城、男女、田宅等一切身外之物，皆當體即空，皆如如相。既無有法可施，也無布施之相，更無布施之念，是謂無念財物。無受施之人，無施者之我，能所雙泯；無內之身命，亦無外之財物；以緣生如幻而無有合相，以緣滅如幻而無有散相，如此則無心行可行，無眾生可化，是名無心行化。無心可行名為達理，無生可化名為達施，既能達理，又能達施，即達三輪體空。菩薩雖三輪體空，了無掛礙，但不著於空，仍於一切種種相狀而當下踐行布施。

【注釋】

❶ 施心：施，音譯為「檀那」，又稱「布施」，以己之財分給他人是謂「布」，苦身律己而惠及他人稱為「施」，即以慈悲心而施福利與他人。「布施」原為佛陀勸導在家學佛者所修行的善法，即以衣、食等物施與大德及貧窮者。至大乘時代，「布施」成為六波羅蜜之一，財施，再加上法施、無畏施二者，成為三種施，亦即指施與他人以財物、體力、智慧等，為他人造福成智而累積功德，以致生命解脫，「布施」成為一種修行方法。被一切眾生：全句意為教導化被一切眾生。被，即被覆、化被之義。

❷ 身施、口施、意施、財施、法施：身施，即以身擔荷、執勞負役而幫助他人，乃至施捨頭、眼、骨髓、頭腦、身肉、手足等。口施，即語氣誠實，出言善巧方便，乃至歡喜讚歎，令眾生心生歡喜。意施，即自心無瞋恨，無有貪癡嫉妒，乃至常懷恭敬心，現柔和身相。財施，即國城、妻子、珍寶、田宅、資生產業等而施於他人。法施，即以權實方便大小諸乘佛法，隨因緣而譬喻說法，教化引導一切慳吝眾生，令其離苦得樂。

❸ 內身：謂眾生自身中眼、耳、鼻、舌、身、意諸根，皆色、受、想、行、識五蘊和合而成。外身：即身外色、聲、香、味、觸、法諸塵，亦指身體之外所有物品，如國土、田宅、珍寶等。

❹ 無念財物：菩薩以空智而觀諸法皆當體即空，實無有法可施。不但無財物布施之相，而且無布施財物之念，是謂「無念財物」。

❺ 無合無散：諸法皆空，緣生如幻沒有合相，是謂「無合」；緣滅如幻沒有散相，是謂「無散」。

❻無心行化：無布施之心可起，無布施行為可作，無眾生可以教化，然不妨終日度生；終日說法，實無一法可說，是名「無心行化」。

❼達理達施：無心可行名為「達理」，無生可化名為「達施」，既能達理，又能達施，即達三輪體空。

❽一切相現在行：菩薩通達空智，了無掛礙，不著空有，仍於一切種種相狀而當下踐行布施。

【解讀】

以施行慈，可以施治貪吝之心。雖廣行布施，但無布施之心，即非為我之功德或人生價值而行布施，而因眾生之需要而行布施。雖施於眾生，又不落施捨之相，無一眾生得己施捨。如此三輪體空，才能真正得無量功德。如若有我相、人相而行布施，只能得微少人天福報，於佛法無上智慧及生命解脫，無有關聯。

第六　好語心

若佛子，入體性愛語三昧❶。第一義諦法語義❷，一切實語言❸，皆順一語❹。調和一切眾生心，無瞋無諍❺。一切法空智無緣，常生愛心，行順佛意，亦順一切他人，以聖法語教諸眾生，常行如心，發起善根。

【譯文】

佛弟子，為了能以至慈至悲、親親切切、叮嚀教誡、善好柔軟的語言攝化眾生，菩薩當入如來體性愛語三昧正定。既入此三昧，菩薩能依第一義諦而生語言，所說語言皆真實不誑，究竟合於一乘真語。這樣，便可調和一切眾生心性，使其意和而無瞋，言和而無諍。

菩薩了達一切法體性皆空，無上智慧雖無能所緣相，然不妨恆與眾生自然任運而常生慈愛之心。菩薩順心而動，隨緣說法，上合三世諸佛之心，下順一切眾生之意。惟以第一義諦法語誡誨攝化一切眾生，使其能隨本心而動，亦開發生起一切善根。

【注釋】

❶入體性愛語三昧：菩薩當以愛語度化眾生，所謂愛語者，即是至慈至悲、親親切切、叮嚀教誡、善好柔軟的語言。而此語言，並非凡夫小乘因情見而生的偏執語言，而是依如來體性愛語三昧正定之所生。也就是說，真正善好柔軟語氣語言，必然是從自性中流轉而出，無任何的造作，也無

任何的我執、我慢夾雜其中。

❷第一義諦法語義：第一義諦法語，是為真語，又稱「勝義諦語」，是最高的、最殊勝的真理。即向眾生宣說大乘中道了義，不將不了義語向眾生宣說。

❸實語言：指真實不誑的語言。佛陀宣說佛法有五種語言，一真語，二實語，三如語，四不誑語，五不異語。真語、實語，為五中之二。

❹一語：指如語，不異語，導向一乘之語。乘，即車乘，譬喻佛之教法，因其能載人運至涅槃彼岸，故稱之為「乘」。佛陀為隨順眾生因緣而方便說法，通常說有三乘，即聲聞、緣覺、菩薩三種教法，而一乘教法，是指能直接引導眾生成就無上智慧而得涅槃解脫的教法。

❺無瞋無諍：無瞋，即無瞋怒，無瞋則意平；無諍，即無是諍訟，無諍則言和。菩薩恆修五語為因，以最上乘語化導眾生，眾生雖心口多別，但菩薩難調能調，終至眾生意言平和而無瞋無諍。

【解讀】

菩薩愛語，並非是凡夫為了愉悅他人而強作善好語言，而是自性的本然流露。菩薩證入無我智，自身無執無求，惟以眾生實際需要而感發種種善巧方便，宣說第一義諦法，令入意言平和而得安樂。

第七　利益心

若佛子，利益心時❶，以實智體性❷，廣行智道❸，集一切明焰法門❹，集觀行七財❺，前人得利益故❻。受身命而入利益三昧，現一切身、一切口、一切意而震動大世界❼。一切所為所作，他人入法種、空種、道種中，得益得樂。現形六道，無量苦惱之事，不以為患，但益人為利。

【譯文】

佛弟子，若行利益心時，必以實相般若體性為所依，方能廣起無量方便般若，集種種智慧、各種因緣譬喻、無量方便法門，集空、假、中之三觀行及信、戒、聞、捨、慧、慚、愧之七財，則現前行益之人以此亦得一切智道大利益。

菩薩示受眾生一樣的四大五蘊身命，入「利益三昧」正定，以三昧之力，現一切神通輪（身），一切教誡輪（口），一切記心輪（意），三千大千世界因其而起動、起、湧、震、吼、擊六種震動。一切所作所為，無非令眾生悟入法種、空種、道種中，得大益獲大樂。為了救度眾生，菩薩又示現身形於六道中，隨類（或人或畜生）現形，不以六道無量痛苦為患，但以益人為利。

【注釋】

❶利益心：又稱「利行心」，指利益眾生之心。

❷實智體性：實智，亦稱「真智」、「聖智」，指緣真如實相之智，如來成佛之本體。以其所緣者乃無緣之緣，故「實智」亦稱「無智」。實智體性本空，但卻能起大機用。

❸廣行智道：即為隨順因緣度化眾生而行無量方便智慧。智道，又稱「權智」、「俗諦」、「方便般若」，指了達事相之智。

❹明焰法門：喻種種智慧，各種因緣譬喻，無量方便法門。明焰，即「燈」。

❺七財：指佛教徒應該具有的七種行為規範。即信（信受正法）、戒（守持戒律）、慚（自己有慚）、愧（於人有愧）、聞（能聞正教）、捨（捨離一切而不染著）、慧（智慧通達）。這七種行為規範可以幫助眾生得成聖果，使修行者早成佛道。故以財為喻，謂之「七財」，或「七聖財」、「七德財」。

❻前人得利益：指當前行益之人得一切道智利益。菩薩以種種方便，使當前眾生識路還家，無乏中途，精進修行，自己亦於其中成就一切方便智，所謂自利利他，在利他的過程中亦能自利。

❼一切身、一切口、一切意：即「三輪」。佛能以身、口、意三業碾摧眾生之惑業，其神通妙用非常人所能度測，故稱此三業為「三輪」。一、神通輪，又云「神變輪」，指佛、菩薩欲說法時，必先會由身業現種種神通，驚動眾生機情，使其生起正信。二、記心輪，指佛、菩薩欲說法時，必先

觀察眾生根性，然後再隨其根性利鈍而隨機說法。三、教誡輪，又云「正教輪」，指佛、菩薩若說正法，先以種種方便開示引導，令諸眾生，改邪歸正。此三者次第，當身、意、口漸次而為。先以神通導之，次以記心鑒別其根性，再以教誡，使眾生得行正道。

【解讀】

先得根本智，再得分別智。得根本智易，得後得分別智難。佛子於當下契入空性，頓悟空理，是謂得根本智。若要得分別智，還當悟後起修，廣行六度，由體起用，漸得分別智。善財童子悟後仍然行五十三參，當及於此。在華嚴而言，由證理法界，達理事無礙法界，再達事事無礙法界。在唯識而言，得根本智時，心歸於空，漸得妙觀察智。此時悟後起修，漸得平等性智，善法惡法，只緣度人而皆平等。然至成所作智時，方能運用恰當，棒喝、機鋒，輕重緩急，皆合眾生當下之機。

第八　同心❶

若佛子，以道性智❷，同空無生法中❸，以無我智❹，同生無二❺。空同源境，諸法如相。常生、常住、常滅，世法相續❻，流轉無量，而能現無量形身色心等業，入諸六道，一切事同，空同無生，我同無物，而分身散形故，入同法三昧。

【譯文】

佛弟子，依菩提道性利生之權智，契同真空，所謂即俗而真，故證入無生法中。以二種無我妙智而言，四大非有，五蘊本空，皆同於無生空。既本同於無生空理，則無有人我同異之相，如一切水，皆同本源，一切根境，皆同真境，一切諸法，皆如實相。

一切眾生，不識常生、常住、常滅等法，迷真逐妄，起惑造業，隨業受報，輪轉生死，無窮無盡。菩薩以同體悲智，起「同事攝」，示現無量形身色心入於六道之中，隨機赴感，隨類現形，與眾生同處一處，隨緣逗機，令得解脫。

菩薩以無我智故，雖入諸六道而等同無生，雖現「我」而同於無物，雖現無量分散形身色心等業，於理則未嘗有散。菩薩能顯如是神通，作大佛事，蓋是入於「同法三昧」。

【注釋】

❶ 同心：又名「同事攝」、「難得行」，謂菩薩為平等普度一切眾生，示現不同身形於六道之中，與眾生共處一處，隨緣說法，契機度化。

❷ 道性智：即「道智」，又稱「道種智」、「道相智」，大乘三智之一。大乘佛法有三智之說，即

一切智、道種智、一切種智。一、一切智，又稱「根本智」，指證入諸法本性為空，了知一切諸法總相之智。總相即空相。此智為聲聞、緣覺之智。二、道種智，又稱「道種慧」，即了知一切諸法別相之智。菩薩證根本智後，因大悲心而仍然廣行六度萬行，示現身形於六道，隨眾生因緣，以種種方便救度一切眾生，在普度眾生中，自己也成就無量方便種種差別之智慧。此智屬菩薩之智。三、一切種智，又稱「一切相智」，即通達總相與別相智，屬佛智。天臺宗認此三智為修空、假、中三觀所成，即「一切智」為空觀所成，「道種智」為假觀所成，「一切種智」為中觀所成。《華嚴經疏》卷四中則舉出俗智、真智、中道智三智之說，其中真智即觀照真諦空理之智，相當於一切智；俗智即觀照俗諦諸法差別之智，相當道種智；中道智乃不偏真俗二邊，雙遮雙照，相當於一切種智。

❸無生法：佛真如之理，涅槃之體，以其遠離生滅，故稱「無生法」。

❹無我智：指人無我智和法無我智。眾生由於不知世界諸法之實相，從而執著於人我見、法我見二見。人我見，指一切凡夫不知自己身心乃五蘊假合而成，故強立主宰，執人有常一我體；法我見，指二乘之人，不了悟諸法之空性，計一切法各有體性，雖得人無我智，然猶自怖畏生死，妄取涅槃之法，於法取見。大乘佛法，破人我見和法我見，得人無我智和法無我智，是名「無我智」。

❺同生無二：同，即能同。生，即所同。無二，指物我無二相，隱同一類，種種方便，種種神通，

攝受眾生，無有彼此；或指物我無二體，皆同於無生空，通於真如之體。

❻世法相續：一切眾生，不識常生、常住、常滅之法，迷真逐妄，起惑造業，隨業受報，故輪轉生死，無窮無盡，是名「世法相續」。世法，即「世間法」，指世間的種種現象。

【解讀】

大乘菩薩精神，雖了生死而不離生死，出離六道而不離六道，隨眾生緣而示現不同形身色心，與眾生共處一處，共同生活，共同工作，尋機逗教，普化眾生而令其離苦得樂。菩薩因無我智，無有我、人、眾生、壽者諸相，雖入於六道，而實無有六道可入，所謂入塵不染塵。修習大乘佛法者，當有大雄大力，敢於面對自身我執、法執，敢於痛施猛藥，破除人法二執，無我利益眾生，得成無上智慧。若整日所思無非了生脫死，執生死相，口說大乘而實非大乘，貪有執相，想證入空性得根本智，無有可能，而況於後得分別智。

第九　定心

若佛子，復從定心❶，觀慧證空，心心靜緣。於我所法，識界、色界中❷，而不動轉，逆順出沒❸，故常入百三昧、十禪支❹。以一念智作是見❺，一切我人，若內若外，眾生種子，皆無合散，集成起作，而不可得。

【譯文】

佛弟子，復從所入三昧正定心中，觀照本有妙慧，證入本有真空，則心心相續，唯靜是緣。則於我、我所諸法，入識界四空天及色界四禪天，而心無動轉。逆順出沒識、色二界而心無所轉，則證入百八三昧之境，得十禪支之功。並能以一念相應智慧，照徹人、我諸法，若內根若外塵，及眾生識性無明種子等，一切皆空，無合無散，為因緣集合所起之假有，皆如幻如化而不可得。

【注釋】

❶復：又。前面十發趣心中第五為定心，指欲界中所入三昧正定，現在又從欲界定心而起，入上二界，所以講「復」。定心：指因修習禪定而遠離煩惱散亂的心理狀態。《大智度論》卷二十六中說：「定心者，定名一心不亂。亂心中不能得見實事，如水波蕩，不得見面。如風中燈，不能得點。」「定」是佛教戒、定、慧三學之一，是生起智慧的基礎。

❷識界：即識的領域，指人生起認識的六個領域，即識，眼、耳、鼻、舌、身、意六識。識界，又指「四空天」、「四空處」，具體是空無邊處、識無邊處、無所有處、非想非非想處，此四處只

有受、想、行、識四蘊，沒有色蘊，故為「識界」。界，即事物之間的區別、界限、領域。色界：色界為欲界、色界、無色界三界之一，位於欲界上方，乃天人的住處。色界眾生雖已遠離淫欲，不著穢惡的色法，然而尚為清淨微細的色法所繫縛，處於欲界及無色界的中間，稱為「色界」。色界眾生無男女之別，其衣服係自然而至，以光明為食物及語言。此界又依所入禪定之淺深次第而分四個層次，即初禪天離生喜樂地，二禪天定生喜樂地，三禪天離喜妙樂地，四禪天諸捨念清淨地，又稱「四禪天」。

❸ 逆順出沒：逆順，指由所出入禪定層次的高低而名是逆是順。例如，菩薩從三界外入定，至非非想處出定，或從非非想處入定，至無所出處出定，自外而內，是謂順。相反，菩薩從初禪入定，自二禪出定，或自二禪入定，至非非想處出定，自內而外，是為逆。出沒，即出定、入定。

❹ 百三昧：即「百八三昧」。三昧，又作「三摩地」、「正定」等，指將心定於一處或一境的一種寂靜狀態。諸經論對三昧有不同的分法和內涵解釋，大體來說大乘菩薩三昧有一百八十三種，故稱「百八三昧」。十禪支：指禪定的觀法或功德，計有十種，故名「十禪支」。依《雜阿含毘曇心論》卷七中說，四禪定計有十八支，即初禪有覺、觀、喜、樂、一心共五支，二禪有內淨、喜、樂、一心共四支，三禪有捨、念、慧（智）、樂、一心共五支，四禪有不苦不樂、捨、念、一心共四支，合其名稱相同者，共有十種，即覺、觀、喜、樂、心、淨、捨、念、慧、不苦不樂，故稱「十禪支」。

❺一念智：即「一念相應智」。指定中一念，與慧相應，定慧圓照。

【解讀】

真正的解脫是以智慧成就而得解脫，然定慧不二。或借定生慧，或由慧得定，或定慧雙修，然就慧成就而言，則必是慧定圓融的。定、慧皆有世間與出世間之分，佛教之正定正慧，必是漸至無我，習性漸消。世俗定慧，則是有我之境界，心性不淨，世智辯聰，強壓成定，雖可提升生活能力，然於生命解脫無涉。

第十　慧心

若佛子，作慧見心，觀諸邪見、結、患等縛❶，無決定體性❷。順忍空同故❸，非陰、非界、非入、非眾生、非一我、非因果、非三世法。

慧性起，光光一焰❹，明明見，虛無受。其慧方便，生長養心，是心，入起空空道，發無生心。上千海眼王品，已說心百法明門。

【譯文】

佛弟子，起慧見心，觀照一切邪見、結、患等繫縛生命解脫之煩惱，本無恆常本性。菩薩以成就順忍解脫智故，了達諸邪見、煩惱等皆同如虛空，則觀五陰非五陰，觀十八界非十八界，觀十二入非十二入，觀眾生非眾生，觀一我非一我，觀因果非因果，觀三世法非三世法。

菩薩從慧性而起觀照，將智光慧焰徹照萬法，內外明瞭，諸緣境皆為空幻，無有受者。依此慧觀中種種巧妙方便，生十長養心，依長養心證入人空、法空之理，而得發無上心。

此是略說，於大本《梵網經》中的〈上千海眼王品〉中已經詳細宣說了此十心一百零八種智慧門。

【注釋】

❶結：結集、繫縛之義，「煩惱」之異名。眾生因煩惱繫縛而落於迷境，不得出離生死之苦，故稱為「結」。佛教諸經論所說結之類別有多種：二結，慳、嫉。三結，身邪結（又作「身見結」）、戒盜結（又作「戒禁取見結」）、疑結。佛法修證果位中，得初果須陀含果，斷此三結。四結，欲結、瞋結、癡結、利養結。五結，有五下分結與五上分結兩種，五下分結，係將眾生結縛於欲界的五種煩惱，即：有身見結、戒禁取見結、疑結、欲貪結、瞋恚結等五結。五上分結，係將眾生結縛於色界、無色界的五種煩惱，即：色貪結、無色貪結、掉舉結、慢結、無明結

等五結。佛法修證果位中，阿那含果，斷五下分結。阿羅漢果，斷五上分結。九結，指愛、恚、慢、無明、見、取、疑、嫉、慳等九種煩惱。患：隨眠之義，亦為「煩惱」之異名。因煩惱會使人心智昏暗不明，故名「隨眠」。

❷ 無決定體性：即無恆常不亦之本性。

❸ 順忍：「十忍」之一，指於諸法思維觀察，平等無違，隨順了知其理而令心清淨。忍，一為忍辱、忍耐等意，指受他人之侮辱惱害等而不生瞋心，自身遇苦而不動心；二指安忍，指證悟真理，心安住於理上而不動心。佛教諸經論對於忍之類別，有二忍、三忍、四忍、六忍、十忍等多種說法，其中十忍，據舊譯《華嚴經》卷二十八，有隨順音聲忍、順忍、無生法忍、如幻忍、如焰忍、如夢忍、如響忍、如電忍、如化忍、如虛空忍。「順忍」是其中之一。空同：即虛空同體之義。

❹ 光光一焰：以智慧焰，了達緣境皆為空幻。光光，即智，智能照境。一焰，即慧，慧能了境。

【解讀】 以智慧眼觀照一切諸法，則其自性本空，無有可執。以智慧力故，則內心執縛糾結能夠一時放下。內外通徹，則心燈長明。然智慧成就，還得以十長養心增長善根，積累功德。福報、功德、禪定、智慧，皆相輔相成，缺一不可。

十金剛心

《梵網經》中的十金剛心，唐代法藏所撰的《梵網經菩薩戒本疏》中謂十金剛即十回向，明代智旭的《梵網經合注》中以其類似於圓教的十信。金剛十心是指：第一、信心，第二、念心，第三、回向心，第四、達心，第五、直心，第六、不退心，第七、大乘心，第八、無相心，第九、慧心，第十、不壞心。

金剛，萬物中最堅固者，此處譬喻菩薩長養善法後，其心猶如金剛更加堅勇，不被外道侵損。《華嚴經》中將菩薩的十種堅固願心稱為十金剛心。即：第一、覺了法性，第二、化度眾生，第三、莊嚴世界，第四、回向善根，第五、事奉大師，第六、實證諸法，第七、廣行忍辱，第八、長時修行，第九、自行滿足，第十、滿足他願。大乘佛法修持者，由於修持此十金剛心，即將證果而得入聖者流。

盧舍那佛言：「千佛諦聽，汝先言金剛種子，有十心❶。」

【譯文】

盧舍那佛說：「千佛請仔細聽，下面就是你們剛才所問的金剛種子心，共有十種心。」

【注釋】

❶金剛種子，有十心：金剛，金屬中最堅固者，任何物質都不能破壞，但能破壞一切物。佛教經論中常以此作為譬喻，此處喻指這十心最堅最利，能摧破一切煩惱，所以十回向心，被稱為「金剛種子」。

第一　信心

若佛子，信者❶，一切行以信為首，眾德根本。不起外道邪見心，諸見名著❷，結有造業，必不受。入空無為法中，三相無無❸，無生無生❹，無住住，無滅滅，無有一切法空。

世諦，第一義諦智，盡滅異空❺，色空❻，細心心空❼。細心心心空故❽，信信寂滅❾，無體性，和合亦無依❿。然主者，我、人名用，三界假我，我無得集相，故名無相信。

【譯文】

佛弟子，要對佛教聖諦有正信之心，因為成就佛道的一切妙行都是以信心為基礎，成就一切功德也以其為根本。依對佛教的正信之心，則必然不起外道之邪見心。一切世間有、常、空、斷等諸見，皆為執著，以執著故，則自然結集有漏之因，造諸惡業而感受惡果，而佛子亦依此正信心，植眾德本，不造諸惡業而自然不受其果報。

菩薩入於真空無為法中，了知生、住、滅三相體性皆無相，無相亦無，故無生亦無生，無住亦無住，無滅也須滅，一切諸法本自空，故無法可空，空亦不可得。俗諦世間法，真諦出世間法，二諦亦盡無餘，盡滅異空、色空，連滅此能滅異空、色空之細心之心，此心亦空。不但細心之心念亦空，就連空上細心之心，其心亦不可得，則能信所信不假消除而自寂滅，諸法本無體性，和合亦無依。

凡夫外道於諸法確立主宰，自認有我有人，安名立用，然三界中之我人名用，皆為假有，於我中求得求集求相，皆了不可得，故信亦為無相之信。

【注釋】

❶信：佛教中的「信」，指能令心澄淨，對佛及佛的教法等不起疑心的精神作用，亦即信心、信仰。就其內容，《大乘起信論》說有四種信心，即信真如、信佛有無量功德、信法有大利益、信僧能正修行而自利利他，此為大乘佛教的一般性說法。

❷諸見名著：指一切世間的種種知見皆名為執著。諸見，指一切世間的種種知見。名，名為，稱作。著，指執著。

❸三相：即三種相狀。佛教經論中的三相有多種命名及涵義。一、假名相，指唯有假名而無實體之相；法相，指五蘊、十二處、十八界等諸法之相；無相相，指無相之相。二、解脫相，指無生死之相；離相，指無涅槃之相；滅相，指生死涅槃之無相，其無相亦無，即非有非無之中道相。無無：即三相亦空無有，無有亦無有，故云「無無」。

❹無生無生：無生，指諸法無有實體，體性本空，故言「無生」。然連無生也不立，故云「無生無生」。

❺異空：指欲界眾生由於諸見及所造諸業而執著的粗惑空。由於凡夫不解空的真實義，將「空」執著為有區別、有差異的一種存在，所以說是「異空」。

❻色空：指無色界眾生之細惑空。如色空外道，佛所稱的十種外道之一，計無色界之色空為涅槃。《行事鈔》下卷四之二中說：「色空外道，用色破欲有，以空破色有，謂空至極。」雖是空之極，但仍略執著於空。

❼細心心空：細微的意識之心亦空。

❽細心心心空：不僅細微意識之心念亦空，即使空上細心之心的心，亦不可得。

❾信信：前一個「信」，指能信之心智；後一個「信」，指所信之理境。心心空之，心亦復空，則誰為能信，誰為所信，能信所信不假消除而自寂滅。

❿無依：即無有主體。上述諸法無有體性，則能信所信以成和合，實也了不可得，所謂皮既不存，毛將焉附。

【解讀】

信心是進入佛道的第一步，也是成就佛道最重要的基石，所謂「信為道源功德母」。以修習佛法的歷程而言，信心成就，依其次第可分為三階段，即：一、信可，或稱「信忍」，即由深刻的理解而起的淨信，屬信解位。二、信求，即由確立信解而精進修學，屬解行位。三、證信，又作「證淨」，即由實踐而證得沒有疑惑的淨信成就。信心有宗教信仰心、理解而起信心、證悟而得信心三種差別，信心雖於修證佛法極為重要，但若宗教信仰心太多強烈，會影響到學人對於佛教教義的理解和證悟。因此，正信佛教修行者，於佛法要堅定相信，更要具足信心去體證佛法之真實不虛，以自身修行為佛法作見證。

第二　念心

若佛子，作念六念❶，常覺乃至常施❷，第一義諦空，無著無解❸，生、住、滅相，不動，不到，去來。而於諸業受者，一合相❹，回向入法界智❺。慧慧相乘❻，乘乘寂滅❼，焰焰無常❽，光光無無❾，生生不起，轉易空道❿。變前轉後，變轉化化，化轉轉變⓫，同時同住，焰焰一相，生滅一時。已變、未變、變變，化亦得一，受亦如是。

【譯文】

佛弟子，應當常作六念，念佛、念法、念僧、念戒、念天、念施，亦當常念第一義諦空理。如此則不見有凡法可縛，故無著；不見有聖解可解，故無解。既無著無解，則雖生而無生相，雖住而無住相，雖滅而無滅相，不動不到，無去無來。是故無有生、住、滅之三相，作業受報一切皆空，諸所作業並諸受業者，皆為一合相，回向證入法界空智理中。

依法界智故，真慧、理慧輪乘無止，真乘、理乘無去無來，智光徹照法界本空而無所離，諸法生起而實無所起，則轉凡向聖，轉煩惱向菩提，轉生死向涅槃。如是轉如是易，則能變前轉後，變轉化化，化轉轉變，生與俱生同時，滅與俱滅同住。如此則焰焰了無二相，生滅咸同一時。已變、未變、正在變，亦證入法界智中，前言諸業受者亦是如此。

【注釋】

❶念：佛教經論中所說的「念」有多種意義，就其形式而言，有觀念、口念、心念等。觀念，即觀想佛的形象或佛法的內容等；口念，即以口稱佛之名號，又作「稱名念佛」；心念，即以心想念佛菩薩等，如母憶子，心心念念於斯。此處「念」的涵義當指對佛、菩薩形象或功德的觀念。就念的內容而言，有六念、八念、十念等各種說法。六念：又作「六隨念」、「六念處」、「六念法」，即：一、念佛，念佛的大慈大悲無量功德。二、念法，念如來所說三藏十二部經能利益大地眾生。三、念僧，念僧具足戒、定、慧，能為世間眾生作良福田。四、念戒，念戒行有大勢力，能除眾生之諸惡煩惱。五、念施，念布施有大功德，能除眾生之慳貪。六、念天，念三界諸天皆因往昔修持淨戒、布施、聞慧等善根，而得此樂報。（《佛光大辭典》）

❷常覺：即「念佛」，指觀念諸佛之十功德品，具足十力、四無所畏，大悲三念，常樂我淨。常施：即「常念布施」。

❸無著無解：即以第一義諦空道而言，不見有凡法可縛，故「無著」；不見有聖解可解，故「無解」，故說「無著無解」。

❹一合相：佛教認為，世界本為無量微塵因緣之集合，本無實性，本為一相，故稱為「一合相」。

❺法界智：無盡之諸法，稱為「法界」；諸法之所依，稱為「體」；法然不壞，稱為「性」；能決斷分明無盡諸法之智，稱為「法界智」，亦稱「法界體性智」。

❻慧慧相乘：此句指真慧理慧體用不二，如輪乘之無止境。上慧即常念第一義諦破俗之真慧，下慧即起空證入法界之理慧，乘即輪乘之義。

❼乘乘寂滅：此句意為以此真乘理乘本來空寂，無轉而轉，轉而無轉。上乘即常念第一義諦空之真乘，下乘即起空度眾生證入法界之理乘。寂滅即不動不到、無去無來之義。

❽焰焰無常：此句指此慧焰慧焰不入法界，不離法界，往返度生，無定居於一處。焰，喻慧。無常，指相乘。

❾光光無無：此智光能照破三界眾生粗細等惑，法界本空而無所有。光，指智乘之智光。光光，即「智智」。無無，即「寂滅」。

❿生生不起，轉易空道：即以法界智，了知法界本為空相，生而無生，起而無起，則轉無明易向真如，轉煩惱易向菩提，轉生死易向涅槃。

⓫變前轉後，變轉化化，化轉轉變：變前轉後，即轉滅相無明為不滅相；變轉化化，即轉住相無明為無住相；化轉轉變，即轉生相無明為無生相。（寂光《梵網經直解》）《大乘起信論》中分「無明」為生相無明、住相無明、異相無明、滅相無明四種，天臺宗則有四十二品無明的化分，其破除皆與佛法修證的次第相對應。清代德玉順朱所著《佛說梵網經順朱》對於此四句解釋有所

不同。變前轉後，全句意指變易照了前五識當體元空，環轉旋歸第八識本性清淨。變，即變易六識，前，即前五識，轉，即環轉七識，後，即八識。變轉化化，既前五識當體本空化為成所作智，則變易照了之六識亦與之俱化而為妙觀察智也；既後八識本性清淨化為大圓鏡智，則環轉旋歸之七識亦與之俱化而為平等性智。化轉轉變，言前後二智本不動搖，如空如鏡，其所以能轉能化此二識證入本智者，皆七六能轉能變之力，所謂七依八起，六從五生。兩位前賢所論各有千秋，原文深奧，讀者自辨。

第三　迴向心

若佛子，深心者❶，第一義空，於實法空智❷，照有實諦。業道相續❸，因緣中道❹，名為實諦。假名諸法，我、人、主者，名為世諦。於此二有諦，深深入空❺，而無去來，幻化受果而無受，故深深心解脫❻。

【譯文】

佛弟子，發起深重殷切求證佛道之心，深達第一義諦之空理。以體悟諸法實相之解空之智，觀照通達俗諦、真諦二諦。眾生由造諸業而感受諸果，生死相續不斷，於此生滅因緣，以法界空智照之，則皆契合即有即無、非有非無之中道理，是名為實諦。因緣和合假立名言之諸法，外道、凡夫妄計我、人，執有主宰，名為世俗之理。其實真、俗二諦，本無二法，合為一理，深深入於第一義空，則無去無來而示去來，如幻如化而示幻化，示現感受諸果而實無受，故名得深深心解脫。

【注釋】

❶ 深心：又稱「深信」，通常指深重殷切尋求佛道之心，或指對佛法真實的確信之心，也指樂集諸功德善行又有深信愛樂之心。深心，亦指迴向心。迴向心，謂以修證佛法的微妙之力，感佛光來照，又復迴光以向於佛，如此光輝互交，感而遂通，成就功德。迴，即迴轉。向，即趣向。

❷ 實法空智：實法，天臺稱為「諸法實相」，華嚴名為「一真法界」，指一切諸法的本體，也為諸佛平等法身，其從本以來不生不滅，非空非有，離名離相，無內無外，惟一真實，不可思議，故稱「一真法界」。空智，即體證諸法體性本空之智慧。

❸ 業道相續：眾生由於無明而造諸惡業，由諸惡業而感招諸苦果，由受諸苦果而於煩惱不盡，生死不絕，是為「業道相續」。道，即道路，能通之義。

❹ 中道：指離開二邊之極端、邪執，為一種不偏於任何一方之中道。大千世界一切諸法，世俗智觀

其為有，空智觀其為空，若以中道智觀其，則即有即無，非有非無。

❺深深入空：即深深入於第一義空。所謂真不立，妄本空，有無俱遣，空亦非空，深深迴向一真法界第一義空。

❻深深心解脫：深深心解脫有別於淺解脫和「深解脫」。聲聞修四諦法證入空理，名為「淺解脫」；緣覺觀俗諦法證法空理，名為「深解脫」；菩薩以法界智觀空假不二，真俗互融，深之又深，故名「深深解脫」。

【解讀】觀諸法性空，解第一義諦空理，然於此空理，亦應當空，如此則空無所空，徹底了無一相可執，了無一法可得，是名「真解脫」。

第四　達心

若佛子，達照者❶，忍順一切實性❷，性性無縛、無解❸。無礙，法達、義達、辭達、教化達❹。三世因果，眾生根行❺，如如，不合不散，無實用，無用，無名用❻，用用一切空。空空照達空❼，名為通達一切法空。空空如如，相不可得。

【譯文】

佛弟子，應通達事理，明照法性無礙，以是忍證法界之理，順隨法界之性，故能了達一切諸法之性皆為法界真實之性，諸法之性與法界之性無二無別，無凡情可縛，亦無聖解可解。如此即得四無礙智，即法無礙智、義無礙智、辭無礙智、樂說無礙智。了達三世因果及眾生根行，皆如如相，本無三世因果，亦無眾生根行，無生無滅，一切諸法當體即空，故無實用，既無實用，則無所有用，亦無所名用，名實二用一切皆空。諸法體性為空，依體所起之用亦空，照了通達真空實性，名為通達一切法空。空空之智，如如之理，其相皆不可得。

【注釋】

❶達照：謂通達事理，照了無礙。達，即通達。照，即明照。

❷忍順一切實性：謂以忍可忍證悟法界之理，順隨法界之性，故能了達一切諸法之性，皆即法界真實之性。忍，即忍可忍證。順，即隨順無違。

❸性性：前「性」為諸法之性，後「性」為法界之性。

❹法達、義達、辭達、教化達：法達，即「法無礙智」，指能通達世間出世間一切諸法名字差別，

分別演說而無有滯礙。義達，即「義無礙智」，指能了知一切諸法之差別，於其義趣妙理能隨順宣揚而無有滯礙。辭達，即「辭無礙智」，指於諸法名字義理，隨順眾生種種根機及殊方異語，能為其演說，令眾生各各得解，辯說通達一切法性而無滯礙。教化達，即「樂說無礙智」，指能隨順一切眾生種種根性及所樂聞法而為說之，通達圓融而無有滯礙。

❺眾生根行：根，即根機，以草木之根喻眾生於修習佛法的基本素質，根之發動處稱為「機」，喻眾生於佛法的悟性高低。依佛教而言，眾生根機，有利根鈍根者，有非鈍非利者，有善性惡性者，有非善非惡者。行，即現行，指眾生由其根機而表現出來的外部行為。如，有貪瞋癡等業繫苦眾生，有戒定慧等解脫樂眾生。

❻無實用，無用，無名用：無實用，指一切諸法當體即空，故無實用。無用，即無所用，指既無實用，也無所有用。無名用，實以名顯，既無實用，名實皆無，一切用皆空，則當無所名用。

❼空空：諸法體空、用空，是名「空空」。

【解讀】

既證入於空，又能依體起用，是謂真空妙有，發起四無礙智，而有能力踐行廣化一切眾生之願。然於真空妙有亦無所有，是謂「真實成就」。

第五　直心

若佛子，直者❶，直照取緣神我❷，入無生智。無明神我空❸，空中空❹，空空理心❺，在有在無，而不壞道種子。無漏中道一觀❻，而教化一切十方眾生，轉一切眾生，皆薩婆若❼。空直直性，直行於空，三界生者，結縛而不受。

【譯文】

佛弟子，直心者，以正直無曲之坦誠心觀照諸法，則貪取因緣可生可滅，六識分別之神我，當體全空，皆入無生理智之中。無明神我本空，此空亦空，以空空理心，在有不滯有，有空而不壞有；在無不證無，無空而不壞無，則不壞中道種子。以無漏中道平等一觀，教化一切十方執有執無之眾生，離有相離無相，轉化一切眾生，證入薩婆若空智平等慧海。直心體性本空，是謂直性，以直性而行直行，雖有而實空，故菩薩往來於三界，不與法縛，不求法脫，不厭生死，不愛涅槃。無所掛礙，於世俗諸多煩惱束縛而實無有受。

【注釋】

❶直者：亦名「直心」，即質直而無諂曲之心，正直而心胸坦蕩，為一切萬行之根本。《維摩詰經》中說：「直心是道場」，「直心是菩薩淨土」。《大乘起信論》以直心為十信成就菩薩所發三種心（直心、深心、大悲心）之一，視直心為正念真如妙法之心。

❷取緣神我：取，即貪取。緣，即因緣。神我，即六識分別之我。二乘人不知第七識和第八識，而依六根意識分別而建立染淨根本，從而沉空執寂，昭昭靈靈，以為有似神似通之我，故名「神我」。

❸無明神我：指由於無始以來的無明愚障熏習所起的俱生我執，即第七識。此種執著為自內之我，微細難知，惟至第七地後，方始能捨。

❹空中空：即空盡諸有之空，空亦盡空。無明體性本空，無明空相尚不可得，而況於無明相。

❺空空理心：即空有之理心和空無之理心，在有不滯有，有空而不壞有；在無不證無，無空而不壞無。前一個「空」，空有。後一個「空」，空無。

❻無漏中道：既不壞，則不為一切有無等諸法所滲漏，不漏於有即得空觀，不漏於無即得假觀，於空於假不即不離，故名「無漏中道」。無漏，即不壞義。

❼薩婆若：指「一切智」、「一切種智」，意謂一切智與一切種智皆為佛智。「一切智」知一切諸法之總相，「一切種智」知一切諸法之種種別相。一切智一般對二乘而言，大乘則多言一切種

智。

【解讀】直心是道場，直心是菩薩淨土，當下一念直心，是佛法修持成就的重要檢驗指標。當下一念之心，是直是曲，是善是惡，是淨是染，若能當下明白，實已進入真正修行之門。若以自身定力，強行觀照自己之起心動念，使其清淨無染，雖也靈明昭昭，實為外道神我知見。俗語說「功夫在畫外」，當下一念直心，只是心性智慧成就之結果，不可倒果為因，徒成相似成就。

第六　不退心

若佛子，不退心者❶，不入一切凡夫地❷，不起新長養諸見❸，亦復不起集因、相似、我人❹。入三界業，亦行空，而不住退解脫。於第一中道，一合行故，不行退。本際無二故❺，而不念退。空生觀智如如，相續乘乘❻，心入不二❼。常空生心，一道一淨❽，為不退一道一照❾。

【譯文】

佛弟子，所謂的不退心，是指證得果位之後，永不退回到一切凡夫之地，不會重新長養諸凡夫外道邪見，也不會再起集因、相似智、我人等一切知見。雖然示現三界業中流轉，以亦行此空觀之故，而不於住中退入信位，故得「位不退」，是謂初離凡夫解脫。於第一義諦道理中，空、假、中三觀互融一合行，則不長諸見，得「行不退」。通達本際智與諸法之本際不一不二，念念充遍合於中道智觀，得「不念退」。能行空觀之本智，證入法界之觀理，中道合行念念相續、行行相乘，心心念念無欠無餘、綿綿不斷，流入不二法中。常入於空而生其心，善契心體，不染二邊，是謂不退心成就，進則理智互融，直趨佛果。

【注釋】

❶不退心：謂定力顯發，慧心明徹，見道不遠，修行精進無懈而無退轉心。又指佛教修行證得果位後，不會產生退轉回凡夫地之心。

❷不入一切凡夫地：菩薩照破三界見思煩惱等惑，將登聖地，因此不入一切凡夫地。此處凡夫，非世俗沒有修行佛法的一般人，而是指十信位的大心凡夫，謂由修十住而空觀牢固的信位凡夫。

❸不起新長養諸見：菩薩修行十行假觀，徹底制伏了對「有無」刻意分別的凡夫行為，並長養六度萬行，所以不會重新長養諸凡夫外道邪見。

❹亦復不起集因、相似、我人：指菩薩修至不退位修行中道觀智，並唯此觀慧精進修行，心心不二，則不會再起集因、相似、我人等一切知見。集因，《大正藏》中《梵網經》中本作「習因」，習因，「習果」之對稱，與習果一樣，習因通於一切色法、心法和善惡無記性。相似，亦名「相似覺」、「相似即」、「相似位」等，指二乘及三賢位（十住、十行、十迴向）之菩薩滅盡異相之不覺，證悟相似真如之理，因其未曾真得之故，名為「相似覺」。我人，指我、人二見，凡夫之知見。

❺本際不二：指認識到本際智與諸法之本際不分不離，所以能不墮登地之前，念也不退。本際，亦名「本際智」，指照了佛智及諸法之本際的智慧。

❻相續乘乘：即「行不退智」。相續，指中道合行念念相續。乘乘，指行行相乘。

❼心入不二：即「念不退智」，指心心念念無欠無餘，綿綿不斷，流入不二法中。

❽一道一淨：指善契心體，不染二邊。一道，指前面所講中道一合之義。一淨，指前述本際清淨不二之義。

❾一道一照：即理智一如。一道，指中道實相之理。一照，指以中道之理觀照諸法。

【解讀】

真正的不退心，並不僅僅是指強烈而不會退轉的修道之心，而且是指證到一定果位後，不再起凡夫外道種種邪見，證得第一義諦中道智，而得位不退、行不退、念不退三不退轉之心。也就是說，不退心，是立足於智慧成就，並達到一定證量時的一種心理狀態。真修佛子，切不可將世俗強烈執著的宗教情感當作不退心，而是應該明佛理，如法修行，依佛理而知自身修行狀態，方不至未證言證，滯足不前而貽誤人生。

第七　大乘心

若佛子，獨大乘心者❶，解解一空故❷，一切行心❸，名一乘。乘一空智，智乘、行乘❹，乘智心心，任載任用。

任載，任一切眾生，度三界河、結縛河、生滅河❺。行者，坐乘。

任用，載用智乘，趣入佛海故。

一切眾生，未得空智任用，不名為大乘，但名乘，得度苦海。

【譯文】

佛弟子，唯有發大乘心者，能使能解之智及所解之理皆歸於第一義空，如此則一切行都是法界行，一切心都是法界心，亦可名為一乘。乘一乘之空智，方顯一乘之空理，起一乘之空行。行乘之心與智乘之心，任載任用，方得名為大乘。

所謂任載，就是以行乘承載一切眾生，度三界苦果之河、惑業結縛之河及變易生死之河。菩薩行，不住彼此二岸，亦不居中流，但坐大乘中而廣行濟度。

所謂任用，即以智乘載運眾生，任意縱橫，自在無礙，廣化利益一切眾生而直超入於佛海。一切眾生，未得一空智乘而任載任用，不得名為大乘，只能名為「乘」，僅能得度苦海、安住化城以自利。唯行不離智，智不離行，智行並行，廣利有情，方得名為中道觀智大乘。

【注釋】

❶ 獨大乘心：大乘，與其相對的是「小乘」，釋迦牟尼佛入滅一段時期後，隨著大乘佛教的興起，大乘佛教徒將原始佛教與部派佛教貶稱為「小乘」。在部派佛教的立場，大乘非佛說，然就思想史的發展而言，小乘是大乘思想的基礎，大乘思想基本上可以在原始佛教中找出源頭。在佛教義理上，小乘僅視釋迦牟尼為佛，為教主，大乘則認為三世十方有無數的佛。小乘主張人無我，大乘除主張人無我外，還提倡法無我。小乘主張由觀四諦、十二因緣等而得悟諸行無常、諸法無我，從而達到涅槃寂靜。從其涅槃義上看，小乘比較重視自己的解脫，故稱為自調自度的聲聞、緣覺之道。大乘則提倡發大菩提心，強調於六度萬行中成就無上智慧，行自利利他的菩薩道。

獨，唯獨，只有。大，即大而無外。乘，即車乘，喻指能將眾生從煩惱之此岸載至覺悟之彼岸的佛教教法。

❷ 解解：第一個「解」，指能解法界廣大之智。第二個「解」，指所解法界廣大之理。

❸ 一切行心：即一切行、一切心。一切行心，雖細分無量，然總不出三乘之行心。

❹ 智乘、行乘：智乘，即「本有空智理乘」。行乘，即「空法界行乘」，指以空智而觀法界皆空。

❺ 度三界河、結縛河、生滅河：三界河，指欲界、色界、無色界等眾生漂流沒溺之苦河。結縛河，外道由於見使執縛而有種種邪見執縛，是故不得出離生死之惑業河。生滅河，二乘由於生滅知見而沉落變易生死之河。

【解讀】

大乘教義，不僅要自度，而且要發心廣度有情。要能普度眾生，則必先證入根本智，體悟第一義空，再於廣行萬行之中，成就後得智，最終得一切種智。正所謂智、行並行，廣化利益一切眾生。

第八　無相心

若佛子，無相心者❶，妄想解脫❷，照般若波羅蜜無二❸。一切結業❹，三世法❺，如如一諦。而行於無生空❻，自知得成佛，一切佛是我等師，一切賢聖是我同學，皆同無生空，故名無相心。

【譯文】

佛弟子，若能以無相心觀照一切，則無妄想與解脫的分別，生死與涅槃，於此無相般若波羅蜜中，皆無二無別。故一切眾生煩惱、業縛，三世因果等法，與菩提、解脫、法身等法，彼此皆如如，本無二理。菩薩依此而不住生死此岸，亦不住涅槃彼岸，以不住故，而能常行於無生空。以行無生空故，自知決定信得將來必定成佛，亦知一切成佛道者是我等師，一切三賢十聖等尚未成佛道者是我等同學和伴侶。我行此無生空，諸佛及一切賢聖亦皆同行此無生空，以同行無生空故，必同證無生空，所以名為無相心。

【注釋】

❶無相心：即見諸相無相之心。無相，無生死相，無煩惱相，無菩提相，無十界平等相，無十界差別相。相，即形相、狀態等義，是相對於事物本體而言。世界上一切事物，雖有一定的形相，然從本質上來說，都是因緣假合而成，緣生即起，緣滅即滅，所以說其體性本空，既為空，則無有

形相，是謂「無相」。

❷ 妄想：指以虛妄顛倒之心分別諸法之相狀而起的虛妄想法。《楞伽阿跋多羅寶經》卷二中舉出十二種妄想，即言說妄想、所說事妄想、想妄想、利妄想、自性妄想、因妄想、見妄想、成妄想、生妄想、不生妄想、相續妄想、縛不縛妄想。解脫：又作「毘木叉」、「毘木底」、「木叉」或「木底」等，指由煩惱束縛中解放出來而達到脫離迷苦的境地。如從三界束縛中獲得解脫，分別稱為欲纏解脫、色纏解脫、無色纏解脫。由修習所斷煩惱之不同，可分為見所斷煩惱解脫與修所斷煩惱解脫。佛教經論於解脫的類別或層次有多種論述，如有為解脫與無為解脫，性淨解脫與障盡解脫，心解脫與慧解脫，慧解脫與俱解脫，時解脫與不時解脫，另有煩惱解脫、邪見解脫等十種解脫。

❸ 般若波羅蜜：又作「般若波羅蜜多」，意譯「慧到彼岸」、「智度」、「明度」等，即「智慧」，指通達諸法實相，度生死此岸至涅槃彼岸的佛教智慧。

❹ 結業：結，即煩惱，指因結煩惱而有繫縛，故名「結」。業，音譯「羯磨」，義譯「造作」，指身、口、意的造作行為以及由此行為而延續下來所形成的力量，故又稱「業力」。眾生之生命流轉就是由於此業力的內在推動。

❺ 三世法：指過去、現在、未來三世之因果法。

❻ 無生空：即「無生空智」，指不住生死此岸，亦不住涅槃彼岸，以不住故，則能常行於無生空。

無生，即不生不滅。

【解讀】十方三世一切諸佛及一切眾生因法身空相，故說同一法身。正信學佛者，並非盲目相信諸佛，也非相信諸佛能賜予福報功德，更非相信由諸佛加持而保神識長存，而當以諸佛為師，踐行諸佛之最高教法（中道第一義諦智），以無相心而行六度萬行，行無生空法。一切諸佛皆行無生空法，我亦必定因行此法而得成佛。然成佛者無佛可成，解脫者實無有解脫，是名「真正解脫」。

第九 慧心

若佛子，如如慧者❶，無量法界，無集❷，無受生❸，生生煩惱而不縛。一切法門❹，一切賢所行道，一切聖所觀法，所有亦如是。一切佛教化方便法，我皆集在心中。外道一切論，邪定功用，幻化，魔說，佛說，皆分別入二諦處。非一非二❺，非有陰、界、入，是慧光明，光明照性，入一切法。

【譯文】

佛弟子，如果具此真如慧，則能於無量法界中，示集因而無集，示受生滅而無有生滅，生生世世示現諸多煩惱而實不受其繫縛。乃至於一切諸佛所教導的法門，一切三賢所行之道，一切十聖所觀真如法，也如是不執著，所謂不著聖解。

十方三世一切諸佛教化開導無量眾生的種種巧妙方便教法，皆集在我如如慧心之中而圓融無礙。豈但諸佛法無礙，即使外道一切雜典戲論法，一切邪定盲煉功用，種種幻化，或佛說，或魔說，我皆以無分別如如智慧而分別入於二諦。邪定、正定，魔說、佛說，實非一非二，五蘊非五蘊，十八界非十八界，十二入非十二入，乃即如如智慧光明。即此智慧光明，照法界性，入於一切諸法之時，一切諸法亦是智慧光明。

【注釋】

❶如如慧：亦名「真如慧」，指能體認諸法體性本空之智慧。如如，即法界理。慧，即法界智。以理契智，以智契理，故名「如如慧」。

❷集：原始佛教基本理論苦、集、滅、道四諦法之一。所謂「集」，即招集、聚集之義。佛教認為，人生諸多煩惱痛苦，皆由諸無明惑業所招集而來，故名「集諦」。

❸無受生：指菩薩雖示現生命於六道之中，但實無有身心而受彼生死，無生無死，無有煩惱，故說

「無受生」。受生，指由業力感應而得生命。

❹一切法門：指盡十方三世一切諸佛教化開導一切眾生的種種巧妙方便教法。法門，即佛的教法，指以佛的教法而達聖智，依此修行得解脫生死而入涅槃之門，因此稱為「法門」。

❺非一非二：不是同一，也不是不同一，而是超越同、不同的相對而臻於絕對的境界。諸法從相用上說，則萬象森羅，當然不能說是同一。若從本體上來說，則諸法皆是假有而體性本空，所說也不能說是不同。以佛教中道智慧觀一切諸法，則體用不一也不二，即體即用，即用即體。

【解讀】

真實空性慧，當不落凡見，不著聖解。雖為了生死而修習佛法，而內心無有生死可了；雖發願廣度一切眾生，而實無一眾生有度，所謂三輪體空而又不捨一法。佛說、魔說，邪定、正定，皆為二邊說，以中道第一義諦，則非一非二，平等一觀。以自身智慧光明故，入於一切法中，於六度萬行中，雖無有度人之心，也無有度人之法，更無要度所度之人，而所遇者皆得以度，是謂無上智慧光明之大機大用。

第十　不壞心

若佛子，不壞心者❶，入聖地智❷，近解脫位，得道正門❸，明菩提心❹，伏忍順空❺，八魔不壞❻，眾聖摩頂❼，諸佛勸發，入摩頂三昧。放身光，光照十方佛土❽，入佛威神❾，出沒自在，動大千界，與平等地心，無二無別，而非中觀知道❿。以三昧力故，光中見佛，無量國土，現為說法。爾時即得頂三昧，證虛空平等地，總持法門⓫，聖行滿足，心心行空⓬。空空慧中道⓭，無相照故⓮，一切相滅⓯，得金剛三昧門⓰，入一切行門，入虛空平等地。如《佛華經》中廣說。

【譯文】

佛弟子，所謂不壞心者，是將得登大乘初地入聖者流的智慧，始離解脫分別障而接近解脫位，將以見道而得入真正修道之門，與般若慧相應而名明菩提心，居伏忍頂，異相無明現行不起而能隨順無生空慧，故八魔不能壞。是以感動眾聖前來摩頂加被，諸佛勸發增進其行，以致得入摩頂三昧。

入此三昧，身放無量光明，照達十方佛剎，入佛威神而形儀如佛，出沒十方國土而自在無礙，以佛神力加被而一時震動大千世界，與虛空平等歡喜地心無二無別，非行位、向位菩薩中觀智道所能比。

以得諸佛三昧加被力故，能於光中見一切佛，能現身於無量佛國淨土，能化無量身，廣利有情而為說法，當爾之時，即得入頂三昧，實證虛空平等歡喜地。此時得妙湛總持法門，一切如來聖行功德悉皆圓滿具足，一切諸心心行悉歸於空。

證得人空、法空之慧，入中道之智，以無相中道之智而起觀照，則無相不滅，無理不顯，得金剛三昧正受法門一時現前，入一切行門，方才證入虛空平等地。

此處僅為略說，廣說見於《華嚴經》中。

【注釋】

❶不壞心：即「不壞道心」。按大乘佛教修行階第，十向已滿，將入聖流，真正見道修道，故名「不壞心」。

❷聖地智：即登初地菩薩之智慧。處於十信階段的大乘佛教修行者，只是處於發菩提心階段，雖名發心菩薩，仍然是凡夫。住、行、向三十心階段的大乘佛教修行者，名「賢人」。登初地以上菩薩名「聖」。菩薩到不壞心階段，十向滿足，宜登初地，故稱「證聖地智」。

❸得道正門：此十迴向已滿菩薩，將入初地，入初地者，方是真正見道，見道後才是真正的修道，

由初地而漸至如來覺地，故說「得道正門」。

❹明菩提心：菩提，舊譯為「道」，新譯為「覺」。菩提心，即求正覺之心。菩提心為一切諸佛之種子，淨法長養之良田，若發起大菩提心勤行精進，當得速成無上菩提。所以說，菩提心乃一切正願之始，無上智慧之根本，大乘菩薩，最初必須發起大菩提心。《維摩詰經．佛國品》中說：「菩提心是菩薩淨土。」大乘佛教分菩提心為五類，即：一、十信菩薩，名「發菩提心」。二、三賢菩薩能降伏其心，名「伏菩提心」。三、初地至七地菩薩，與般若慧相應，名「明菩提心」。四、八九十地菩薩，真得無生法忍，遠離三界。名為「出到菩提心」。五、等妙菩薩坐於道場，成等正覺，名為「證菩提心」。此十向終心將登初地，正當第三位明菩提心階段。

❺伏忍：此為菩薩階位，此位靠近菩薩初地。菩薩有五種階位，即「五忍」：一、伏忍，此位雖未斷煩惱種子，但能制伏而不使之起。二、信忍，初地至三地間，見法性而起正信。三、順忍，於四地至六地間，順菩提道而趨向無生果。四、無生忍，於七地至九地間，悟入諸法無生之理。五、寂滅忍，於十地及妙覺間，斷盡諸惑，而臻涅槃寂滅之境。此三賢向滿，居伏忍頂。順空：指能隨順無生空慧。

❻八魔：魔，全稱為「魔羅」，意譯為「殺者」、「奪命」、「能奪」、「障礙」等，又稱「惡魔」，指能奪取吾人生命，或能妨礙善事之惡鬼神。「魔」字，舊譯作「磨」，至南朝梁武帝時，以其為能惱人者，始改為「魔」字。魔，既有外在於人且會惱人的鬼神類魔，又有自身內在

障礙人修行之魔，如煩惱魔、五陰魔等。大乘佛教一般講有十種魔，即色魔、受魔、想魔、行魔、識魔、煩惱魔、死魔、天魔。一至五魔亦稱「五蘊魔」，喻五蘊生滅法使修行人不能解脫。「煩惱魔」喻三界中妄惑，「死魔」會使人夭喪，「天魔」指欲界第六天之魔，此魔會做種種障礙，使修行人不能解脫三界生死。

❼摩頂：指佛授記時，撫摩弟子的頭頂，預言他將來成佛的事。

❽十方佛土：指十方諸佛之淨土，也泛指無量諸佛之淨土。佛經稱東、西、南、北、東南、西南、東北、西北、上、下，為「十方」。

❾威神：多指佛所具備的不可思議力量。威，即威嚴。神，指神妙不可測。

❿中觀知道：即「中觀智道」，指由中道觀所得到的，不離兩邊而又不落兩邊的中道智慧。

⓫總持法門：謂總一切法，持無量義。總持，梵語「陀羅尼」，譯言「總持」，指持善不失，持惡不使起之義。菩薩所修之念，以定慧成就而具此總持功德。

⓬心心行空：住、行、向三十心及分別我法二執之心行至此悉歸於空，是名「心心行空」。心，指三十心（十發趣、十長養、十金剛這三十心）。心行，即心分別我法二執之行。

⓭空空：指人空、法空。

⓮無相照：因為證得諸法本空，無有一相可得，以此起觀，是名「無相照」。

⓯一切相滅：指人相、法相，實相、假象，一切諸相，悉皆消滅。

⑯金剛三昧：指能通達一切諸法實相之三昧（正定），因其能斷破一切煩惱，猶如金剛堅固能摧破萬物，故稱「金剛三昧」。《大涅槃經》卷二十四中說：「菩薩摩訶薩，修大涅槃，得金剛三昧，安住是中，悉能破散一切諸法。」此三昧門為菩薩所得三昧，是菩薩進入佛所具無量三昧的路徑，菩薩由成就此金剛三昧而永不退轉。

【解讀】

不壞心，居十金剛心或十迴向心之最終，是賢位之頂，即將登初地而入聖者流，故立六義而說明即將見道者的基本知見。從賢位到聖位，雖僅一步，然此一步卻天壤之別，是修行上質的飛躍，修行者可能終其一生甚至數世而不能突破。真正見道者，才是入修道之門，才是真正會修道了，即是得無師智。不見道何談修道，所謂悟後方才真正起修。見道，靠頓悟，靠因緣聚會時的當下一念靈光，即得悟入佛之知見，同時並發根塵脫落之覺受。見道前，應當略明見道之理，如是方能於見道時頓悟體證佛陀所說宇宙實相之理，否則會落於身心覺受而執身心境界為開悟，迷於六根塵影而生大我慢，與正信佛法之無相智慧成就背道而馳，不能增進智慧功德，甚至誤入魔境，徒不可惜！

十地

關於佛教修行證果的次第，小乘有「四果」之說，即須陀洹果、斯陀含果、阿那含果、阿羅漢果。

須陀洹果（初果），譯為「預流果」，指初見真理，得入聖者之流者。初果聖人，斷盡三界見惑，即斷除了我見、戒禁取見、疑見三結。結，就是束縛的意思，又稱為「煩惱」，斷三結即是斷除此三種煩惱。我見結：執著五蘊身心有一個我，認為這個我是真實的，稱為「我見」；戒禁取見結：執著各種不正確的戒律來修行，如有些人持牛戒、狗戒、羊戒等等，這些都是邪行；疑見結：對三寶、戒律、過去未來的因果以及十二因緣等佛教思想有所懷疑。證初果者不再有上述煩惱。

斯陀含果（二果），又稱為「一來果」。證初果聖者斷除三結後，必須繼續修行，至貪瞋癡淡薄，便證得斯陀含果。因其對欲界煩惱未完全斷除，還必須在欲界的人間天上來往一次，但在往返生死中，他必定能繼續修行而證阿羅漢果。

阿那含果（三果），舊譯「不來」。三果聖人斷除五下分結，即斷我見、戒禁取見（邪行）、疑見、欲界的貪以及瞋心。我們凡夫有欲界、色界、無色界的貪，稱為三有的貪。三果聖者斷除欲界的貪，初果與二果的聖者都還沒斷除它，只有阿羅漢才完全斷除了這三界的貪。所以說，證悟初果、二果、三果的聖人，他們雖然斷除了一些煩惱，但還必須繼續修學聖道，故稱為「有學聖人」。

阿羅漢果（四果），又譯為「殺賊」、「應供」、「無生」等，意思是指阿羅漢殺盡了一切煩惱賊，不再有生死業的生起，是應當受人天供養的聖者。四果聖者，斷除了「五上分結」，即色愛結（色界的貪）、無色愛結（無色界的貪）、慢結（恃自淩他之驕慢）、掉結（心念掉動而退失禪定）、無明結（癡）。由於已經徹證無我，斷盡煩惱，證得涅槃，在修道上已無可修學，故阿羅漢稱為「無學」。

佛教修行雖法門平等，但證果次第卻有階可循。學人可對照自身，準確判斷自己修行境界，方不會未證言證，犯大妄語戒。在修行方法上，若初果都未達到，而妄自參究四果之智慧，強行破除四果才能斷盡之習性，不僅枉費心智，而且可能會心力交瘁，徒增內心煩躁，即使自感有所體悟，若未真正得證相應果位，也只是相似智慧而已。了解各果功德及其境界，學人還可以分辨老師，正確選擇適合當下自己狀況的老師，如果以佛祖之功德智慧選擇老師，其結果可想而知。

大乘佛教興起後，大乘經典對小乘修行之四果做了大乘的理解和詮釋，如《金剛經》認為，「須陀洹名為入流而無所入，不入色聲香味觸法，是名須陀洹」；「斯陀含名一往來，而實無往來」；「阿那含名為不來，而實無不來」。

隨著大乘佛教的發展，大乘佛法有了獨具自身特色的證果次第。《梵網經》中稱大乘菩薩修行證入果地後，由初地而至十地共十個階第，是謂「十地」，此與華嚴等大乘經典中所述大致相同。即：第一、體性平等地，第二、體性善慧地，第三、體性光明地，第四、體性爾焰地，第五、體性慧照地，第六、體性華光地，第七、體性滿足地，第八、體性佛吼地，第九、體性華嚴地，第十、體性入佛界地。

十地菩薩，斷十種障，證十真如。菩薩果地次第雖有十地之別，然其體性實無差別，於初地已達一切，然所證猶未圓滿，故地地建立。大乘佛教修習者，初信發心時，修生空觀，至七信位而斷分別我執。隨入法空觀，歷三賢位，至初地菩薩，離分別我法二執，遠離第六粗惑，然猶有第七微細俱生我法二執，未能空盡第六分別二執。自初地恆住人法二空觀，至七地後心方捨，能藏所藏，至八地初心即得無功用行，此時第七俱生我執現行方才永伏。至等覺後心金剛喻定現前時，一剎那間，生相無明異熟種子方始斷盡而無餘。

盧舍那佛言：「千佛諦聽，汝先問地者有何義。」

【譯文】

盧舍那佛說：「千佛請仔細聆聽，你們剛才問，地為何意？」

第一體性平等地

若佛子，菩提薩埵❶，入平等慧體性地❷，真實法化❸，一切行華光滿足❹，四天果乘用❺，任化無方❻，理化神通❼。十力、十號、十八不共法❽，住佛淨土。無量大願，辯才無畏，一切論❾，一切行我皆得入❿。生出佛家，坐佛性地⓫，一切障礙，凡夫因果，畢竟不受，大樂歡喜。從一佛土，入無量佛土。從一劫，入無量劫。不可說法，為可說法。反照見一切法，逆順見一切法，常入二諦，而在第一義中⓬。以一智⓭，知十地次第，一一事示眾生，而常心心中道。以一智，知一切佛土殊品，及佛所說法，而身心不變。以一智，知十二因緣、十惡種性，而常住善道。以一切智，見有無二相。以一智，知入十禪支行、三十七道⓮，而現一切色身六道⓯。以一切智，知十方色色⑯，分分了起，入受色報，而心心無縛，光光照一切⑰。是故無生信忍空慧，常現在前。從一地、二地，乃至佛界，其中間一切法門，一時而行故。略出平等地功德海藏行願，如海一滴，毛頭許事。

【譯文】

佛弟子，大乘菩薩，證入平等慧體性地。以真實不虛平等之理法，開化一切眾生，萬行因華、智光、果海悉皆圓滿具足，得轉輪王位，御用象馬寶乘周遊四天下，任運教化，無有方隅，以理教化善根豐厚之人，以神通攝伏剛強頑劣之眾生，或慈或威，咸令眾生離苦得樂。

菩薩於此地更得十種智力、十種聖號、十八不共法，住如來實報莊嚴淨土。菩薩住此淨土，廣發四無量心十大行願，以四無礙辯才教化一切眾生，離五怖畏，四明五明一切諸論無不通達，一切聖行皆得一一證入。

如是則名生出佛家，證真如境，一切異生性障，凡夫有漏因果，至此永離，畢竟更無有受，得出世間心未曾有法，故大樂歡喜，是以此地名歡喜地。此地菩薩，通達身土無礙、剎剎圓融，故現身一佛國土，則無量佛國齊現；經歷一劫乃至於一剎那際，則無量數劫同歷。真如之法，本無名相，本無言說，但隨眾生機宜而巧設方便說法。迴光返照一切諸法，令眾生悟法界性，於諸法中逆順自在，破邪顯正。常入俗諦而不滯有，常入真諦而不沉空，既不滯有，又不沉空，恆處第一義中道智中。

菩薩因得第一義中道智（下簡稱一智）而行六妙義。一惟以此一智，能知一地二地乃至十地先後次第，一一事示導眾生令其進修，而心心繫於中道之理。二惟以此一智，能知一切十方諸佛剎土淨穢勝劣不同品級，及諸佛教化眾生所說無量法門，但身心不遷不變。三惟以此一智，能知十二因緣生滅因果、十惡種子性分，而常住善法道中。四惟以此一智，能徹見有無二相，雖行出世道而不住涅槃。五惟以此一智，能知出入十禪支觀行、三十七道品，示現一切身色於六道中，令眾生增長善根，進修佛道。六惟以一切智，能知十方內色、外色，分分變易生滅，雖趣入領受有色之報，而心心無著無縛，智光慧光普照一切世間出世間染淨諸法，當體皆真如。

以是之故，無生信忍，無生空慧，不斷不續，常現在前。從一地、二地，乃至十地入佛境界，於其中間，一切法門俱皆一時而能盡行，不假餘力。言此只是大概說出平等地功德，其真實功德行願猶如海藏甚深，無量無邊，難可具說，上述猶如以一毛蘸取大海中水之一滴而已。

【注釋】

❶ 菩提薩埵：梵語的音譯，亦名「菩薩」，意譯「覺有情」，指上求佛道、下度眾生之大乘佛法修習者。

❷ 平等慧體性地：即「初地」，亦名「歡喜地」。平等，即法身理，諸佛法身平等。慧，即「空慧」，諸佛平等之慧。菩薩斷障證真，證入如來平等法身空慧本體性分地中，理齊佛理，徹見大

道，盡佛境界，而得法喜，即登「初地」，亦名「歡喜地」。

❸真實法化：意即菩薩以真實不虛平等之理法開化一切眾生。真，即不妄。實，即不虛。法，即理法。

❹華光滿足：意即菩薩萬行因華、智光、果海悉皆圓滿具足。華，即「因華」。光，即「智光」，喻解脫。滿足，即圓滿具足。

❺四天果乘用：謂菩薩華光滿足，得轉輪王果，又得七寶惠施，御用象馬寶乘一日一夜可周遊四天下，任意惠施，隨方設化。四天，即「四天下」，指須彌山四方的四大洲，即南瞻部洲，東勝身洲，西牛貨洲，北俱盧洲。果，即轉輪王果。乘，即象馬寶乘。用，即御用。

❻任化無方：任化，即任運教化。無方，即無有方隅。

❼理化神通：理化，即以理教化，此是針對善根豐厚之眾生。神通，指依修禪定而得超人間的不可思議神力，神通有神足、天眼、天耳、他心、宿命等五種，加漏盡通，共為「六神通」。此處神通，指對於難調難伏之頑劣眾生，以神通力折服其驕慢，使令信受。是何等人，說何等法，或慈或威，咸令眾生離苦得樂。

❽十力：又作「十神力」，指如來所具足的十種智力，即：知覺處非處智力、知三世業報智力、知諸禪解脫三昧智力、知諸根勝劣智力、知種種解智力、知種種界智力、知一切至所道智力、知天眼無礙智力、知宿命無漏智力、知永斷習氣智力。十號：佛的尊號，有十種，即：一、如來，即

乘如實道來成正覺；二、應供，即應受天人供養；三、正遍知，即佛能真正遍知一切法；四、明行足，即三明（宿命明、天眼明、漏盡明）和五行（聖行、梵行、天行、嬰兒行、病行）具足；五、善逝，以一切智乘行八正道而自在涅槃；六、世間解，通達一切世間的事理；七、無上士，一切眾生中佛的功德果報為最上；八、調御丈夫，即能以種種方便法調御眾生入佛道；九、天人師，指佛能為一切天人的導師；十、佛世尊，指佛是一切世人所共同尊重者。十八不共法：指佛和菩薩所具有的不同於聲聞、緣覺的十八種特徵或功德。

❾一切論：即「五明」，指古代印度的五種學問，大乘佛教積極主張利益眾生，以五明作為大乘佛法修習者所必學的內容，視其為圓成佛果的「大智資糧」。五明即：一、聲明，研究語言和文典的學問；二、工巧明，有關工藝、技術、計度等方面的學問；三、醫方明，相當於現代的醫藥科學和醫療技術；四、因明，關於邏輯和辯論的學問；五、內明，即明自家之宗旨，婆羅門教以四吠陀論為內明，佛教以三藏十二部教為內明。

❿一切行我皆得入：菩薩明我空、法空之理，離分別我、法二執，於四無量心、十大行願、四無礙辯才等一切聖行無不通達，隨機教化眾生。一切行，即「一切聖行」。我，即初地菩薩。入，即證入，通達。

⓫坐佛性地：指菩薩所證真如境界，與諸佛同，平等無差，所謂諸佛與我同一法身，我性同共如來合。

⓬在第一義中：第一義，即第一義中道理智諦。指常入俗諦而不滯有，常入真諦而不沉空，既不滯有，又不沉空，故恆處第一義中道智中。

⓭一智：即「第一義中道智」。

⓮三十七道：即「三十七道品」，指佛教修行者獲得智慧達到生命解脫的三十七種實踐修行法。內容有四念處、四正勤、四神足、五根、五力、七覺分、八正道。

⓯色身：即「肉身」，相對於無色無形的佛之法身，而稱有色有形的身體為「色身」，此身體由地、水、火、風等物質要素所合成。

⓰色色：指內色、外色。

⓱光光照：即智光普照。

【解讀】

初地菩薩，斷一種異生性障，乃從凡夫分別我執現行所起，並斷二種愚執，一執著我法愚，二惡趣雜染愚。菩薩於此地，初證二空理，始獲法味，故生大歡喜，是名歡喜地。菩薩十地境界，委實難知，此處總結性解讀，參照（明）寂光所著《梵網經直解》，下九地解讀，亦是如此，不再註明。

第二　體性善慧地

若佛子，菩提薩埵，善慧體性地❶，清淨明達一切善根❷。所謂慈、悲、喜、捨、慧，一切功德本。

從觀入大空慧方便道智中❸，見諸眾生，無非苦諦，皆有識心❹，三惡道，刀杖，一切苦惱，緣中生識❺，名為苦諦❻。

三苦相者❼，如者❽，如身初覺❾，從刀杖、身色陰，二緣中生覺❿，為行苦緣。次意地覺⓫，緣身覺所緣，得刀杖及身瘡腫等法，故覺苦苦緣，重故苦苦。次受行覺二心⓬，緣向身色陰，壞瘡中，生苦覺故，名為壞苦緣。是以三覺，次第生三心故，為苦、苦苦。

一切有心眾生，見是三苦，起無量苦惱因緣，故我於是中，入教化道三昧，現一切色身，於六道中，十種辯才⓭，說諸法門。謂苦識、苦緣、刀杖緣⓮，具苦識行，身瘡腫發壞，內外觸中，或具不具⓯。具二緣中生識，識作識受，觸識，名為苦識行。

二緣故，心心緣色，心觸觸惱，受煩毒時，為苦苦。心緣識，初在根覺緣，名為苦覺。心作心受，觸識覺觸，未受煩毒時，是名行苦。逼迮生覺⓰，如斲石火，於身心念念生滅。身散壞，轉變化，識入壞緣，緣集散，心苦心惱，受念後緣染著，心心不捨，是為壞苦。三界一切苦諦。

復觀無明，集無量心，作一切業，相續相連，集因集因，名為集諦。

正見解脫⑰，空空智道，心心名以智道，道諦。

盡有果報，盡有因，清淨一照，體性妙智，寂滅一諦⑱。

慧品具足名根。一切慧性，起空入觀，是初善根。

第二觀捨，一切貪著行，一切平等空，捨無緣，而觀諸法，空際一相。我觀一切十方地土，皆吾昔身所用故土；四大海水，是吾故水；一切劫火，是吾昔身故所用火；一切風輪⑲，是吾故所用氣。我今入此地中，法身滿足，捨吾故身，畢竟不受四大分段不淨故身⑳，是為捨品具足。

第三次觀，於所化一切眾生，與人天樂、十地樂、離十惡畏樂，得妙華三昧樂㉑，乃至佛樂。如是觀者，慈品具足。

菩薩爾時住是地中，無癡、無貪、無瞋，入平等一諦智，一切行本。遊佛一切世界，現化無量法身。如〈一切眾生天華品〉說。

【譯文】

佛弟子，大乘菩薩，證入善慧體性地（亦稱離垢地），永離垢染，梵行清淨，明瞭通達一切善根。所謂慈、悲、喜、捨、慧五觀，一切諸佛菩薩，六度四攝，三身四智，無量恆沙功德，皆以其為本。依此五觀而起觀照，證入甚深無相大空般若，並起無量方便道智，見三界一切眾生，無一不是深陷苦海。然推究苦諦因緣，皆由識心分別取捨，作種種惡業，墮於地獄、餓鬼、畜生三惡道中，皆如畜生類受刀杖逼惱一般，承受一切痛苦煩惱逼迫。眾生所遭一切苦惱，皆由識心於諸苦緣逼迫中隨感而生，此即為苦諦。

苦諦中有三種苦相，一行苦相，二苦苦相，三壞苦相。既有三苦相，則有三苦覺；既有三苦覺，則必有三苦緣。現具體說明如下：一、根身初覺（眼、耳、鼻、舌、身前五識），謂外有如刀杖等境緣，內具有情身根色陰，於是根境二緣相觸而生覺，此覺未別苦樂，唯隨念而無計度，但名為行苦緣。二、意地覺，謂第六識緣於前五身覺所緣而起分別，認識到自身受刀杖斫打，並生起刀杖逼迫苦、身受打傷苦、瘡腫苦等痛苦的感受，故名為覺苦苦緣。身覺刀杖而生痛苦，意地覺而生惱苦，苦上加苦，故說重故苦苦。三、受行覺，謂行苦覺心，苦苦覺心，又緣向身瘡等四大色陰將欲壞時而生起惱苦覺受，是名為壞苦緣。依身覺、意地覺、受行覺，次第產生行苦、苦苦、壞苦之三心，三心俱苦，總為苦、苦苦。

一切有心眾生，遇此三苦，生起無量苦惱，以此因緣又反造諸惡業，以致生生死死深淪苦海。我等菩薩見此而生大慈悲心，證入教化道三昧，現種種身形於六道之中，以十種巧妙無礙辯才，為眾生宣說苦、集、滅、道四聖諦等種種法門。

所謂苦諦者，欲令眾生知前五識是第六識分別而起苦受之所依，故云苦識；知內五根身緣為眾苦之本，名苦緣；知刀杖等外境緣有牽心業用，名刀杖緣；也知此等具苦識行。面對身體瘡腫及肌體損壞，在內根與外塵境互觸之中，或根境相觸而具識，或根境不相觸而不具識。內根、外塵二緣互觸而生觸識（前五識），第六意識同時分別而起苦受，即六識作之，還是六識受之，所謂苦識，就是此觸識，名為苦識行。

身根、外境二緣互觸，第六識心念念緣於色陰中瘡腫等法，苦境觸心而生煩惱，身得瘡腫之苦，心生煩惱之苦，二苦交煎，是為苦苦。第六識心所緣前之五種觸識，最初在五根覺，由刀杖緣觸身而心覺其苦，故名為苦覺。第六識心執取前塵分別影事，造作業苦，心自還復領受，實為無相代謝。前五根觸及外塵而生觸識，但此觸識僅能了境覺觸，此心未曾深受煩惱之時，只有隨念而無計度，但為第六行苦的引發之緣，故觸識亦名為行苦。

前五識緣現前逆順影子，一剎那間流入意地，逼迫生覺而心受煩毒，猶如砍石出火，旋砍旋出，於身心中遷流不息，剎那生滅。待臨命終時，色身散壞，神識轉變遷化，受業力牽引而入於壞緣，隨因緣生滅而心心相續，生苦生惱。惟受最後一念染緣，深染深著，心心念念不能捨離，是則名為壞苦。如此三苦，是為三界眾苦之本。

返推苦諦之因，皆依無明一念妄動，遂集無量種種妄想攀緣之心，造作一切諸惡業而招引苦果，因果相續相連，過去之因成現在果，現在之因招未來果，如是集因，集眾苦之因，名為集諦。

一切佛教修行者，皆依正見而得解脫。具正見則苦空，具解脫則集空，苦空集空，即具足無上大空慧之智道，心心相續念念相連入於空慧，是則名為增修智道，名為道諦。

盡滅一切諸有果報，盡滅一切諸有生因，三界二十五有見思塵沙等惑，苦果苦因，以此清淨大空慧而起觀照，悉皆空寂。證得體性本空並起妙智，是謂證入空空寂滅之理，名為「寂滅一諦」。

此大空慧品具足慈、悲、喜、捨無量功德，是一切功德之根本。依一切慧性起空體而入智觀，現身六道，為苦惱眾生宣說四諦法門，使諸眾生知苦、斷集、修道、證滅，是名初善根。

第二等者，應該觀捨。一切種種貪愛執著諸惡行法，以及捨迷而得寂滅解脫之境，俱屬對待，皆應捨去，因一切世間出世間法悉皆平等本空。無緣可捨，捨亦復捨，觀染淨諸法，無相可得，無相可捨，所謂空際一相。因此，我觀一切十方地土，皆我昔身所用舊骨肉。四大海水，是吾昔身所用舊血脈。一切劫火，是我昔身所用舊暖氣。一切風輪，是我昔身所用舊呼吸。我今證入此體性善慧地中，所證最勝真如法性之身，三德圓滿，三身具足，以斷障證真故，畢竟不復更受過去四大分段不淨雜染之身。以不受故，是為捨品具足。

第三等者，菩薩應該觀於所化一切眾生種種根性而次第與樂。如求人天樂者，則與三皈五戒十善而令其生人天中受勝妙樂；如求菩薩乘者，則與六度四攝而令其得證十地之樂；如求離十惡畏樂者，則與反十惡修十善法而令其升天受十善樂；求妙華三昧樂者，令此菩薩得聖人妙道萬行因華三昧正定，乘此智定而證十地果，得妙華三昧之樂。乃至令得佛果無餘涅槃究竟之樂，如是觀者，是為慈品具足。

當爾之時，菩薩住於體性善慧地中，慧品具足故無癡，捨品具足故無貪，慈悲喜具足故無瞋，以無貪、瞋、癡故，證入平等大空慧品一諦聖智，此為一切萬行之根本。以是智行雙運，則能遊佛一切世界，亦能遍現無量法身（此處法身即化身，三身本為一體），攝受教化一切眾生。此處文義，大部中如〈一切眾生天華品〉中作了廣泛詳細說明。

【注釋】

❶ 善慧體性地：此地菩薩，善修清淨法身平等大慧，故名「善慧地」。又此地菩薩，得最終戒體清淨成就，梵行清白，體離垢染，故又名「離垢地」，即「第二地」。善者，能也。慧者，明也。

❷ 清淨明達：清淨，即因離垢而慧體清淨。明達，指所證菩提智善照慧了。

❸ 從觀：即從上述慈、悲、喜、捨、慧五品而起觀照。慈者，能與自他樂；悲者，能拔自他苦；喜者，慶悅自他；捨者，自他解脫；慧者，能鑒機說法。如是五觀，一切諸佛菩薩，六度四攝，三身四智，無量恆沙功德，皆以其為本。入大空慧方便道智中：入，即證入。大空慧，即甚深無相大空般若。方便，即善巧方便。道智，即證道諦之智，指緣道諦作道、如、行、出等四種行相而斷除迷惑之無漏智。菩薩以空慧起觀，則心、佛、眾生三無差別，無苦無樂，無生無滅。然以方便智觀，則一切眾生，迷而不覺，沉淪生死苦海，故菩薩興慈運悲，拔苦與樂，所謂依體而起方便道智。

❹皆有識心：識心，即六識或八識之心王。六識，指眼、耳、鼻、舌、身、意等六種認識了別的作用。八識，即眼、耳、鼻、舌、身、意、末那、阿賴耶共八種識。一切眾生所受苦報，推其因緣，皆由六識造業而起，故說「皆有識心」。

❺緣中生識：指在地獄、餓鬼、畜生等惡道中，受一切刀杖等苦，以識心未空故，於諸苦緣逼迫中而生受苦之心識，名為「緣中生識」。

❻苦諦：佛教最基本的理論四聖諦之一。諦，指審實不虛之義。四諦，指苦、集、滅、道四種正確無誤的真理。苦諦，指佛教對於這個世界中一切痛苦現象的正確闡述。釋迦牟尼佛最初所說法即為四諦，先宣說苦諦，然後由苦追溯造成痛苦的原因（集諦），再探尋滅除痛苦的方法和途徑（道諦），最終描述了離苦得樂的寂滅境界（滅諦）。在四諦中，苦與集表示迷妄世界之果與因，滅與道表示證悟世界之果與因。就苦諦而言，一般有八苦之說，即生、老、病、死、怨憎會、愛別離、求不得、五取蘊苦。前七苦屬生活感受，第八苦五取蘊苦（亦稱五陰熾盛苦），謂凡夫將五蘊執取為自我所衍生的一切生命現象，從而誤以「無常」之現象界為「常」，誤以「無我」之五蘊為「我」，執常執我而不可得，故導致「苦」。

❼三苦相：指「苦苦」、「壞苦」、「行苦」三種苦相。一苦苦，指世上冷熱飢渴等苦緣所生之苦，也包括病痛、鞭撻刀割等所生之苦。二壞苦，指樂境變壞所生的苦，如面對錢財損失、名譽受損、親人死亡等事，精神上感到痛苦。三行苦，指一切法皆為眾緣所造，難免生滅遷流，聖者

如何接近佛法?

面對浩如煙海的佛教典籍，究竟哪些經典應該先讀，哪些論著可後讀？哪部佛典是必讀，哪種譯本可選讀？哪些經論最能體現佛教的基本精神，哪些撰述是隨機方便說？凡此等等，均不同程度影響著人們讀經的效率與效果。為此，我們精心選擇了對中國佛教影響最大、最能體現中國佛教基本精神的佛經系列，認為舉凡欲學佛或研究佛教者，均可從此入手，之後再循序漸進，對整個中國佛教做進一步深入的了解與研究。

主編 賴永海

南京大學哲學系教授。中華文化研究院院長，財政部、教育部哲學社會科學創新基地——南京大學宗教與文化研究中心主任，南京大學旭日佛學研究中心主任，江蘇宏德文化出版基金會理事長鑑真圖書館館長。出版《中國佛性論》、《中國佛教文化論》、《佛學與儒學》等著作，主編第一部《中國佛教百科全書》，主編第一部《中國佛教通史》。

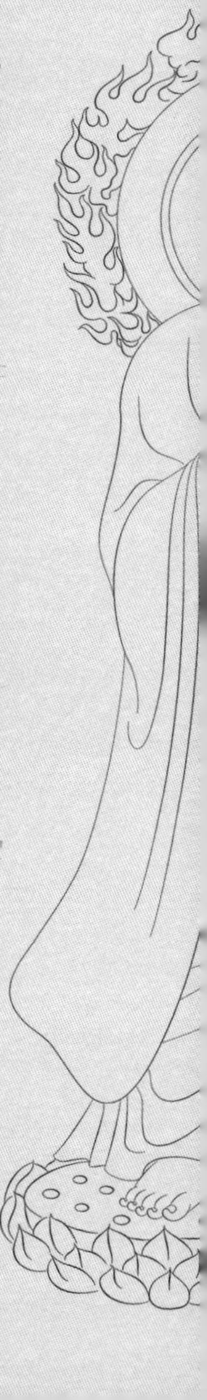

讀者服務 —
聯經書房｜台北市新生南路三段 94 號 1F｜TEL:02-2362-0308#201
聯經台中公司｜台中市健行路321號1F｜TEL:04-2231-2023
聯經網路書店｜http://www.linkingbooks.com.tw

聯經粉絲群

聯經出版

四十二章經

我國最早譯出的佛教經典，且是一部含有較多早期佛教思想的佛經。經中主要闡明人生無常等佛教基本教義和講述修習佛道應遠離諸欲、棄惡修善及注重心證等重要義理，且文字平易簡明，可視為修習佛教之入門書。

金光明經

本經對中國佛教的影響，主要體現在其「三身」、「十地」思想、大乘菩薩行之捨己利他、慈悲濟世思想、金光明懺法及懺悔思想。由於經中所說的誦持本經能夠帶來不可思議的護國利民功德，能使國中飢饉、疾疫、戰亂得以平息，因此本經歷代以來被視為護國之經。

梵網經

本經為大乘菩薩戒的重要經典，它隨著大乘思潮而興起，宣示了大乘佛教的基本理論和根本精神，主要講述修菩薩的階位和菩薩戒律，是修習大乘菩薩行所依持的主要戒律。另外，經中把「孝」與「戒」相融通、「孝名為戒」的思想頗富中國特色。

解深密經

本經為十分獨特的經典，核心思想論證一切外境外法與識的關係，認為一切諸法乃識之變現。經中還提出著名的「三性」、「三無性」問題，並深入地論述了一切虛妄分別相與真如實性的關係。

楞嚴經

一部對中國佛教之禪、淨、律、密、教都有著廣泛而深刻影響的大乘經典。自宋以後，此經更是盛行於僧俗、禪教之間，至今許多的佛教學者將其作為佛教的總綱看待。

心經

「心」字指真心，是萬法之始，從義之宗。本經核心概念以「色不異空，空不異色；色即是空，空即是色；受想行識亦復如是」來對外破五蘊身，以「心無罣礙」來破心執。

金剛經

本經以空慧為主要內容，探討一切法無我之理，歷來弘傳甚廣，特別為惠能以後的禪宗所重視。

定價 220元

法華經

本經核心思想為「開權顯實，會三歸一」，倡聲聞乘、緣覺乘、菩薩乘同歸一佛乘，主張一切眾生悉有佛性。《法華經》也是中國佛教佛性理論確立以一切眾生悉有佛性、都能成佛為主流的重要經典依據。

定價 420元

無量壽經

本經為篇幅最長、內容最全面的一經。近世有不少教內人士將此經視為淨宗「總綱」，盛譽之為「淨宗第一經」。

六祖壇經

全經敘述惠能由一個不識文字的砍柴少年成為一代宗師的過程，闡明了禪的傳承、南宗的禪法，以及南宗對智慧、定慧、坐禪、頓漸、一行三昧、相、無住、無念等問題的解釋。

圓覺經

本經為佛教大乘經典，一部體現中國佛教注重「妙有」思想特色的佛經。主張一切眾生都具足圓覺妙心，本當成佛，無奈為妄念、情欲等所覆蓋，才於六道中生死輪迴；如能頓悟自心本來清淨，此心即佛，無須向外四處尋求。

佛學經典

白話佛經

主編 賴永海

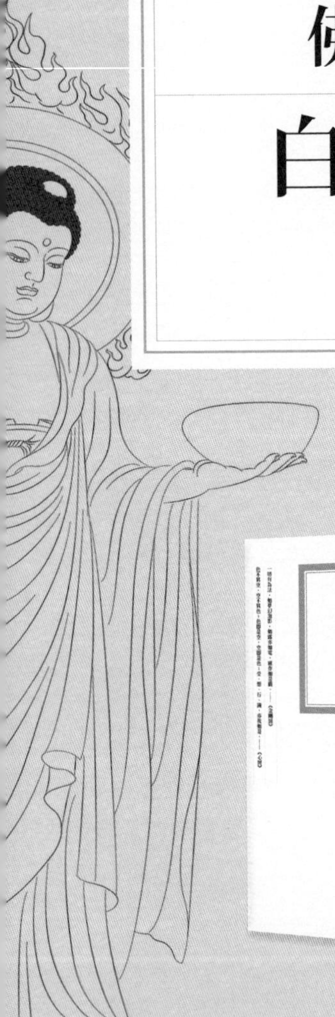

聯經出版事業公司

觀之而於身心皆感逼惱，故稱為「行苦」。行苦屬一種行相微細之苦，一般人不易察覺。

❽如者：《大正藏》中版本無「如者」二字。

❾身初覺：身，即眼、耳、鼻、舌、身五種身體器官，外部環境對於人身體的刺激，首先在於這五種器官，苦也是於此首先生起。

❿二緣：即內緣和外緣。苦的來源可分為外緣和內緣，外緣即刀杖等外部條件，內緣即五蘊身心。

⓫意地覺：即「第六識」。前五識對於外部環境產生直接感受，第六識對其進行分別並進而產生苦樂、善惡、好壞等認識。

⓬受行覺二心：指受苦覺心與行苦覺心二心。

⓭十種辯才：辯才，指善巧說法之才能。佛教有辯才無礙之說，意即義理貫通，言辭暢達，能隨眾生因緣而能方便善巧說法，毫無滯礙。佛教經論於辯才有多種劃分，《華嚴經》中說有「四辯」，即法無礙辯、義無礙辯、辭無礙辯和樂說無礙辯；又說有「十辨」，即自相、同相、行相、說相、智相、無我慢相、大小乘相、菩薩地相、如來地相、作住持相。

⓮苦識：即苦體，亦即「苦諦」。苦緣：即苦產生的因緣。

⓯或具不具：言內根與身外塵境互觸之中，或根境相觸而具識，或根境不相觸而不具識。

⓰逼迮：即逼迫。

⓱正見解脫：正見，佛教最基礎理論八正道之一，即正確的見解，主要是指對佛教苦、集、滅、道

四諦之理有明確的認識。解脫，指依正見而得生命解脫。八正道，又作「八聖道」、「八支正道」、「八聖道分」，為四聖諦的道諦，指八種通向涅槃解脫的正確方法或途徑。其內容為：一正見；二正思維；三正語，離妄言、兩舌、惡口、綺語等；四正業，又作正行，離殺生、不與取等行為；五正命，即捨咒術等邪命，如法求取衣服、飲食等諸生活之物；六正精進，已生之惡法令斷，未生之惡法令不起，未生之善法令生，已生之善法令增長滿具；七正念；八正定，離欲惡不善之法，成就初禪乃至四禪。

⑱ 寂滅一諦：即滅諦，佛教最基本理論四諦之一，詳名「滅聖諦」，又作「苦滅諦」、「苦盡諦」、「苦滅聖諦」等，指永斷無明、欲愛等一切煩惱，於一切苦皆得消滅，而得生命大自在的解脫境界，亦即涅槃境界。

⑲ 風輪：為大地所依四輪（空輪、風輪、水輪、金輪）之一，乃世界之最底部。依古印度宇宙生成論，世界生成必先立於虛空之上，稱為空輪，依此空輪而上生風輪、水輪、金輪，四輪之上乃有九山八海。

⑳ 四大分段不淨故身：四大，又稱「四界」，即地、水、火、風。佛教認為，一切物質（色法）係由地、水、火、風等四大特徵要素所構成。分段，即分段生死，階段性生死。六道眾生隨其業力而感招不同果報身命，或長或短，隨因緣之力而有一定界限，故稱為「分段」。

㉑ 妙華三昧樂：指菩薩得聖人妙道萬行因華三昧正定，依此正定，得妙華三昧之樂。

【解讀】

二地菩薩，斷所知障中俱生一分法執，並斷二種愚執，即微細誤犯愚和種種業愚。菩薩於二地，得增上尸羅波羅蜜多，愚障既斷，性戒具足，遠離一切微細犯戒，故此地又名「離垢地」。

第三　體性光明地

若佛子，菩提薩埵，光明體性地❶。以三昧解了智❷，知三世一切佛法門❸，十二法品❹，名、味、句❺。重誦、記別、直語、偈、不請說、律戒、譬喻、佛界、昔事、方正、未曾有、談說❻。是法體性，名一切義別，是名、味、句中說一切有為法❼，分分受生。初入識胎❽，四大增長色心❾，名六住❿。於根中起實覺，未別苦樂，名觸識⓫。又覺苦樂識，名三受⓬。連連覺著受無窮⓭。以欲我見，戒取⓮。善惡，有⓯。識初名生⓰。識終名死⓱。是十品⓲，現在苦因緣果⓳，觀是行相中道，我久已離故，無自體性。

入光明神通，總持辯才，心心行空。而十方佛土中，現劫化轉化，百劫千劫，國土中養神通。禮敬佛前，咨受法言。復現六道身，一音中說無量法品，而眾生各自分分得聞心所欲之法。苦、空、無常、無我，一諦之音，國土不同，身心別化。

是妙華光明地中，略開一毛頭許，如法品《解觀法門》、《千三昧品》說。

【譯文】

佛弟子，大乘菩薩，證入光明體性地（亦稱發光地）。此地菩薩能依甚深那伽大定而發起究竟大智慧，通達三世十方一切諸佛的教化法門，其法總歸為十二類品，以名稱物，以味（字）成句，以句表義，文義相成而成經典。所謂十二類經典是指：一、重誦；二、記別；三、直語；四、偈；五、不請說；六、律戒；七、譬喻；八、佛界；九、昔事；十、方正；十一、未曾有；十二、談說。此十二法品體性本同，實無差別，只因眾生有無量種心，故而立有一切種種法義的區別。十二法品中名、味、句等所說一切有為諸法，所謂分分差別之有為受生之法，無不皆具十支。

一、初入識胎（識支）；二、四大增長色心（名色支）；三、六住（六入支）；四、未別苦樂（觸支）；五、覺苦樂（受支）；六、連連覺著受無窮（愛支）；七、以欲我見戒取（取支）；八、善惡有（有支）；九、識初名生（生支）；十、識終名死（老死支）。上述十品（十支），所論為現在果、現在因及未來果，一切眾生在此十品因果中生死流轉。菩薩觀此一切眾生生滅行相，實無生滅去來種種行相，皆入中道理智之中。以其早已遠離一切生滅行相，故觀一切行相皆無有自性。

菩薩證入光明體性地中，發起無量智慧光明，具足無量遊戲神通，得總持法門無礙辯才大智慧，然卻心心念念行於空。雖心心行空，但仍於十方佛土中，現身，現劫，現化，輾轉變化，百劫千劫中，於諸國土長養神通。並於諸國土中禮敬諸佛，咨受教誨。復能示現不同身形於六道，以一諦之音宣說無量法門，眾生隨其根性而各自詳細得聞其所欲聽聞之法。苦、空、無常、無我等法，從此一諦之音中演出，國土雖有勝劣淨穢種種不同，眾生身心雖有鈍利善惡差別，但皆能得到教化，證常、樂、我、淨四德。

妙華光明地中無邊功德行願，猶如海藏不能窮盡，此處略述，猶如以一毛蘸大海中一滴水而已。在大部內《如法品解觀法門》、《千三昧品》二文中，有更廣說明。

【注釋】

❶光明體性地：即「第三地」，又名「發光地」。此地菩薩成就勝定及殊妙教四種總持，能從正定起智，發無量智慧光明，故名「體性光明地」，亦名「發光地」。

❷三昧解了智：謂依甚深那伽大定而發起能通達三世十方一切諸佛化導法門的究竟智慧。三昧，即「甚深那伽大定」。解了智，即通達諸法之智。

❸三世一切佛：三世，亦稱「三際」，指過去、現在、未來三世。世，指時間的遷流延續而有過去、現在、未來三種。三世，在個體生命而言，有今世、過去世、未來世；在佛而言，有過去佛，如彌陀佛是過去十劫之佛，有現在佛，即釋迦牟尼佛，有未來佛，如彌勒佛為五十六億七千萬年後出現於娑婆世界之佛。佛教中的三世，並不一定是時間緊挨著的過去現在未來三世，而是

因果法中的三世。今世之因，來世成果，然此果熟不一定是在個體生命時間上的下一世，也許是很多世後的某一世，其間會有往昔諸多因緣成熟之世。但是，就因果成立而言，果雖然會成熟於多世以後，但仍為因的後世。佛教的三世說使其果報思想更加圓融。

❹十二法品：即「十二法門軌則品類」。佛教經典內容，或說義理，或說因果，講權講實，說顯說密，然歸結起來，總不出十二種分類。法，即軌則。品，即類。

❺名、味、句：味，亦稱「文」，指字、字母，其本身無義，但能構成名和句。名，即由文之連續使用而構成事物的名稱，在佛學中，則為隨其音聲呼召物體，使人聞其名而能於心中浮現物體之相，並能令人生起覺慧之義。句，即語句，指連結名成為一個完整意義的章句，在佛學中，是對諸法差別的描述語。

❻重誦：亦稱「重頌」，指已經宣說於上，復以偈等形式重新宣頌其義。記別：又名「授記」，本指以問答方式解說教理，後轉指弟子所證境界或死後生處，現在專指佛陀預言弟子成佛之事，含時期、國土、佛名等事。直語：又名「契紀」、「長行」，指經典中直說法義較長的行文。偈：又名「偈頌」、「諷頌」等，通常由固定的字數和音節組成，佛教經論中常用其概括地複述前面所宣講的內容，以加強讀者的印象。後來中國禪宗祖師也常用偈的形式表達其思想或悟境。不請說：即「自說」，指佛陀不問而自說。佛教中的經典，一般是佛陀應人所請而說，但也有一些經典為佛陀不請而自說。譬喻：略稱「譬」或「喻」，指為使人易於理解所說內容的意義，而使用

實例或以寓言等加之說明，稱為「譬喻」。佛界：又名「本生」、「本起」，指佛陀所說自己及諸佛、菩薩於因地受生之事。昔事：梵語「伊帝」，意譯「本事」，指佛陀所說諸菩薩弟子在因地，為求菩提道所行苦行之事，如採果汲水、捨薪設食、割肉捨身等事，也包括除本生以外所宣說的前際所有事。方正：梵語「毘佛略」，意譯「大方廣」，指如來所說大乘等經典，其意寬廣而深遠。未曾有：梵語「阿浮達磨」，意譯為「未曾有法」、「未曾有經」等。佛陀入滅以後，弟子們結集經典，按類分為九部經或十二部經；「未曾有」即為其一。該類經典中多記載有關佛陀的神秘奇特之事，如佛初生時即下地步行七步說唯我獨尊，以及放大光明、大地震動、天雨眾花之類。談說：梵語「優婆提舍」，意譯「論議」，指諸經論中有問有答辯論諸法義的文體。

❼有為法：有為，即有所作為，有所造作之意。泛指由因緣和合所造作的一切現象，如色心等法，以生、住、異、滅為其特徵。與此相對的是無為法，指永遠不變而絕對存在者，如佛教中依智慧斷煩惱所顯的涅槃境界。

❽識胎：即「識支」，十二因緣中第三支，指吾人依過去世之業而於托胎剎那的意識。有情眾生，由於不識法界真如之理而處無明之中，以無明故，妄作不善惡行，相續而行，從而造就過去世二因（無明、行），進而感招現世生命之開端。神識初入胎一剎那間，染愛為種，納想成胎，名曰「凝滑」，故名「初入識胎」。

❾色心：即「名色支」，十二因緣中第四支。色，即物質性的身體。心，又為「名」，即心法。神

識在胎，染父母精血，吸取母體營養，漸漸增長而成身形，遂有名心色質。第一個七天及第二個七天所長身體名為「胞」，至第五個七日的身體名為「形位」，此時漸生諸根形手足，故名「四大增長色心」。

⑩六住：又名「六處」、「六根」，指眼、耳、鼻、舌、身、意六種感覺器官。胎兒在母腹中，從名色以後至第六個七日，髮毛爪齒漸成，至第七個七日，六根開張，並漸有入六塵之用，此乃妄心依止處，故名「六住」。

⑪觸識：即「觸支」，十二因緣之第六支。嬰兒出生後乃至三四歲時，六根與六塵接觸從而有眼觸、耳觸乃至意觸六種觸識，但此時嬰兒未能分別知苦知樂，故此觸識亦名無知實覺。

⑫三受：指根境相觸而產生的感受，即苦受、樂受、不苦不樂三種感受。幼兒五六歲至十二三歲時，六塵觸六根即能領受，如對苦境，即覺是苦並有苦受；樂境，即覺是樂而有樂受；不苦不樂境，即覺是不苦不樂而有不苦不樂之受，故名「三受」。受，即「受支」，十二因緣中第七支。

⑬連連覺著受無窮：即「愛支」，十二因緣中第八支。連連，即不斷。無窮，即無盡。從十四五歲至十八九歲時，連連起心，貪愛欲境，雖有貪愛，然未廣求，但也染著其受而無窮盡矣。

⑭以欲我見，戒取：即「取支」，十二因緣中第九支。從二十歲後，由有諸欲助發愛性，作種種取捨，從而生起貪、瞋、癡、慢、疑、身見、邊見、邪見、見取、戒取等十使煩惱。

⑮有：即「有支」，十二因緣中第十支。其意為存在，因六識馳求諸境，起造善惡業因，牽引阿賴

耶受當生苦樂之果。

⑯識初名生：現在所造善惡業因，必受來世善惡業果，此世命終，此識最先投胎，故名為「生」。生，即「生支」，十二因緣中第十一支。

⑰識終名死：來世受生以後，五蘊身相熟已還，一期生命將盡，此識最後而捨，故說識終名死。死，亦名「老死」，即「死支」，十二因緣中第十二支。

⑱十品：即上文從初入識胎到識終名死，共十品因緣。此處共說了除無明支和行支以外的十二因緣中的十個，故說「十品」。

⑲現在苦因緣果：佛教十二因緣是三世因果論，無明和行屬於過去二因，識、名色、六處、觸和受這五支屬現在果，愛、取、有這三支為現在因，生、老死屬現在因之未來果。本文此處不言過去二因，是因為該因已經成果，佛陀想要現前諸人，認識現前苦果苦因，毋使再造有漏苦因，從而永滅當來苦果。

【解讀】

此地菩薩，斷一種暗鈍障，即所知障中俱生法執一分暗鈍所起，並斷二種愚執，一者欲貪愚，二者陀羅尼愚。愚障既斷，故名發光地。所證真如，名勝流真如。寄位夜摩天王，假修十善等法，化導一切眾生。

第四　體性爾焰地

若佛子，菩提薩埵，體性地中❶。爾真焰俗❷，不斷不常❸，即生即住即滅，一世一時一有❹，種異異現異故❺。因緣中道，非一非二❻，非善非惡，非凡非佛，故佛界、凡界，一一是名為世諦。其智道觀，無一無二，玄道定品❼。

所謂說佛心行❽，初覺定因❾。信覺、思覺、靜覺、上覺、念覺、慧覺、觀覺、猗覺、樂覺、捨覺❿。是品品方便道⓫，心心入定果。

是人住定中，焰焰見法行空。若起念，定入生心⓬，定生愛順，道法化生，名法樂忍、住忍、證忍、寂滅忍⓭。

故諸佛於入光光華三昧中，現無量佛，以手摩頂，一音說法，百千起發，而不出定。住定，味樂定，著定，貪定，一劫千劫中住定。見佛蓮華坐，說百法門。是人供養聽法，一劫住定。

時諸佛光中摩頂，發起定品，出相、進相、去向相故。不沒、不退、不墮、不住，頂三昧。法上樂忍⓮，永盡無餘。

即入一切佛土中，修行無量功德品，行行皆光明入善權方便，教化一切眾生，能使得見佛體性，常樂我淨。是人生住是地中，行化法門，漸漸深妙，空華觀智，入體性中道。一切法門品滿足，猶如金剛。

上〈日月道品〉，已明斯義。

【譯文】

佛弟子，大乘菩薩，證入體性爾焰地（亦稱焰慧地）中，以智慧光明故，通達即體即用雙照之道，即真明俗，其俗即真；明俗即真，其俗不俗；照真了真故不斷，照俗了俗故不常，是以一切法即生、即住、即滅，所謂無邊剎海同一世，十世古今同一時，真俗生滅同一有。言有所差別者，皆因眾生阿賴耶識中能熏所熏種子各有差異，種子既異，則所起現行亦異，菩薩利生也不得不現差異之法。然種異、現異皆屬因緣法，其體性不遷不變，以即真即俗之中道智，真如不變隨緣故非一，隨緣不變真如故非二，是為非一非二，亦非善非惡，非凡非佛，所謂凡界、佛界一一各有不同，皆為俗諦之見。依智道起觀，俗、真，惡、善，凡、聖等，俱屬對待，本來無一無二，玄妙道法七覺定品，亦為如是。

至於說諸佛心行，諸佛菩薩最初悟道之時，覺悟自己原來本定，最初覺心即為禪定正因。因此而有十種覺支，即：一、信覺；二、思覺；三、靜覺（靜定力）；四、上覺（精進）；五、念覺；六、慧覺；七、觀覺；八、猗覺（輕安）；九、樂覺；十、捨覺。十覺支雖品不同，但皆是智道觀中十種方便道，能令行人心心念念證入定果。

菩薩既入住定中，定中發起無量智慧光焰，照徹諸法行相，蕩然一空。若起念時，也是從定中發生一念清淨慧照之心，起念入念，咸是深定，並於此深定中生起貪愛、逸順，故能於深定道法中化生，名之為法樂忍（聞法心喜）、住忍（安住於忍而不動）、證忍（深證此忍而不轉）、寂滅忍（寂滅於忍而不起）。

然而若陷深定，則不合精進，故十方諸佛於此智光慧光妙華三昧正定中，現示無量佛身，以手摩其頂，一音說法，百千方便起發，而此菩薩以甚深定力故，不動不轉不起，而不出定。此等菩薩住此定而不起，玩味好樂此定而不厭，持守此定而不移，貪愛此定而不捨，住此定中，淺者一劫，深者千劫。菩薩於此深定之中，見佛在蓮華上坐，為諸眾生說心地道百法明門，是菩薩人等，興種種供養，聽受妙法，又增一劫住定。

爾時十方諸佛，復於光光華三昧中，以手摩頂，二番加勸，令諸菩薩發起定品三相，即雖在定中而猶出定（出相），早已出定而猶在定中（進相），雖為自定而實為眾生（去向相）。菩薩因此定品三相，則能出定而不沉沒，能進而不退轉，能去向而不墜墮，能入定而不住於定，是為最上乘三昧正定。如是則定愛、法愛二障俱離，故說永盡無餘。

菩薩既不住定，便入一切佛剎國土之中，上事諸佛，下拔眾苦，修行無量無邊一切功德法品，智行雙運，行行皆大光明，以一切善權種種巧妙方便法，教化利益一切眾生，能使其皆得悟見諸佛體性，證如來常、樂、我、淨四德。菩薩既生是地，亦住是地中，於此地中普度眾生的一切行化法門，漸漸深妙，其所證空華觀智，入於諸佛體性中道。如此則一切諸佛法門品皆得圓滿具足，猶如金剛無有缺少。

此處僅為略說，大部內〈日月道品〉中，已詳明此地之義。

【注釋】

❶體性地：即「體性爾焰地」，亦名「焰慧地」。體性，指本體性分。爾，意為即。焰，喻智慧光明。菩薩修習無邊菩提分法，證得諸佛本體性分，佛覺圓滿，即得慧光發焰，如大火聚，能爍破一切情見，故名「焰慧」。

❷爾真焰俗：爾，即也。真，真諦。焰，智慧光明。俗，即俗諦。菩薩證入此地，即能明即體即用雙照之道，以智慧光明故，即真明俗，其俗即真；明俗即真，其俗不俗。

❸不斷不常：真不斷，俗不常，照真了真故不斷，照俗了俗故不常，所謂般若無相，二諦常然，故說「不斷不常」。

❹一有：即「一剎那心念」。

❺種異異：指眾生阿賴耶識中能熏所熏種子各有差異。現異：指種子既異，則所熏起現行亦異，而菩薩利生也不得不現異法。

❻非一非二：善與惡，凡與聖，以俗諦觀，則非一；若以真諦觀，其體性皆空，故非二。無論是非一還是非二，皆落兩邊。若以中道智觀，則非一非二，故無善無惡，無凡無佛，雙照雙泯，超越對待，臻於絕對境界。

❼玄道定品：傳統佛教修行，由禪定智慧而進入涅槃境界，有三十七種修行方法，稱為三十七覺支、三十七菩提分、三十七道品等，即「四念處」、「四正勤」、「四如意足」、「五根」、「五力」、「七菩提分」、「八聖道分」。其中「七菩提分」，即明七覺定品，然此皆是因地心行。依中道智觀則無一無二，又何有定品種種差別。玄道，指玄妙道法。定品，指定的品級。

❽佛心行：指佛的心理狀態及其定觀境界。心行，指心內之作用、活動、狀態、變化等。

❾初覺定因：謂佛菩薩最初悟入空性之時，覺悟自己最初覺心原來本定，凡夫以迷故不定，我今既悟始覺，則得禪定正因。

❿信覺、思覺、靜覺、上覺、念覺、慧覺、觀覺、猗覺、樂覺、捨覺：此為「十覺支」，又稱「十等覺支」、「十菩提分」等，指達到正覺的十種觀察覺知方法，因其能幫助菩提智慧的開展，故稱為「覺支」。一、「信覺支」，指由最初覺心得悟此心原自本定，不從人得，便一信永信。二、「思覺支」，所信本定，但仍要思維修習。三、「靜覺支」，雖善思維，但要成就靜定之力。四、「上覺支」，又名「精進覺支」，指修法勇猛精進而不懈怠。五、「念覺支」，精進修行，念茲在茲而銘記不忘。六、「慧覺支」，謂以慧心照諸妄念而分明不惑。七、「觀覺支」，

智慧觀察更加微細。八、「猗覺支」，滅妄證真而得身心輕安。九、「樂覺支」，意地暢適，身心悅樂。十、「捨覺」，捨妄念，捨一切法。此十覺支一般合為「七覺支」，以念合思，以觀合慧，以猗合靜。

⓫品品方便道：十覺支雖品品不同，但皆是智道觀中十種方便道，能令行人證入定果慧果。方便道，亦名「權道」，十波羅蜜之一，指巧妙地接近、施設、安排等，是誘引眾生證悟諸法實相得入真如法界的種種方便法門。

⓬定入生心：即從定中發生一念清淨慧照之心。正是由於有此一念清淨心，從而有對於定境定樂的貪著，常入於定中而不思出定。

⓭法樂忍、住忍、證忍、寂滅忍：聞法心喜名法樂忍，安住於忍而不動名住忍，深證此忍而不轉名證忍，斷諸惑而寂靜安住於第十地及佛果名寂滅忍。

⓮法上樂忍：即「法愛」，指對法的愛執。

【解讀】

此地菩薩，斷一種微細煩惱現行障，即所知障中俱生一分微細無明之惑現起。又斷二種愚執，一者等至愛愚，二者法愛愚。菩薩初入證智，善修三十七品菩提分法，能起焰慧智火，燒一切根本煩惱及隨煩惱，故名「焰慧地」。

第五　體性慧照地

若佛子，菩提薩埵，慧照體性地❶。法有十種力生品，起一切功德行。以一慧❷方便，知善惡二業別行，處力品❸。善作、惡作業，智力品。一切欲求，願六道生生果，欲力品❹。六道性分別不同，性力品。一切善惡根，一一不同，根力品。邪定、正定、不定，是名定力品。一切因果，乘是因，乘是果❺，至果處乘因道，是道力品。五眼知一切法❻，見一切受生故，天眼力品。百劫事，一一知，宿世力品。於一切生煩惱滅，一切受無明滅，解脫力品。

是十力品智，知自修因果，亦知一切眾生因果分別。而身、心、口別用❼，以淨國土為惡國土，以惡國土為妙樂國土；能轉善作惡，轉惡作善；色為非色，非色為色；以男為女，以女為男❽；以六道為非六道，非六道為六道；乃至地水火風，非地水火風❾。

是人爾時，以大方便力，從一切眾生而見不可思議，下地所不能知覺，舉足下足事❿。

是人大明智，漸漸進，分分智⓫，光光無量無量，不可說不可說法門，現在前行。

【譯文】

佛弟子，大乘菩薩，證入慧照體性地（亦稱難勝地）。依此地中所證真如大法，能起十種智慧力，能通達一切眾生世間、出世間無量功德行。此十種力是指：一、以一念相應智慧，對於作善得惡報，做惡得善報，其中因果別行的深層次微細原因，皆可了別，是名處非處力品。二、能了知一切眾生三世所作善惡諸業並諸受因果。或當受長壽報時而實為短壽，或當受短壽報時而實為長壽，或富而貧，或貧而富，皆因當下之積因損因，積德損德，其中微細因果之轉變差別，菩薩皆能了知，並能一一為眾生說，是名智力品。三、能了知一切眾生心中所欲、所求及所願。眾生，是欲想供養三寶、恭敬天地君親師友，還是欲想財色名食等；是尋求明師善友，還是求名聲利養、功名富貴乃至好子孫眷屬等；是發願往生西方樂土，成佛廣度眾生，還是願生天、人、地獄等六道中，諸多眾生心行差別，菩薩皆能一一了知，是名欲力品。四、能了知一切六道眾生本分性情之不同，或利或鈍，或智或愚，或巧或拙，如是差別，皆可為眾生說，是名性力品。五、於一切眾生，或一生所種善根惡根，或多生所種善根惡根，或易受教化，或難受教化，如是差別，皆能了知，並能與眾生說，是名根力品。六、能了知一切外道邪定、小乘偏定、大乘正定、凡夫不定，並能一一為眾生說，是名定力品。七、能了知一切賢聖皆由昔乘如是修行斷障之因，方得今乘如是慧照證真之果。乘有漏因，至有漏果，乘無漏因，至無漏果，志存果道並乘當下因道，菩薩皆能了知，並能為眾生說，是名道力品。八、以肉眼、天眼、慧眼、法眼、佛眼這五眼，了知一切世間、出世間善惡果報、生滅因緣諸法，並見一切眾生臨命終時受報好醜及隨善受生隨惡受生之處，可以一一示諸眾生，是名天眼力品。九、對於自己種種宿命，百千萬億劫前死此生彼之姓族名字、苦樂壽夭、富貴貧賤等事，並眾生種種宿命，皆能一一了知，並能為眾生說，是名宿世力品。十、能盡滅一切招致分段生死之煩惱及一切受變易生死之無明，故為解脫力品。

如是十力品智，不僅知道自己修行的因果，亦了知一切眾生所行所修之因果，眾多因果皆分別明瞭，無有差錯。不僅如此，菩薩身、口、意更有無窮差別妙用。因有三輪妙用力而能通達淨穢平等，故能以寂光淨土示為五趣雜居土，以五趣雜居土示為極樂國土；因了知善惡性空，故能轉善為惡，轉惡為善；因通達色空不二，故能使色為非色，令非色為色；亦能轉男相為女相，轉女相為男相；以六道為非六道，非六道為六道；乃至能使地、水、火、風四大，為非地、水、火、風四大。

菩薩於此時能以大方便智慧力，示現任從一切眾生見之都會認為不可思議的境界，即使是下地諸菩薩也未曾知曉覺受，因菩薩只能舉出自己當下所處位階之所有神通妙用，所謂初地菩薩不知二地菩薩之事。此地菩薩之大光明智慧，漸漸增進，分分證入諸佛之一切種智，所證智光之光，無量無量，一切不可說不可說種種法門，一時一一顯現於前，所以此地名為「慧照地」。

【注釋】

❶慧照體性地：謂此地菩薩，因為修習甚深禪定而證入諸諦相應之慧，圓照法界，故名「慧照體性地」。又因為修行方便勝智自在極為難得，見、思等煩惱不易調伏，故又名「難勝地」。

❷一慧：一念相應慧，即「一切種智」。一切種智，指了知一切道、一切種、一相寂滅相與種種行類差別的佛智。天臺宗認為一切種智是中觀所成之智，亦名「中道智」。此處指中道智慧。

❸處力品：處力，即「是處非處」、「處非處」之智力，此智力能夠分辨事物微細之因果，如作善得惡報、做惡得善報，其中深層次原因，皆可了別。例如，造塑佛像，刷印經典，本為積善，可得善果。然而，若於其中假公濟私，瞞因昧果，形式雖善，但卻造就地獄果報，所謂修善不得善報。又如，除惡人惡獸，雖為作惡，實為殺一救多，除害興善，正是菩薩大悲所為，此謂作惡得善果。菩薩以大智慧，能夠透過現象看本質，對於其中因果，皆能了了分明。

❹欲力品：即了知眾生一切欲求和願望的智力。無論是常欲供養三寶，親近善知識，還是常欲念財色名食睡等，是願生西方極樂世界，還是願於六道中生死輪轉，以此智力，皆得以知。

❺乘是因，乘是果：由昔乘如是修行斷障之因，今方得乘如是慧照證真之果。若乘有漏因，則至有漏果；若乘無漏因，則至無漏果。有漏因，指迷妄、我人等見，以及以此知見而有的身、口、意一切行為。有漏果，指由於諸見、煩惱而在迷妄的世界中流轉不停，形成難以脫離生死苦海的苦果。與此相反，無漏因，即導致無漏果報的原因，指遵循佛教三法印，順宇宙真理而有的一切行為。無漏果，指達到斷滅煩惱之境界。在四聖諦中，苦諦屬有漏果，集諦屬有漏因，此二諦屬有漏法。滅諦屬無漏果，道諦屬無漏因，此二諦屬無漏法。

❻五眼：指五種眼力，即：一、肉眼，欲界凡夫肉身所具之眼，所見十分有限。二、天眼，眾生因

修禪定所得之眼，上下、遠近、前後、內外、晝夜等悉能有見。三、慧眼，指能識出真空無相，能輕易洞察一切現象皆為空相、定相之眼力。四、法眼，指菩薩為救度一切眾生而有能照見一切法門之眼。五、佛眼，即覺者之眼，指能夠見到一切法非空非有不可思議的真理，於前四眼作用無所不知，乃至無事不知、無事不聞之眼力。佛教各宗各派於五眼義略有所不同。

❼身、心、口別用：別用，即差別妙用。身能現通，心能繫念，口能說法，皆有無窮差別妙用而不可測，故說身、心、口妙用。

❽以男為女，以女為男：男女本無真實之相，應以女身得度者，則以男為女；應以男身得度者，則以女為男，或男或女，種種自在神通妙用，皆以菩薩發一慧大方便智力而得起用。以男為女，指轉男相為女相，如舍利佛被天女一指為女相。以女為男，指轉女相為男相，如《法華經》中，龍女倏轉為男，於無垢世界成佛。

❾地水火風，非地水火風：指種種神變，如十八神變，即入地如水、履水如地、身上出火、身下出水、身下出火、身上出水、身為水火、擔負乾草入中不燒等等現象。

❿舉足下足事：即菩薩只能舉出自己當下所處位階之所有神通妙用。上述種種自在神用，不但凡夫眾生見而覺不可思議，就是前面諸地菩薩，亦不能知覺，所謂初地菩薩不知二地菩薩之事。

⓫分分智：指從二智乃至十智，一分一分地證入諸佛之一切種智。根本智可於當下頓悟而證，一切種智則必須於六度萬行中分分而得。

【解讀】此地菩薩，斷一種下乘涅槃障，即所知障中俱生一分之厭生死苦、趣涅槃樂，並斷二種愚執，一純作意背生死愚，二純作意向涅槃愚。菩薩修菩提分法，二智斷通，真俗無礙，生死即涅槃，愚障既斷，故此地又名難勝地。菩薩於此地，五眼神通成就，發起種種神通妙用，得極微細智慧力，了知一切微細因果，或有或無，或善或惡，或男或女，皆隨眾生緣而平等自在一用，分分成就一切種智。

第六　體性華光地

若佛子，菩提薩埵，體性華光地❶。能於一切世界中，十神通明智品❷，以示一切眾生種種變化。

以天眼明智❸，知三世國土中，微塵等一切色，分分成六道眾生身，一一身微塵細色❹，成大色，分分知。

以天耳智❺，知十方三世六道眾生，苦樂音聲，非非音，非非聲，一切法聲❻。

以天身智❼，知一切色，色非色，非男非女形。於一念中，遍十方三世國土劫量，大小國土中微塵身。

以天他心智❽，知三世眾生心中所行，十方六道中一切眾生心心所念，苦樂善惡等事。

以天人智❾，知十方三世國土中，一切眾生宿世苦樂受命，一一知，命續百劫。

以天解脫智❿，知十方三世眾生解脫，斷除一切煩惱，若多若少，從一地乃至十地，滅滅皆盡。

以天定心智⓫，知十方三世國土中，眾生心定不定，非定非不定，起定方法，有所攝受，三昧百三昧。

以天覺智，知一切眾生，已成佛，未成佛，乃至六道一切人心心，亦知十方佛心中所說之法。

以天念智，知百劫千劫，大小劫中，一切眾生受命，命久近。

以天願智，知一切眾生賢聖，十地三十心中，一一行願。若求苦樂，若法非法⓬，一切求，十願、百千大願品具足。

是人住地中，十神通明中，現無量身、心、口別用。說地功德，百千萬劫，不可窮盡。而爾所釋迦，略開神通明品。如〈觀十二因緣品〉中說。

【譯文】

佛弟子，大乘菩薩，證入體性華光地（亦稱現前地）。菩薩住是地中，能於十方一切世界之中，運用十種神通光明智品，教化示導一切眾生，現種種殊勝變化不可思議境界。十種明智是指：

一、天眼明智，依此智能了知十方三世國土中微塵等一切細色，地水火風等一切四大幻色，因緣和合分分聚成六道眾生身相。而眾生一一分段身中都有微塵數之細色，也會還原成五大之細色。如此分分色相，一一皆可了知。

二、天耳智，依此智能聞知十方三世六道眾生之苦樂音聲，明知苦樂音聲非苦樂音聲，亦非不是苦樂音聲，乃至世間出世間一切法聲，亦皆如是。

三、天身智，依此智能知依報國土境等外色及正報六根身形內色，一切色咸非是色，男女形亦非為男女形。此菩薩能於一念中咸皆周遍十方三世國土，乃至無量劫數的大小國土之中，變化自在無礙，示現微塵數身形。

四、天他心智，依此智能知三世一切眾生心中所行，乃至十方六道一切眾生心中所念苦樂、善惡等事。

五、天人智，依此智能知十方三世國土之中一切眾生宿世苦受、樂受等命，一一了知其受命長短相續百劫等事。

六、天解脫智，依此智能知十方三世賢聖眾生解脫之道，隨力隨分斷除一切煩惱愚障，若多分若少分，從一地少分斷除，乃至十地多分斷除，能滅所滅皆盡。如是種種解脫，一一了知。

七、天定心智，依此智能知十方三世國土中賢聖眾生，其心定還是不定，非定非不定，及諸起定方法，所有攝受，種種三昧，乃至百八三昧。如是一切正受禪定，一一了知。

八、天覺智，依此智能知一切賢聖，或已成佛道，或未成佛道。並能知六道中一切人心心所念所行，亦知十方三世諸佛心中所念所說之法。

九、天念智，依此智能了知百劫、千劫、大小劫中，一切賢聖眾生受佛慧命，教化眾生，如是慧命或近或久，或一劫二劫住世，或十劫乃至百千萬億劫住世。

十、天願智，依此智能了知一切眾生聖賢，十地三十心中，一一所修行門，一一所發大願。如求苦行法、樂行法，如求正信佛法、外道世俗法，一切所求，一切所願，普賢十大行願乃至諸佛無量百千大願，此地菩薩一一具足而悉知之。

菩薩住此體性華光地，於十種神通智中，現身、口、意三輪差別種種妙用。若說此地種種功德，雖百千萬劫亦不能窮盡。你們世界中釋迦牟尼佛僅略說神通明智品，在大部內〈觀十二因緣品〉中，所說與此相同。

【注釋】

❶ 體性華光地：又名「現前地」。此地菩薩因地時修習無量智慧，入此地中，大智行華一時開敷，光照一切，故說「體性華光地」。又此地菩薩，真如淨性及本一切功德智慧，俱得現前，故又名「現前地」。

❷十神通明智：即下文所說的「十通智」。神通，指依修禪定而得的無礙自在、超人間的、不可思議的種種能力。常說的「神通」有「五神通」或「六神通」，即神足、天眼、天耳、他心、宿命等五種，加上唯佛能有的漏盡通，共為「六神通」。

❸天眼明智：即與「天眼通」相應的智慧，亦稱「天眼通」，謂此眼能知天上地下遠近粗細之形色及六道眾生之死此生彼種種狀況，其性無記，攝於十智中之有漏世俗智。

❹微塵細色：微塵，指眼睛所能看到的物質中最微細的東西，佛教經典中經常以「微塵」比喻量極小，以「微塵數」比喻數極多。細色，為「粗色」之對稱，指物質（色法）中最精妙者。

❺天耳智：指得天耳通者產生一種與天耳相應的智慧。天耳，又名「天耳通」，六神通之一，指耳根所具有的一種特殊聽覺能力，能聽見遠近粗細等一切人聲、非人聲等，並能知道聲音的性質。

❻非非音，非非聲，一切法聲：眾生或受逼惱而生苦音聲，或受安逸而生樂音聲，菩薩以天耳通而皆能有聞，然因天耳智故，則知苦樂音聲非苦樂音聲，其性本空，但也不是認為沒有苦樂音聲，也承認假有的存在，世間、出世間的一切法聲也是如此。

❼天身智：即「神足通智」。神足通，六神通之一，又名「如意足通」、「神境智通」等，指身體能變化自在的神通力。依佛經中所說，具神足通者，身體飛行如鳥之無礙，移遠令近不往而到，此沒彼出無有間隔，於一念中能夠達於十方國土及三世之量。依神足通而起天身智，更能觀六塵中不淨之物為淨，觀清淨之物為不淨，是名聖如意，唯佛獨有。

❽天他心智：即「他心通智」。他心通，六神通之一，又名「他心智證通」、「智心差別智作證通」等，指能如實了知他人心中差別相的神通力。

❾天人智：即「天人通智」。天人通，又稱「宿命通」、「宿住隨念智證通」等，指能自在了知自己及眾生宿世生命狀況的神通力。

❿天解脫智：即「漏盡通智」。漏盡通，又稱「漏盡神通」、「漏盡通證」等，指證得漏盡智，煩惱盡除，得生命解脫，並威德具足的境界。

⓫天定心智：與「天覺智」、「天念智」、「天順智」均為「天他心智」的別說，指能知十方三世眾生的禪定層次，並能知其心中所覺、所念及所願的神通能力。

⓬法非法：法，即「正法」，特指佛教三藏十二部經所傳佛旨。非法，指佛教以外的教法，如四韋馱外道邪論，儒家道家等思想。佛教認為，大乘人正法學力之餘，可以學以折服闡提世智辯聰等法。

【解讀】

菩薩於此地斷一種粗相現行障，即所知障中俱生一分執有染淨粗相現行所起，並斷二種愚執。一為「現觀察行流轉愚」，二為「相多現行愚」。此地菩薩於一切法無有染淨，證無染淨真如。又愚障既斷，般若現前，位寄自在天王，假修三乘等法，現十種神通明智，化導一切眾生。

第七　體性滿足地

若佛子，菩提薩埵，滿足體性地❶。入是法中，十八聖人智品❷，下地所不共。所謂身無漏過❸，口無語罪❹，念無失念❺，離八法❻，一切法中捨❼，常在三昧。是入地六品具足❽，復從是智，生六足智。

三界結習畢竟不受❾，故欲具足。一切功德，一切法門，所求滿故，進心足。一切法事，一切劫事，一切眾生事，以一心中一時知故，念心足。是二諦相，六道眾生，一切法故，智慧足。知十法趣人，乃至一切佛，無結無習故，解脫足。見一切眾生，知他人自我弟子，無漏無諸煩惱習故，以智知他身，六通足。

是人入六滿足明智中，便起智身，隨六道眾生心行。口辯說無量法門品，示一切眾生故，隨一切眾生心行。常入三昧，而十方大地動，虛空化華故，能令眾生心行。以大明智具足❿，見過去一切劫中佛出世，亦是示一切眾生心。以無著智⓫，見現在十方一切國土中，一切佛，一切眾生，心心所行。以神通道智⓬，見未來中一切劫一切佛出世，一切眾生從是佛受道聽法故。

住是十八聖人中，心心三昧。觀三界微塵等色，是我故身。一切眾生，是我父母。而今入是地中，一切功德，一切神光，一切佛所行法，乃至八地、九地中，一切法門品，我皆已入故。於一切佛國土中，示現作佛、成道、轉法輪，示入滅度，轉化他方，過去來今一切國土中。

【譯文】

佛弟子，大乘菩薩，證入體性滿足地（亦稱遠行地）。此地菩薩入滿足體性法中，具足十八聖人智慧功德，此智唯佛與此地菩薩所有，是二乘以及下地菩薩所不共有。所謂十八聖人智是指：一、身無漏過；二、口無語罪；三、念不失念；四、遠離「利、衰、苦、樂、稱、譏、毀、譽」八法；五、一切法中捨；六、常住三昧正定。此地菩薩不僅圓滿具足上述六智，又復從是六智相續中，生起六滿足智用，即：

一、欲具足，亦名欲無減，謂此地菩薩示身三界，攝化眾生，然於三界煩惱習氣畢竟不受。

二、進心足，亦名精進無減，謂此地菩薩於諸如來一切智慧功德，化導眾生之一切方便法門，所求悉皆滿足具足。

三、念心足，亦名念無減，謂此地菩薩能了知世間出世間一切法事，一切劫量大小延促等事，及一切眾生因緣果報等事。如是等事，此地菩薩不勞憶度，當下一心，一時而知。

四、智慧足，亦稱智慧無減，謂此地菩薩通達真俗二諦，隨機方便教化六道眾生，一切真俗二諦諸方便法悉皆圓滿具足。

五、解脫足，亦名解脫無滅，謂此地菩薩，能知「十發趣」人，乃至一切諸佛，斷除一切煩惱滅盡一切習氣。

六、六通足，亦名知見無滅，謂此地菩薩具足天眼、天耳、他心、漏盡、神足、宿命六種神通，能徹見一切聖賢、眾生，並能了知一切他人及自我所化弟子，皆得證無漏智，滅盡煩惱習氣。此等神通妙用，悉是以此智了知他身相及自身相而得。

此地菩薩不止得入六滿足大明智慧中，復更具足六種智用，即：

一、便起智身，即身業隨智慧行，謂此地菩薩由智慧而方便發起身業，隨順六道眾生而現種種身相，調伏眾生種種心行，令其發菩提心行菩薩行。

二、口辯說無量法門，即口業隨智慧行，謂此地菩薩能以清淨微妙口業及樂說辯才，為一切眾生宣說無量法門，隨順化導一切眾生心行，令得解悟。

三、常入三昧，即意業隨智慧行，謂此菩薩能以清淨意業而常入三昧正定，以三昧力故，十方世界六返震動，虛空之內天雨四華，以是威神力故，能令一切眾生發增上勝進心行。

四、大明智，即過去無礙智，謂此地菩薩以大明智具足故，能見過去無量劫中諸佛出世成道，為眾生說法，亦開示一切眾生心，令知過去世無礙。

五、無著智，即現在無礙智，謂菩薩以無著智滿足故，能見盡現在際十方一切國土中一切諸佛及一切眾生，知其心心所念所行。

六、神通道智，即未來無礙智，謂菩薩以神通道智滿足故，能見未來一切劫中一切諸佛出世，並能見一切眾生隨其受道聽法。

菩薩住是十八不共聖人智心地中，心心不離正受三昧。觀三界微塵數等細色，無不是我昔日之身。一切大小眾生，無一不是我往世生生之父母。而今得以證入體性滿足地中，一切功德，一切神通智光，一切諸佛所行巧妙方便法，乃至八地、九地中，一切解脫法門，我皆已得一齊證入。故能於一切國土中，示現出家、苦行、成道、作佛、轉法輪，廣度眾生。此世應緣一朝事畢，乃復示現入於滅度，又輾轉教化他方世界，於過去、未來、現在一切國土中，示現種種不可思議之事。

【注釋】

❶滿足體性地：指此地菩薩因地中廣修方便度，故果地中證得如來一切智行悉皆圓滿具足，故名「滿足體性地」。又因此地菩薩，出三界河，過二乘地，至涅槃城，近法王位，其境廣無邊際，故名「遠行地」。

❷十八聖人智品：亦稱「十八不共法」，指佛與大乘七地菩薩獨具的十種功德，二乘及七地以下菩薩所不有，故說「不共」。即：一、身無失；二、口無失；三、念無失；四、無異想；五、無不定心；六、無不知已捨；七、欲無滅；八、精進無滅；九、念無滅；十、慧無滅；十一、解脫無

滅；十二、解脫知見無減；十三、一切身業隨智慧行；十四、一切口業隨智慧行；十五、一切意業隨智慧行；十六、智慧知過去世無礙；十七、智慧知未來世無礙；十八、智慧知現在世無礙。

❸ 身無漏過：指菩薩從無始以來嚴持戒律，一切煩惱淨盡無餘，身業清淨，故名身無漏過。漏，漏泄之意，為「煩惱」之異名。佛教認為，眾生貪、瞋等煩惱皆由身、口、意表現出來，如水外泄，故名為「漏」。又諸煩惱能使人落於三惡道，故稱為「漏」。因此，有煩惱之法被稱為「有漏」；離煩惱垢染之清淨法被稱為「無漏」，如涅槃、菩提等法。

❹ 口無語罪：指菩薩從無量劫以來，隨諸眾生根性而方便說法，令其得證道果，是以口業清淨，故說口無語罪。

❺ 念無失念：即「意無失」，指菩薩自無始以來，常修戒定慧，滅除貪瞋癡，心入禪定而意根清淨，故說「念無失念」。

❻ 八法：佛教經論中所說的八法有多種涵義。如稱「八正道」（正見、正思維、正語、正業、正命、正精進、正念、正定）為八法，有將地、水、火、風等「四大」與色、香、味、觸等「四微」總稱為「八法」，也有將利、無利、名聞、不名聞、論議、無論議、苦、樂稱為「世間八法」，《佛地經論》卷五中將利、衰、毀、譽、稱、譏、苦、樂稱為「世間八法」，即常稱的「八風」。

❼ 一切法中捨：指菩薩以大般若空慧，照見世間出世間一切染淨諸法當體即空，了不可得，無所掛

礙，故說一切法中捨。

❽六品：即前述十八聖人智中的前六種智。

❾結習：本義為積久而難改的習慣，佛教中稱為煩惱和習氣。有繫縛的意思，指眾生被煩惱繫縛而不能出離生死苦海。結，即煩惱。習，即習氣。習，是煩惱的餘習，相對於「結」而言，「習」的程度較輕，性質上有時略顯中性，但「習」比「結」更加微細，更加難以清除。

❿大明智：即「過去無礙智」，此智能知過去無礙。

⓫無著智：即「現在無礙智」，此智能知現在無礙，如明鏡普照，無有執著。

⓬神通道智：即「未來無礙智」。指一種具有不可思議神通妙用的智慧。神，指神妙難測。通，指變通無礙。道，指道理難窮。智，指智慧無量。

【解讀】

此地菩薩斷一種細相現行障，即所知障中俱生一分執有生滅細相現行所起，並斷二種愚執，一者細相現行愚，二者純作意求無相愚。菩薩於此地，具足十八不共聖人智慧功德，行過二乘，善修無相，遠離煩惱習氣，性相齊具，證法無差別真如。

第八　體性佛吼地

若佛子，菩提薩埵，佛吼體性地❶。入法王位三昧❷，其智如佛，佛吼三昧故。十品大明空門❸，常現在前，華光音入心三昧❹。

其空慧者，謂內空慧門，外空慧門，有為空慧門，無為空慧門，性空慧門，無始空慧門，第一義空慧門，空空慧門，空空復空慧門，空空復空空慧門。如是十空門，下地各所不知❺，虛空平等地不可說不可說神通道智❻。

以一念智❼，知一切法分分別異，而入無量佛國土中，一一佛前咨受法，轉法度與一切眾生，而以法藥施一切眾生❽。為大法師，為大導師，破壞四魔❾，法身具足，化化入佛界。

是諸佛數❿，是諸九地、十地數中，長養法身。百千陀羅尼門、百千三昧門、百千金剛門、百千神通門、百千解脫門⓫，如是百千虛空平等門中而大自在。一念一時行，劫說非劫，非劫說劫；非道說道，道說非道；非六道眾生說六道眾生，六道眾生說非六道眾生；非佛說佛，佛說非佛。而入出諸佛體性三昧中。

反照、順照、逆照⓬，前照、後照，因照、果照，空照、有照，第一中道義諦照。是智惟八地所證，下地所不及。不動、不到、不出、不入、不生、不滅⓭。

是地法門品，無量無量，不可說不可說，今以略開地中百千分，一毛頭許事。〈羅漢品〉中已明。

【譯文】

佛弟子，大乘菩薩，證入佛吼體性地（亦稱不動地）。此地菩薩證入無上自覺聖智法王位大樂三昧，其智慧與佛無二無別，蓋由於此地菩薩證得佛吼三昧，說法無畏如同獅吼，邪妄遠離，大眾無怖。菩薩依此佛吼三昧，十品大明空慧法門常現在前，行華、智光、法音倍勝過前，咸令眾生入深心三昧正受之中。所謂十品大明空慧法門是指：

一、內空慧門，謂此菩薩常以般若智觀照身內五蘊身心，無不當體即空，故得內空慧常現在前。

二、外空慧門，謂此菩薩以般若智觀照身外山河國土、色等六塵諸法，了知其皆無有自性，其相不可得，故證入外空慧門。

三、有為空慧門，謂此菩薩恆以智慧照破一切世諦有為諸法，皆虛假不實，都無自性，故得證入有為空慧門。

四、無為空慧門，謂此菩薩智照一切真諦無為諸法，亦皆是空，故得證入無為空慧門。

五、性空慧門，謂此菩薩以甚深般若智觀照法界，圓融事理，凡夫滯有則說不有，二乘沉空則說不空，不有不空，平等無礙，故得證入性空慧門。

六、無始空慧門，謂此菩薩常以智照無始無明住地煩惱，本無有根，起無始相，滅無終相，故證入無始空慧門。

七、第一義諦空慧門，即中道理，名第一義諦。謂此菩薩常以智照真俗二諦，皆無相可得，不居二邊，不存中道，故得證入第一義空慧門。

八、空空慧門，即復空前面第一義空之空。第一義雖空，但能空之理猶在，菩薩以空空智照此能空之理亦空，故得證入空空慧門。

九、空空復空慧門，即空空復空。空理雖空，然空理之智猶在，菩薩以智照則空空之智亦空，故得證入空空復空慧門。

十、空空復空空慧門，即前面空空復空亦歸於空。理智皆空，然而空空之空仍在，菩薩於此空空復空亦歸於空，故證入空空復空空慧門。

如是十品空慧門，惟此八地菩薩所能得證，八地以下諸菩薩等皆各所不知。此地菩薩得證虛空平等地智中，不止十品空慧而已，更有不可說不可說神通道智。

此地菩薩以一念相應智慧，了知一切染淨諸法分分差別，而得入無量諸佛國土之中，於一一佛前咨受法要，轉法輪廣度一切眾生，又以法藥惠施一切凡夫眾生，治其心病。作大法師，訓誨眾生遠離煩惱，作大導師，誘引眾生永超苦趣，如是則破壞四魔，法身具足，而能揚化分身，化化不絕，悉使眾生入於佛界。

此地菩薩，即是入於諸佛之數，雖還有九地十地之數，也只是隨方應化，滋養慧命，充足法身而已。百千陀羅尼門、百千三昧正定門、百千金剛不壞門、百千神通變化門、百千方便解脫門，如是百千虛空平等門中，此地菩薩皆得大自在。故菩薩於一念、一時皆能行此種種法門，由於了知時間並非實有，故劫說非劫、非劫說劫；因為知曉道與非道本來不一不異，故道說非道、非道說道；因為知道凡與聖本來平等，故非六道眾生說六道眾生、六道眾生說非六道眾生；因為佛魔本非異體，故非佛說佛、佛說非佛。如此菩薩則出入自在，或隱或現，皆不離諸佛體性三昧正定，且具足十種慧照，即：

反照觀身心，順照觀流轉門，逆照觀還滅門，前照觀過去，後照觀未來，因照觀諸因，果照觀諸法果，空照觀真諦，有照觀俗諦，第一中道義諦照觀於中道，此等觀照智慧唯八地菩薩所證，八地以前菩薩皆不能及。此十種慧照，非攀緣心思慮所得，非言語思想所能表達，無時不照，非由入定而照，不生，亦不滅。

此地菩薩所證一切法門，其數無量無量，不可盡說不可盡說。今所簡略開顯者，只是此地功德中百千萬億等分之一，猶如大海中一滴毛頭許事而已。大部內〈羅漢聖行聖道品〉中已詳明斯義。

【注釋】

❶佛吼體性地：此地菩薩說法無畏，猶如獅子吼，邪妄遠離，大眾無怖，故名「佛吼體性地」。又

此地菩薩，證無漏無分別智，一切有相功用及諸煩惱不能動之，真如之理常靜而無能動搖，故又名「不動地」。

❷法王位三昧：指菩薩證入無上自覺聖智，得法王大樂三昧正受，於諸法中自在出入，心常在定，故名「法王位三昧」。法王，其義有二，一為佛之尊稱，因其能自在演化教法，度化眾生，是為法門之王，故稱「法王」。《無量壽經》卷下中說：「佛為法王，尊超眾聖，普為一切天人之師。」二為菩薩之尊稱，《大寶積經》卷九密跡力士會中說菩薩因具足四事，故有「法王」之稱譽。另外，冥界閻魔王能依法判定冥界眾生之罪，故也稱為「法王」。西藏所傳佛教首領，也以「法王」為其封號。

❸大明空門：即「大明空慧智門」。空門，亦名「空解脫門」，與「無願解脫門」、「無相解脫門」合為佛教「三解脫門」。一切諸法皆因緣和合而成，其體性本空，觀諸法體性即空而趨入涅槃之門，是謂「空解脫門」。《大智度論》卷十八中列舉人空、法空、有為空、無為空等觀空相之四法門，天臺宗列舉有門、空門、亦有亦空門、非有非空門作為證悟佛法的四種法門。菩薩由證入空性而得空慧，慧光具大光明，其所持法門，稱為「大明空門」。

❹華光音入心三昧：此地菩薩說法，行華、智光、法音倍勝於前，咸入深心三昧正受之中。華，即「行華」，可成就人之功德。光，即「智光」，可破眾生的各種障礙。音，即「法音」，可使人轉迷而悟。入心，即以法音轉入眾生心中，使其成就正覺。

❺下地：即「下地菩薩」。菩薩有十地，與本地相比，階位低的為下地。此處指八地以前各地。

❻神通道智：《大正藏》本中為「神通信智」。

❼一念智：即「一念相應智慧」，亦名「一念相應慧」，指與現前一剎那之念相應之智慧。定慧相應之一念，理智相應之一念，是將成佛時所發出的智慧。《大智度論》卷九十二中說：「住如金剛三昧，用一念相應慧，得阿耨多羅三藐三菩提，是時名為佛，一切法中得自在。」

❽法藥：佛法能醫治眾生的眾多痛苦，故名「藥」。

❾四魔：指惱害眾生、奪眾生身命，或斷眾生慧命的四種魔類，即煩惱魔（貪瞋癡等煩惱能惱害身心）、陰魔（色受想行識五蘊能生一切苦）、死魔（死亡能斷人生命）、天魔（能壞人善事的天魔外道）。

❿是諸佛數：謂此地菩薩，即是入諸佛之數。雖還有九地十地之數，也只是隨方應化，滋養慧命，充足法身而已。

⓫陀羅尼門：亦名「總持」，謂菩薩智慧通達，於名、句、文等，如意自在，隨一字中而能顯示分別開演一切染淨之義，並能隨順一切眾生言音，開導正信，令其滅諸惡習而行一切善法，是為「菩薩陀羅尼門」。

⓬反照：即內觀身心。順照：即「觀流轉門」，指觀關於眾生惑業苦次第緣起生死流轉等事，四諦中的苦、集二諦為流轉門。逆照：即「觀還滅門」，指觀修涅槃解脫等事，四諦中滅、道二諦為

還滅門。

⑬不動：即上述觀照智慧非攀緣之心所能想到。不到：即不是言思所能表達。不出：即時時皆於其中。不入：即非入定照。不生、不滅：指此照離生滅相，定照與照者，同時寂滅。

【解讀】

此地菩薩，斷一種加行障，即所知障中俱生一分令無相觀不任運起，並斷二種愚執，一者無相作功用愚，二者於相不自在愚。菩薩證入八地，得入無功用道，得無分別智照，任運相續，報行純熟，故名不動地。入不動地，即是入諸佛之數，所欠唯在滋養功德、充足法身而已。

第九　體性華嚴地

若佛子，菩提薩埵，佛華嚴體性地❶。以佛威儀，如來三昧自在王❷，王定，出入無時❸。

於十方三千世界，百億日月，百億四天下，一時成佛、轉法輪，乃至滅度❹。一切佛事，以一心中，一時示現一切眾生。一切色身，八十種好❺，三十二相❻。自在樂，虛空同，無量大悲光明相好莊嚴。非天，非人，非六道，一切法外而常行六道。現無量身、無量口、無量意，說無量法門，而能轉魔界入佛界，佛界入魔界；復轉一切見入佛見❼，佛見入一切見；佛性入眾生性，眾生性入佛性❽。

其地光，光光照，慧慧照，明焰明焰，無畏無量❾，十力、十八不共法❿，解脫涅槃，無為一道清淨。

而以一切眾生作父母兄弟，為其說法，盡一切劫，得道果⓫。又現一切國土身，為一切眾生相視如父如母，天魔外道相視如父如母。

住是地中，從生死際起，至金剛際，以一念心中，現如是事，而能轉入無量眾生界。如是無量，略說如海一滴。

【譯文】

佛弟子，大乘菩薩，證入佛體性華嚴地（亦稱善慧地）。此地菩薩，具足諸佛威儀，入於如來百八三昧中三昧王定，以三昧王定力而隨心出入於諸三昧，自在無礙，或暫或久，無有定時。

菩薩得此如來三昧自在王定，則與佛無殊，能於十方三千大千世界、百億日月、百億四天下等諸國土中，一時示現下生出家、降魔成道、轉大法輪，乃至入於涅槃。一切種種佛事，皆以一念心中，一時示現一切眾生之前。所現一切色身相，皆具八十微妙種好、三十二大人相。其所示現自在大樂，廣大同法界，究竟如虛空，具足無量大悲、無量光明、無量相好、無量莊嚴。非天而示同於天，非人而示同於人，脫離六道而示現身形於六道，雖在一切法外，而不捨一切法，常行於六道之中。現無量神通身輪、無量辯才口輪、無量智慧意輪，說無量善巧權實法門，而能轉魔界入佛界，轉佛界入魔界；轉一切見入佛見，轉一切佛見入一切見；轉佛性入眾生性，轉眾生性入佛性。

其地本有光明，能鑒照之智光與所鑒照之智光，光光相照；能明照之空慧與所明照之空慧，慧慧相照；智光明焰與空慧明焰，焰焰相續。更具有四無畏、四無量心、十種智力、十八不共法，證解脫入涅槃，皆無為無相，一道清淨。

此地菩薩，得佛無畏及佛涅槃清淨，而復興慈悲示現卑劣行，以六道一切眾生，作父母報恩想，作弟兄扶持想，以種種方便為其說法，盡一切劫必使其俱得道果。又於一切國土中示現一切身形，令一切眾生各各相視如父如母，亦令一切天魔外道相視如父如母。

菩薩住此地中，從無明不覺生死輪際起，至究竟本覺金剛輪際止，其間所修、所行、所證等一切法，皆能以一念心中得以顯現，又復能轉入無量無邊眾生界中，令其解脫生死，得究竟道果。如是無量佛法不能盡說，此處僅是略說，只如以毛頭拈海水之一滴而已。

【注釋】

❶ 佛華嚴體性地：菩薩修萬行因華，所證境界莊嚴，與佛等無有差別，故名「佛華嚴體性地」。又

此地菩薩，發真如妙用，凡所有照，悉是真如，且善用諸佛平等大慧，宣說正法，故此地又名「善慧地」。華，即「行華」。嚴，即「佛果」。

❷如來三昧自在王：菩薩於如來百八三昧中皆能自在安住，故名如來「三昧自在王」。三昧自在王，即百八三昧中三昧王。如來，梵語「多陀阿伽陀」，佛的十種名號之一。如，即「本覺」，來，即「始覺」，本始不二，故名「如來」。又來無所從，去無所至，無來無去，故名「如來」。又，如諸佛而來，故名「如來」。《成實論》卷一中說：「如來者，乘如實道來成正覺，故曰如來。」自在，音譯「伊濕伐羅」，又作「無礙」、「縱任」，謂遠離煩惱之繫縛，身心自由通達，所作所為皆進退無礙。自在，諸經論中義有多種，此處指觀境自在和作用自在，前者指菩薩能以正智慧自在地觀照真如之境，且能通達一切諸法；後者指菩薩既能以正智慧照了真如之境，即能自在地由體起用，現身說法，化諸眾生。

❸出入無時：指菩薩以三昧王自在安住諸三昧中，出而動，則以三昧王定而隨心出入，自在無礙，或暫或久，無有定時。

❹滅度：又作「泥洹」、「涅槃」等，又譯為「滅」、「寂滅」、「不生」、「無為」、「解脫」等，新譯為「圓寂」。即滅生死之因果，渡生死之瀑流。滅度，常指命終證果，但也有不同解讀，其根本意思則是解脫。滅，即滅生死因果之義。

❺八十種好：指佛、菩薩所具有的與常人不同的八十種好相，又稱「八十隨形好」、「八十微妙種

好」等。「八十種好」的順序與名稱，異說紛紜，《大般若經》卷三百八十一中詳細說明了八十種好，如指爪狹長而薄潤光潔、手足之指圓而纖長柔軟、手足各等無差且諸指間皆充密，等等。八十種好微細隱密而難以得見，唯佛菩薩始能具足。

❻三十二相：指佛、菩薩的應化身所具足的三十二種殊勝容貌與微妙形相，又作「三十二大人相」、「三十二大丈夫相」、「三十二大士相」等。「三十二相」名稱之順序，經論各有異說，《大智度論》卷四中有詳說，如足下安平立相、足下二輪相、長指相、足跟廣平相，等等。此三十二相，不限於佛、菩薩有，轉輪聖王也會具有，總為大人之相。三十二相通常與八十種好合稱為「相好」。

❼轉一切見入佛見：眾生因種種錯誤知見而煩惱痛苦無盡，沉淪生死苦海，若證入佛知見，則了生脫死，故說「轉一切見入佛見」。一切見，指一切眾生的種種知見，如人見、我見、法見等迷妄之見。佛見，亦名「佛知見」，指徹底了達諸法實相的真知真見。

❽眾生性入佛性：佛教修行之本，在於轉識成智，轉染成淨，眾生雖然皆有佛性，然以煩惱覆障而無顯，故說轉眾生性入佛性。眾生性，即眾生的本性，指眾生被無明愚癡所染所障的心性。佛性，此處指佛陀的本性，其本來清淨無染。

❾無畏無量：無畏，指教化他人的心沒有懼怕，此處指佛的四無畏，即：一切智無所畏、漏盡無所畏、說障道無所畏、盡苦道無所畏。無量，此處指佛菩薩為普度無量眾生，令其離苦得樂，所應

具有的四種無量心，即：慈無量心、悲無量心、喜無量心、捨無量心。

⑩十力：又作「十神力」，謂如來證得實相之智而圓滿具足的了達一切、不能壞、無能勝的十種智力。

⑪道果：指由菩提之道而證涅槃之果。道，即「菩提」。果，即「涅槃」。

【解讀】

此地菩薩，斷一種不欲行障，即所知障中俱生法執一分利樂有情事中不欲勤行所起，並斷二種愚執，一者陀羅尼愚，二者辨才自在愚。菩薩於此地，得十種無礙智用現前，能轉清淨大法之輪，是以善用其慧，故名「善慧地」。

第十　體性入佛界地

若佛子，菩提薩埵，入佛界體性地❶。其大慧空空復空空復空，如虛空性平等智❷，有如來性❸，十功德品具足❹。

空同一相，體性無為，神虛體一，法同法性，故名如來。

應順四諦二諦❺，盡生死輪際，法養法身無二，是名應供❻。遍覆一切世界中，一切事，正智、聖解脫智，知一切法有無，一切眾生根故，是正遍知。

明明修行，佛果時足故，是明行足。

善逝三世佛法❼，法同先佛法，佛去時善善，來時善善，是名善善❽。

是人行是上德，入世間中教化眾生，使眾生解脫一切結縛，故名世間解脫。

是人一切法上，入佛威神，形儀如佛，大士行處❾，為世間解脫❿。

調順一切眾生，名為丈夫。

於天人中，教化一切眾生，咨受法言故，是天人師。

妙本無二，佛性玄覺，常常大滿，一切眾生禮拜故、尊敬故，是佛世尊。

一切世人，咨受奉教故，是佛地。是地中一切聖人之所入處，故名佛界地。

爾時，坐寶蓮華上，一切與授記歡喜，法身手摩其頂。同見、同學菩薩，異口同音，讚歎無二。又有百千億世界中，一切佛，一切菩薩，一時雲集，請轉不可說法輪，虛空藏化導法門。

是地有不可說奇妙法門品，奇妙三明、三昧門⓫，陀羅尼門，非下地凡夫心識所知，惟佛佛無量身、口、心意，可盡其源。

如〈光音天品〉中說十無畏⑫，與佛道同。

【譯文】

佛弟子，大乘菩薩，證入佛界體性地（亦稱法雲地）。此地菩薩依其廣大智慧，則前面第八地中空空復空空慧門，亦復為空，得如虛空性等遍法界般的平等性智，證如來體性（佛性），圓滿具足佛的十種功德號。

一、如來，真空之智與實相之理本來無二，法身體性本自無為，報身化身之神機虛靈周遍，法、報、化三身實為一體，一切諸法皆同法性，故名「如來」。

二、應供，應順四諦及真俗二諦之法，盡無始生死輪際至究竟金剛輪際，滋養法身，法養之智與法身之理無二，則恆受第一法供養樂，是名「應供」。

三、正遍知，此地菩薩能普覆一切世界之中，一切世間出世間等事盡能遍知，以其具足根本智、聖解脫智（差別智），亦能了知一切染淨諸法若有若無及一切聖凡種種根性差別，是名「正遍知」。

四、明行足，發明本來具足之無上智慧，實踐六度萬行，一切智慧功德，證得佛果時一時圓滿具足，是名「明行足」。

五、善逝，此地菩薩善入三世佛法，示現受生出世、出家修行、成道說法、化度眾生乃至入於涅槃。雖應化無方而其儀則軌式皆同先佛法身無二，或緣畢示入涅槃而去，或應緣示生成道而來，無不契理契機，皆善而又善，是名「善善」。

六、世間解脫，此地人能行諸佛上上之德，現身入於世間中，廣設教化利益眾生，使諸眾生解脫一切結習業繫等束縛，是名「世間解脫」。

七、無上士，此地菩薩能於一切法上，入佛威神，形儀如佛，是以大士所行之處，一切世中解脫之智慧功德無有能過之者，故名「無上士」。

八、調御丈夫，此地菩薩善能調順一切法界眾生之身口意，使其遠離十惡，令得道果，故名「調御丈夫」。

九、天人師，此地菩薩能於天上人間中廣設教化，一切眾生得以咨問聽受佛法，深解獲益，故名為「天人師」。

十、佛世尊，妙用與本體無一無二，佛性本體與玄覺妙用究竟滿足，能得一切眾生禮拜、尊敬，是名「佛世尊」。

此地菩薩十功德具足充滿，一切世出世賢聖人等咨受法旨，依教奉行，是名佛地。此地亦是一切聖人所證入處，故名「佛界地」。

爾時，此菩薩坐寶蓮華上，盧舍那佛及千華上的諸千釋迦千百億釋迦皆與此菩薩授記，說即當成佛、劫國莊嚴等事，並歡喜踴躍，用法身清淨光明網相光手摩其頂，勸轉法輪。是時同見同學諸菩薩，異口同音稱揚讚歎。又有百千萬億佛剎之中一切諸佛一切諸菩薩，俱皆一時雲集，祈請此菩薩轉不可說不可說廣大法輪，及虛空藏無窮無盡化導法門。

此法雲地更有不可說奇妙廣大法門，奇妙三明智慧法門，奇妙三昧正定法門，奇妙總持陀羅尼法門，非下地菩薩及發心凡夫心識所能知解，唯佛與佛以無量身、口、意三輪可盡識其源。

此處所說，如大部內〈光音天品〉中所說十無畏，正與此入佛界地之道相同。

【注釋】

❶佛界體性地：佛界，一指諸佛的境界，為「十界」之一；二指佛的國土。此處為前意。此地菩薩所證一切理智行願等諸功德，與十方諸佛所證境界等無差別，故名「入佛界地」。又，菩薩證入十地時，修行功滿，唯務教化利益眾生，大慈如雲，普能陰覆，故又名「法雲地」。

❷平等智：亦名「平等性智」，瑜伽行派所謂的「四智」之一，或密教所說的「五智」之一。瑜伽行派唯識說中有「轉識得智」的說法，謂在無漏聖位時，前五識、第六識、第七末那識、第八阿賴耶識分別轉為成所作智、妙觀察智、平等性智和大圓鏡智。密教則於上述四智再加上「法界體性智」，是為「五智」。平等性智，指一種了知一切事相及自他有情悉皆平等，並以大慈悲心等恆與相應的智慧。菩薩證得妙觀察智後，可更加明照得見第七末那識的俱生我執，故在知無我並實踐無我的聖位時，此執逐步消除，第七識轉變成不見我他彼此差別的平等性智。菩薩於見道位時僅能一分證得平等性智，唯在佛果位時方可全分證得。

❸如來性：即「佛性」或「覺性」，指佛的本性，或指眾生成佛的可能性。

❹十功德品：此處指菩薩證入第十地，即得十功德號圓滿具足。釋迦牟尼佛或諸佛通常有十大名號，即如來、應供、正遍知、明行足、善逝、世間解、無上士、調御丈夫、天人師、世尊，此十個名號，分別對應證入佛果時所具足的智慧功德。

❺四諦：又云「四聖諦」、「四真諦」，指苦、集、滅、道四種正確無誤之真理。四諦說是原始佛教最基礎的理論之一，乃釋迦牟尼佛最初所說法。一、苦諦，指關於三界眾生生死輪迴種種苦惱的真諦。三界眾生，生命中遭受無量眾苦，總有三苦、八苦。三苦，即苦苦、壞苦、行苦。八苦，即生、老、病、死、愛別離、怨憎會、求不得和五陰熾盛苦。眾生外有寒熱飢渴等逼惱之身苦，內有煩惱之心苦，所有諸苦皆歸於苦諦。二、集諦：集，招集之義。貪、瞋等煩惱及諸惡之業，能招集三界六趣之苦報，故名集諦。三、滅諦，即涅槃，指滅盡諸惑業而離生死之苦的寂滅解脫境界。四、道諦，即能通於涅槃達到寂滅解脫的方法和手段。原始佛教認為道諦是指八正道，後期佛教認為依一切佛法修行，都能達到寂滅解脫。四諦是佛教的基本教義，是大小乘各宗共修之法，但其於四諦的理解上卻有所差別。如天臺宗智顗大師，別立淺深不同的四種四諦，即生滅四諦、無生四諦、無量四諦、無作四諦，此四諦分別與其判教中藏、通、別、圓四教相配合。諦，即真實不虛之理。

❻應供：音譯「阿羅漢」、「阿羅訶」，為佛的十種稱號之一，又作「應真」、「應」，指斷盡一

切煩惱，智慧功德圓滿，應受一切人天以種種香、花、瓔珞、幢幡、伎樂等供養。

❼善逝：音譯作「修伽陀」、「蘇揭多」等，佛的十種稱號之一，又作「善去」、「善解」等，指如實去往涅槃彼岸，不再退沒於生死苦海之義。

❽善善：《大正藏》本為「是名善逝」。

❾大士行處：大士，其義有二。一為佛的尊稱之一，與「無上士」同義，謂如來之智慧功德於人中最勝，無有過之者，故稱「無上士」。二為菩薩之美稱，菩薩為自利利他、大願大行之人，故名「大士」。行處，即所行之處。

❿為世間解脫：《大正藏》本為「……為世間解脫，名無上士。」

⓫三明：又作「三達」、「三證法」，指菩薩修習達於無學位，愚暗盡除，得三事通達無礙的智慧。一為「宿世智證明」，又名「宿世明」，指了知我及眾生宿世種種生死相狀；二為「生智證明」，又名「天眼明」，指了知自己及眾生未來種種生死相狀；三為「漏盡智證明」，又名「漏盡明」，指了知如實證得四諦之理，解脫有漏之心，滅除一切煩惱等智慧。

⓬十無畏：即十種無畏，又作「十無所畏」，指大乘佛法十回向中法界無量回向位的菩薩所具有的十種無所畏。一、聞持無畏，謂菩薩於一切疑難悉能解答，斷疑解惑。二、辯才無畏，謂菩薩得無礙辯才，能答辯一切問難。三、二空無畏，謂菩薩通達人法二空，離諸邪見而得無畏。四、威儀無缺無畏，謂菩薩得佛之威儀，廣說微妙法而無畏。五、三業無過無畏，謂菩薩三業清淨，故

心得無畏。六、外護無畏，謂菩薩常得諸善神侍衛，於眾魔無所畏。七、正念無畏，謂菩薩住於正念，受持正法，無忘失之畏。八、方便無畏，謂菩薩依大悲心示現生死，但無少許貪著，常入諸三昧正定，故於煩惱無惑亂之畏。九、一切智心無畏，謂菩薩住一切智而無墮二乘之畏。十、具行無畏，謂菩薩依大願廣度眾生，無斷菩薩願行之畏。

【解讀】

此地菩薩，斷一種未得自在，即所知障中俱生法執一分法味自在所起，並斷二種愚執，一者現大神通愚，二者微細秘密愚。菩薩於此地，法身圓滿，性智清淨，空有兩忘，極證中道之理，故智慧雲彌滿法界，行大法雨，充足一切枯槁眾生，故名「法雲地」。

爾時，盧舍那佛為此大眾，略開百千恆河沙不可說法門中心地❶，如毛頭許❷。是過去一切佛已說，未來佛當說，現在佛今說。三世菩薩已學、當學、今學❸。我已百劫修行是心地，號吾為盧舍那。汝諸佛子，轉我所說，與一切眾生開心地道。

時，蓮華台藏世界，赫赫天光師子座上，盧舍那佛放光。光告千華上佛，持我心地法門品而去，復轉為千百億釋迦及一切眾生，次第說我上心地法門品。汝等受持讀誦，一心而行。

爾時，千華上佛，千百億釋迦，從蓮華藏世界赫赫師子座起，各各辭退，舉身放不可思議光，光光皆化無量佛。一時以無量青、黄、赤、白華，供養盧舍那佛。受持上所說心地法門品竟。

各各從此蓮華藏世界而沒，沒已，入體性虛空華光三昧❹，還本源世界閻浮提菩提樹下。從體性虛空華光三昧出，出已，方坐金剛千光王座，及妙光堂，說十世界法門海❺。復從座起，至帝釋宮❻，說十住❼。復從座起，至焰天中❽，說十行❾。復從座起，至第四天中❿，說十回向⓫。復從座起，至化樂天⓬，說十禪定⓭。復從座起，至他化天⓮，說十地。復至一禪中⓯，說十金剛⓰。復至二禪中，說十忍⓱。復至三禪中，說十願⓲。復至四禪中，摩醯首羅天王宮，說我本源蓮華藏世界，盧舍那佛所說心地法門品。其餘千百億釋迦，亦復如是，無二無別。

如〈賢劫品〉中說。

【譯文】

爾時，盧舍那佛為此世界大眾略說了三十心、十地等心地法門，於佛法中百千恆河沙數的、不可說不可說無量法門中心地品而言，僅如毛頭許而已。此心地法門品，為過去佛已經宣說，未來佛應當宣說，現在佛正在宣說。是過去菩薩已經修學，未來菩薩應當修學，現在菩薩正在修學。我也已經歷百劫之久修習此心地法門品，故號為盧舍那。諸位佛子，請將我所宣說之心地法門轉授一切癡迷眾生，令一切眾生開悟心地之道。

爾時，蓮華台藏世界赫赫天光師子座上，盧舍那佛放出無量智光，以此光普告千萬蓮華上諸佛：你們受持我所授的心地法門品而去，請復轉相授給千百億釋迦佛及一切眾生，次第宣說我上述之心地法門品。你們應當受持、讀誦，用心專一，精進力行。

此時，千萬蓮華上諸佛，千百億釋迦，皆從蓮華台藏世界赫赫天光師子座上起身告退，各各身發不可思議光，光中又皆化現無量諸佛，一時皆以青、黃、赤、白諸色蓮華供養盧舍那佛。至此，得法、謝法、受持心地法門品完畢。

隨後，千佛億佛無量諸佛，各各從此捨那本佛依報莊嚴蓮華藏世界隱沒，隱沒後，入於體性虛空華光三昧，還本源世界閻浮提菩提樹下。諸佛從體性虛空華光三昧中出定，出定後，方正坐金剛千光王座，於妙光堂前，說十世界法門海，即十信法門。然後從金剛千光王座起，至帝釋天的宮殿，宣說十住法門。又從座起，至欲界第三天之夜摩天，宣說十行法門。復從座起，至欲界第四天之兜率天，宣說十回向法門。又從座起，至欲界第五天之化樂天，宣說十禪定。再從座起，至欲界第六天之他化自在天，宣說十地法門。復至初禪天宣說十金剛。又至二禪天說十忍。又至三禪天說十願。再至四禪天中摩醯首羅天宮，說我之本源蓮華台藏世界盧舍那佛所說的〈心地法門品〉。其餘千百億釋迦佛，亦復如此，出定、十處說法，咸與千釋迦無二無別。

此處只是略言其義，大部〈賢劫品〉中廣說之。

【注釋】

❶百千恆河沙：恆河沙，恆河中的沙子，其數眾多，佛教經論中常以恆河沙喻數量巨大而不可計數。恆河，又作「恆迦河」、「恆伽河」、「殑伽河」，印度三大河流之一，發源於西藏岡底斯山脈，在喜馬拉雅山頂四二〇〇公尺高處。恆河也為南亞最長的一條河流，全長二千五百八十公里，流域面積九十點五萬平方公里，流經印度和孟加拉國，注入印度洋。恆河兩岸孕育了古印度的文明和宗教，故恆河被喻為印度文明的母親河。

❷毛頭許：即如一毛粘大海水之一滴。以一毛頭所粘之水與大海中水對比，喻數量極少或微不足道。

❸三世菩薩：與佛相類似，菩薩也有三世之分，即過去世菩薩、現在世菩薩、未來世菩薩。

❹體性虛空華光三昧：即「入本體法性三昧定」，指因徹證本來如虛空之體性，則行華智光任運自現，用不離體，照不離寂，理行無二，是謂「體性虛空華光三昧」。

❺十世界法門海：即「華藏莊嚴十世界海」。法門，即大乘佛法中十信法門，指菩薩修行的五十二階位中最初十位應修之十種心，略稱「十心」。即：信心、念心、精進心、定心、慧心、戒心、

回向心、護法心、捨心、願心。大乘佛法之十信、十住、十行、十回向等，諸經論說法略有差別，如《梵網經》中只言十發趣心，即捨心、戒心、忍心、進心、定心、慧心、願心、護心、喜心、頂心，其中許多內容歸於「十信」，但也有部分歸入「十住」。百千法門無一不從信源功德海中流出，大乘佛法修習者莫不從信門而入。

❻帝釋宮：即帝釋天的宮殿。帝釋天，音譯稱「釋提桓因」、「釋迦提婆」，又作「天帝釋」、「天主」等，本為印度教之神，歸入佛教後，稱為「帝釋天」。帝釋天原為摩伽陀國的婆羅門，由於修布施等福德，遂生忉利天，且成為忉利天主。忉利天居於須彌山頂，含有三十三天宮，帝釋天住在中央的善見城（又作「喜見城」）統領一切，周圍環繞著三十二天宮，分別由三十二位輔臣鎮守。忉利天是極度享受欲樂的地方，享受與娛樂為該處天眾的常務，然壽命將盡則五衰相現，且與居住在須彌山北大海底的阿修羅眾是世仇，戰爭不斷。帝釋天為佛教重要護法，喜歡向佛陀請示佛法。

❼十住：又稱「十地住」、「十法住」、「十解」，菩薩修行五十二階位中第十一至第二十階位，屬於住位，稱為「十住」。即：初發心住、治地住、修行住、生貴住、方便具足住、正心住、不退住、童真住、法王子住、灌頂住。

❽焰天：亦稱「夜摩天」，「欲界六天」（四天王眾天、忉利天、夜摩天、兜率天、化樂天、他化自在天）之第三天。夜摩天光明赫奕，無晝夜之分，此中眾生時時刻刻受不可思議之歡樂。與

三十三天（亦稱忉利天）常與阿修羅諍鬥不同，夜摩天遠離諍鬥，能夠持戒且教他持戒。

❾ 十行：菩薩修行五十二階位中第二十一至第三十位所修之十種利他行，又作「十行心」。即：歡喜行、饒益行、無瞋恨行、無盡行、離癡亂行、善現行、無著行、尊重行、善法行、真實行。

❿ 第四天：即「兜率天」，又作「都率天」、「兜率陀天」等，乃欲界六天之第四天。此天有內外兩院，兜率內院為即將成佛者（即補處菩薩）所居處，現今佛教中彌勒菩薩之淨土；外院屬欲界天，為天眾所居住，享受欲樂。兜率天人的壽命約四千歲，其一晝夜相當於人間的四百年，即其壽命約人間五億七千六百萬年。

⓫ 十回向：即菩薩修行五十二階位中從第三十一位到第四十位，因其有以大悲心救護一切眾生之意，故作「十回向心」，即：救護一切眾生離眾生相回向、不壞回向、等一切佛回向、至一切處回向、無盡功德藏回向、隨順平等善根回向、隨順等觀一切眾生回向、如相回向、無縛無著解脫回向、法界無量回向。

⓬ 化樂天：音譯作「尼摩羅天」，又作「化自在天」、「化自樂天」、「樂變化天」等，為欲界六天中第五天，以能自化五塵而自娛樂，故稱「化自樂天」。此天中人以人間八百歲為一日夜，壽長八千歲，身長八由旬，身具常光，男女互相熟視或相向而笑即成交媾，其子自男女膝上化生，初出生即大如人間十二歲孩童。

⓭ 十禪定：即「十禪定門」。《菩薩善戒經》之〈菩薩地禪品第十四〉中，說寂靜禪有十種，即：

一、世法寂靜淨禪；二、出世法寂靜淨禪；三、方便寂靜淨禪；四、根本寂靜淨禪；五、上寂靜淨禪；六、入寂靜淨禪；七、住寂靜淨禪；八、起寂靜淨禪；九、自在寂靜淨禪；十、煩惱智慧二障寂靜淨禪。又如《華嚴經》十定品中對十禪定作了詳細闡述。

⑭他化天：即「他化自在天」，又作「他化樂天」、「他化自轉天」、「化應聲天」，欲界六天之第六天。此天假他所化之樂事以成己樂，故稱「他化自在天」。此天為欲界之主，與色界之主摩醯首羅天，皆為嬈害正法之魔王，乃四魔中之天魔，有「第六天魔王」之稱。此天中人，初生時即大如人間十歲的孩童，色貌圓滿，衣服自備，壽量一萬六千歲，身高十六由旬，衣長三十二由旬，廣十六由旬，然體重僅半銖，食用自然食，男女互視即成淫，意欲求子時，應念即化生。

⑮一禪：即「一禪天」，又名「初禪天」，佛教四禪天之一。禪定，又名「靜慮」，有四個層次，即初禪、二禪、三禪、四禪，亦名離生喜樂地、定生喜樂地、離喜妙樂地、捨念清淨地。依修禪定並證得四層禪定中相應境界，可以感生對應色界中四層天界，即初禪天、一禪天、二禪天、三禪天、四禪天。各層天中眾生的相狀、福報等各有特徵。

⑯十金剛：亦名「十金剛心」，指菩薩的十種如金剛寶石般堅固的心願，即覺了法性、化度眾生、莊嚴世界、善根回向、奉侍大師、實證諸法、廣行忍辱、長時修行、自行滿足、令他願滿。

⑰十忍：指菩薩斷無明之惑而證得諸法本來寂然時，所得到的十種安住心，即：音聲忍、順忍、無生忍、如幻忍、如焰忍、如夢忍、如響忍、如影忍、如化忍、如空忍。

⑱十願：指修習大乘佛法的菩薩應該發起的十種廣大行願，依《華嚴經．普賢行願品》中所說，十願是指：一者敬禮諸佛，二者稱讚如來，三者廣修供養，四者懺悔業障，五者隨喜功德，六者請轉法輪，七者請佛住世，八者常隨佛學，九者恆順眾生，十者普皆回向。

【解讀】

本段為上卷結語，對菩薩心地法門作了總結，特別提出了傳統大乘佛法修行階第中的十信、十住、十行、十回向、十地等內容。名稱雖異，內容歸類不同，但其中大乘佛法主旨卻無有二。

卷下

梵網經菩薩戒序❶

諸佛子等，合掌至心聽，我今欲說諸佛大戒序。眾集默然聽，自知有罪當懺悔，懺悔即安樂❷，不懺悔罪益深。無罪者默然，默然故，當知眾清淨。

諸大德、優婆塞、優婆夷等諦聽❸，佛滅度後於像法中❹，應當尊敬波羅提木叉❺，波羅提木叉者即是此戒。持此戒時如暗遇明，如貧得寶，如病得差，如囚繫出獄，如遠行者得歸。

當知此則是眾等大師，若佛住世無異此也。怖心難生，善心難發。故經云：勿輕小罪以為無殃，水滴雖微漸盈大器。剎那造罪殃墮無間，一失人身萬劫不復。壯色不停猶如奔馬，人命無常過於山水，今日雖存明亦難保。眾等各各一心勤修精進，慎勿懈怠懶惰睡眠縱意。夜即攝心存念三寶，莫以空過徒設疲勞後代深悔。眾等各各一心謹依此戒，如法修行應當學。

【譯文】

諸位佛弟子，請合掌恭敬專心聽講，我現在要宣說諸佛大乘戒之序。在位聽眾當默然靜聽，自己思忖如有罪則當懺悔，懺悔後則得身心安樂，不懺悔則罪業愈發加重。無罪者則默然寂靜，由於默然寂靜，則知大家身心清淨。

諸位高僧大德、優婆塞、優婆夷等請仔細聽，釋迦牟尼佛滅度後的像法時代中，應當尊敬波羅提木叉，波羅提木叉就是此大乘菩薩戒。受持大乘菩薩戒，猶如身處黑暗而幸遇光明，如處境貧窮而得到珠寶，如身患疾病而得遇良醫，如身陷囚籠而得以釋放，如遠行在外而得以回家。

諸佛子當知，你們當以此大乘菩薩戒為師，如此則與諸佛住世無異。害怕心難生，善心難發。所以佛經中說：不要輕視小罪，以為小罪不會導致災禍；水滴雖然微小，若漸漸積累也能充滿大的容器。剎那間所造作的罪業，其災禍可能是墮落無間地獄。一旦失去人身，可能會萬劫不復。世界萬物運動不停猶如駿馬奔馳，人命無常超過高山之水瞬息變換，今日雖存而明日難保。你們得各各一心勤修佛法，精進用功，慎勿懈怠懶惰，更勿耽於睡眠，放縱心意。夜晚攝護心意，念想三寶，不要因為空耗時光、徒留身心疲勞而深深懊惱悔恨。大眾應各各一心謹依此戒，發心如法修行，視其為應當所學、本分家事。

【注釋】

❶梵網經菩薩戒序：此序選自《大正藏》本，金陵刻經處版本中沒有此序。

❷懺悔：佛教懺悔，指於佛、菩薩、師長、大眾等面前告白道歉，以期達到滅除罪業之目的。依佛教懺悔的性質和方式，有二種懺悔、三種懺悔、五種懺悔等多種分類。如三種懺悔，一為作法懺悔，即依戒律中種種儀式，如迎請佛菩薩、誦經咒、自白罪名、立誓不犯、明證教理等，如法如理而行懺悔。二為取相懺悔，即觀想佛菩薩的種種相好莊嚴以達到滅除罪業。三為無生懺悔，即觀實相之理，念罪體無生之懺悔。懺，即請求他人原諒自己的罪過。悔，為追悔、悔過之義，即追悔過去之罪過。

❸優婆塞、優婆夷：優婆塞，又名「清信士」、「近事男」等，指崇信佛教，歸依佛、法、僧三寶，受持五戒的在家男子。優婆夷，又名「清信女」、「近事女」等，指崇信佛教，歸依三寶，受持五戒的在家女子。佛教教團，共有四眾弟子，即比丘、比丘尼、優婆塞、優婆夷，其中出家男眾名為「比丘」，出家女眾名為「比丘尼」。

❹像法：指釋迦牟尼佛滅度一段時間後，所行與正法相似的佛法。佛陀入滅後，依佛法流傳的情況，分為正法、像法、末法三個時期。正法時期，教法住世，學人依教奉行且多能證果。像法時期，雖有教法存世，學人也基本能行持，然而卻很少能有證果者。末法時期，僅存教法而缺乏行持，佛教衰微，雖有剃除鬚髮、身著袈裟之人，然而卻毀破禁戒，所作所為多是為了名聞利養。

末法之後，即進入教、行、證均無的法滅時代。正法、像法、末法三個時期的時間長短，有多種說法，有說正法五百年、像法一千年、末法一萬年；有說正法、像法各一千年，之後為末法時期一萬年；也有說三者各有五千年。

❺ 波羅提木叉：即「戒律」，梵語的音譯，又作「波羅提毘木叉」、「般羅底木叉」等，意譯為「隨順解脫」、「處處解脫」、「別解脫」、「最勝」、「無等學」等，指佛教修行者防止身、口、意造作諸惡，遠離諸煩惱惑業而得生命解脫所受持的戒律。

【解讀】

《佛遺教經》中說：「汝等比丘，於我滅後，當尊重珍敬波羅提木叉，如暗遇明，貧人得寶，當知此則是汝等大師。」又說：「戒是正順解脫之本，故名波羅提木叉。依因此戒，得出諸禪定及滅苦智慧。」佛陀制戒，有著和合僧眾和證悟菩提的兩大本懷，戒律的守持直接關係到佛教解脫的能否實現，故《華嚴經》中說：「戒為無上菩提本。」佛教四眾守持戒律，是正法住世的重要標誌，與佛陀在世無異。至於守持戒律的精神，則「勿輕小罪以為無殃，水滴雖微漸盈大器」，正如中國古人所說「莫以善小而不為，莫以惡小而為之」。

菩薩心地品之下

爾時，釋迦牟尼佛，從初現蓮華藏世界，東方來入天宮中，說《魔受化經》已❶。下生南閻浮提迦夷羅國❷，母名摩耶❸，父字白淨❹，吾名悉達❺。七歲出家❻，三十成道❼，號吾為釋迦牟尼佛。於寂滅道場❽，坐金剛華光王座，乃至摩醯首羅天王宮，其中次第十住處所說。

時，佛觀諸大梵天王，網羅幢因，為說無量世界，猶如網孔。一一世界，各各不同，別異無量，佛教門亦復如是。吾今來此世界八千返❾，為此娑婆世界❿，坐金剛華光王座，乃至摩醯首羅天王宮，為是中一切大眾，略開心地法門竟。

復從天王宮，下至閻浮提菩提樹下，為此地上一切眾生，凡夫、癡暗之人，說我本盧舍那佛心地中，初發心中，常所誦一戒⓫，光明金剛寶戒⓬。是一切佛本源，一切菩薩本源，佛性種子。一切眾生皆有佛性，一切意、識、色、心⑬，是情是心⑭，皆入佛性戒中⑮。當當常有因故⑯，當當常住法身。

如是十波羅提木叉，出於世界，是法戒，是三世一切眾生頂戴受持。吾今當為此大眾，重說十無盡藏戒品。是一切眾生戒本源自性清淨⑰。

【譯文】

那個時候，釋迦牟尼佛從初現身的蓮華藏世界，由東方而來，進入摩醯首羅天王宮中，於此天伏魔，宣說《魔受化經》。說此經已，下生南閻浮提迦夷羅國，為此國國主淨飯王太子，母親叫摩耶，父親叫白淨，太子叫悉達。悉達後來出家，七年修道，三十多歲成道，號為釋迦牟尼佛。世尊既成道已，則於阿蘭若法菩提場中坐金剛華光王座，轉大法輪，廣度眾生。或於鹿野苑轉四諦輪，或於菩提場演大華嚴，乃至到達摩醯首羅天王宮，於其中間次第而有十住處所，皆廣演妙法。

佛陀於大梵天王宮說法時，見其宮殿中網羅重重，每一網幢都有無量孔，孔孔各有不同，故以此為喻，宣說無量世界種種差別，猶如網孔一般各各不同。一一世界各各不同，其中差別殊異無量無際，無量佛教法門，亦復如是。我以廣大慈悲之心，來此娑婆世界已經八千多次，於此世界坐金剛華光王座，乃至摩醯首羅天宮中，為此世界一切眾生，簡略開示此〈心地法門品〉。

然後，釋迦牟尼佛再次從大梵天王宮，下至閻浮提菩提樹下，為此大地上的一切眾生，凡夫、癡暗之人，宣說我本師盧舍那佛心地中，最初發心時，心中所常誦的第一最上微妙之戒，即光明金剛寶戒。此戒，是一切諸佛果海之本源，一切諸菩薩因地之本源，一切眾生本有佛性種子。一切眾生皆有佛性，一切意（第七識）、識（第六識）、色（五根六塵）、心（第八阿賴耶識），一切有感情、有心識的眾生，皆可證入此佛性戒體中。此時此地以常得佛性戒體之因，此時此地則證入常住法身之正果。

如是十解脫戒，出於世間出世間之中，是三世諸佛修行成佛的正法戒，是三世一切眾生所當頂戴受持。我今當為現前大眾，重重開演，從一戒而開十戒，從十戒而開四十八戒，乃至無窮無盡戒品。一切眾生戒體的本源，是眾生本自具足的清淨佛性。

【注釋】

❶《魔受化經》：此經內容不詳，按文中所講，當為釋迦牟尼佛未降生前，於摩醯首羅天王宮中降伏諸魔時所說。《大正藏》卷十九中有〈釋迦牟尼佛成道在菩提樹降魔讚〉一文，但所說也是佛陀於此世界成道之事。《魔受化經》所說是釋迦牟尼下生此世界前之事，當代有人將此經歸於佛教密部經典，其內容應當如同大日、金剛頂等經。

❷南閻浮提：南閻浮提為須彌山四大洲之南洲，故又稱「南閻浮洲」、「南贍部洲」。閻浮提，即盛產閻浮樹之國土。閻浮提原本指印度之地，後則泛指人間世界。閻浮，樹之名。提，洲之意。

迦夷羅國：又名「迦夷羅衛國」、「迦維羅閱國」等，意譯為「黃沙城」、「妙德城」，古代印度的一個小邦國，位於現今尼泊爾境內的泰來地區。此國為釋迦族的國家，釋迦牟尼佛的父親淨飯王所治之境，為釋迦牟尼佛降生之地。

❸摩耶：即摩耶夫人，釋迦牟尼佛之生母，迦夷羅衛國鄰國天臂城主的女兒，淨飯王之妃。依時俗，摩耶夫人臨產前返回娘家待產，途中於其父天臂城之別宮藍毘尼園中休息時生下釋尊，七天後逝世，佛陀由其姨母摩訶波闍波提（意譯為大愛道）撫育成人。據傳摩耶夫人死後生於忉利天，釋尊曾升至忉利天為其母說法。

❹白淨：亦稱為「白淨王」、「真淨王」、「淨飯王」，音譯為「首圖馱那」、「輸頭檀那」，迦夷羅國國王，佛陀之生父，其子難陀、孫羅睺羅皆為佛陀之弟子。淨飯王晚年孤寂，亦虔誠皈依佛陀，七十六歲（一說九十七歲）逝世。

❺悉達：即「悉達多」，又譯作「薩婆悉達多」、「悉多」等，其意為一切義成、財吉、驗事等，是佛陀為太子時的名字。據傳釋尊出生時，善占相的阿私陀仙人知曉此王子宿世種種善根功德，能成就一切善事，預言王子若在家必為轉輪聖王，若出家則成就無上正覺，故起名悉達多，蘊含上述意義。

❻七歲出家：即出家修道七年。對於佛陀出家的年齡，有說是十九歲，有說是二十九歲。在早期佛教經典中，佛陀自說是二十九歲出家，三十五歲成道，故求道時間為七年。

❼三十成道：即三十歲時悟道。一般說佛陀二十九歲出家，經過七年廣修當時流行道法，修成四禪八定，歷種種苦行，以致形體枯瘦、身心疲憊，也未能悟道。後放棄苦行，接受牧羊女的乳糜供養恢復體力，跏趺坐於畢鉢羅（菩提樹）下，靜思宇宙人生真諦，經過四十九天，於三十五歲那年的十二月初八破曉，夜睹天上明星而豁然開朗，了悟無上大道。此處講三十成道，當是虛指，指三十幾歲成道。

❽寂滅道場：又作「阿蘭若法菩提場」，為釋尊開悟成道之處，即位於中印度摩揭陀國伽耶城南菩提樹下之金剛座。寂滅，「涅槃」之意譯，指了脫生死進入寂靜無為的境地。佛陀說法，無非為了引導一眾生遠離迷惑而入寂滅境界，故其說法場所也稱為「寂滅道場」。

❾八千返：釋迦牟尼佛實際上早已成佛，因為宿世因緣，也是因為其無量大慈悲心，故不斷往來於娑婆世界，示現出生、出家、成道、轉法輪等，廣度無量眾生，皆令離苦得樂，得入究竟涅槃。八千返也只是虛指，實際上是無量無數次。

❿娑婆世界：為三惡五趣雜會之地，其中眾生堪能忍受十惡三毒及諸煩惱而不肯出離，故又名「堪忍世界」，或稱「忍土」。娑婆世界，原指吾人所住之閻浮提，即須彌山南方之南瞻部洲，後指釋迦佛所教化之三千大千世界的總名，釋尊為娑婆世界眾生的本師。娑婆，又作「沙訶」、「娑訶樓陀」，堪忍之義，又譯作「忍土」。

⓫一戒，即第一最上微妙之戒。

⑫光明金剛寶戒：即上述一戒，此戒如金剛寶石一樣堅固不壞，且銳利無比，能斷一切煩惱，能破一切愚癡，能顯一切智慧光明，故名「光明金剛寶戒」，也就是下面要講的大乘菩薩戒。

⑬意、識、色、心：意，即第七末那識，此識能恆審思量，故名為意。識，即第六識，此識善能分別，起惑造業，故名為識。色，即五根六塵。心，即第八阿賴耶識，此識能統收前七種識，故說集起名心。

⑭是情是心：指一切有感情、有意識的眾生，也特指人類。無論是有情而根鈍者，還是有心而根利者，只要能夠受戒，則皆可入戒。

⑮佛性戒：即佛性戒體。戒體，本指因受持佛教戒律而產生的防非止惡的精神能力，後泛指一切佛法修持所產生的防非止惡的精神能力。因產生戒體的方式不同，戒體有不同名稱。由受持戒律而產生，稱為無作戒體；由修禪定而產生，稱為定共戒體；由修智慧而產生，稱為道共戒體。由體悟佛性而產生，是謂佛性戒體。

⑯當當：即此時此地的意思。

⑰自性清淨：佛教認為，眾生自己的本性，也即佛性，本來清淨，無有染污，無有煩惱，是名自性清淨。後天煩惱，則皆因妄想執著而有污染，雖有污染，然其本性卻無有染著。

【解讀】

因為會犯戒，所以要守持戒律；因為受戒守戒而有戒體，因有戒體，所以能夠守持戒律。所以，戒體與守戒是即體即用的關係。守戒是為了不犯戒，禪定智慧有所成就，持戒能力自然提高。大乘佛教特別注重開啟無上智慧，照現本具佛性。佛性顯現，自心清淨，則自然不會犯戒，也無戒律存在的必要了。所以說，佛性戒，是為無相戒，是最上乘戒。

我今盧舍那，方坐蓮華台，周匝千華上，復現千釋迦。
一華百億國，一國一釋迦，各坐菩提樹，一時成佛道。
如是千百億，盧舍那本身。千百億釋迦，各接微塵眾，
俱來至我所，聽我誦佛戒，甘露門即開❶。是時千百億，
還至本道場。各坐菩提樹，誦我本師戒，十重四十八❷。
戒如明日月，亦如瓔珞珠❸。微塵菩薩眾，由是成正覺❹。
是盧舍那誦，我亦如是誦。汝新學菩薩❺，頂戴受持戒。
受持是戒已，轉授諸眾生。諦聽我正誦，佛法中戒藏，
波羅提木叉。大眾心諦信，汝是當成佛，我是已成佛。
常作如是信，戒品已具足。一切有心者，皆應攝佛戒。

眾生受佛戒，即入諸佛位。位同大覺已❻，真是諸佛子。
大眾皆恭敬，至心聽我誦。

【譯文】

現在我盧舍那佛，方正坐在蓮華臺上，周圍有千華環繞，每一華上有一釋迦佛，共現千釋迦佛。每一葉花上有百億佛國淨土，每一個國土上有一位釋迦佛。各各坐於菩提樹下，同時成就無上佛道。

如此千百億釋迦佛，皆以盧舍那佛為本源。這些千百億釋迦，各各接引無量微塵數的眾生，俱來到這蓮華藏世界，聽我盧舍那佛誦金剛佛性寶戒。佛性寶戒猶如甘露，滋潤心田，斷惑證真，共趨涅槃城。

這時，千百億釋迦佛，又各返回本自道場。重新端坐在菩提樹下，持誦我盧舍那佛本師所說之戒，所謂十重四十八輕戒。此等諸戒戒體猶如光明日月，亦如瓔珞珠之潔淨無瑕。無量微塵數的大乘菩薩，皆由受持此佛性戒而得證無上正等正覺。

此佛性戒是盧舍那佛所誦，我等也應當這樣誦。你們這些新發心修學大乘佛法的菩薩們，應當尊重受持此戒。

你們自己受持此佛性戒後，還必須將此戒轉授一切眾生。

請大家仔細恭聽，我將演說佛法中的戒律寶藏，即波羅提木叉。你們若能諦信此戒為成佛正因，且能依法受持，未來決定成佛無疑，且我也因受持如是心地戒品而得成佛。

如果能夠恆常地這樣信受奉持，則戒體成就，一切戒相具足。所以說，一切發心修習大乘佛法者，皆當攝受佛性戒。

一切眾生既能受持佛性戒，即已經具備佛知佛見，步入求證佛果之階位。也即真正步上求證無上正等正覺之階位，這才是真正的佛弟子。

大家請恭敬地聽講，我下面將要宣講此金剛佛性寶戒。

【注釋】

❶甘露門即開：甘露門，即如來之教法。甘露，為「涅槃」之譬喻，持戒者，能得涅槃常樂我淨，為通向大涅槃城之門戶，故說「甘露門即開」。《長阿含經》卷一中說：「吾愍汝等，今當開演甘露法門。」

❷十重四十八：即大乘菩薩十重四十八輕戒。

❸瓔珞珠：多指大乘菩薩身上的飾物，由金絲線將珠玉與貴重金屬珠串連而成。此處指持戒莊嚴者，戒體清淨，無有瑕疵，如瓔珞珠般光潔。

❹正覺：又名「正解」、「等覺」、「等正覺」、「正等正覺」等，為「無上正等正覺三藐三菩

提」的略稱，指盡斷無明惑，證悟一切諸法實相的真正覺悟。

❺新學菩薩：指新發心修習大乘教法者，相當於大乘佛法五十二階位中的十信位，仍然處於凡夫位。

❻大覺：指佛的覺悟。釋尊覺悟宇宙人生實相後，不僅自身得以解脫，更發大慈悲心，轉大法輪，欲令一切眾生皆得離苦得樂，而且覺行圓滿，故名大覺。凡夫無覺悟，聲聞有覺悟而不大，大乘菩薩自覺覺他，但覺事未滿，唯佛覺行圓滿，故獨稱為「大覺」。

爾時，釋迦牟尼佛，初坐菩提樹下，成無上覺❶。初結菩薩波羅提木叉，孝順父母、師、僧、三寶❷。孝順，至道之法。孝名為戒❸，亦名制止。

佛即口放無量光明。是時，百萬億大眾、諸菩薩、十八梵天、六欲天子、十六大國王❹，合掌至心，聽佛誦一切諸佛大乘戒。

佛告諸菩薩言，我今半月半月自誦諸佛法戒❺，汝等一切發心菩薩亦誦，乃至十發趣、十長養、十金剛、十地，諸菩薩亦誦。是故戒光從口出。有緣、非無因，故光。光非青黃赤白黑，非色非心，非有非無，非因果法。是諸佛之本源，行菩薩道之根本，是大眾諸佛子之根本。是故大眾諸佛子，應受持，應讀誦，應善學。

諸佛子諦聽，若受佛戒者，國王、王子、百官、宰相、比丘、比丘尼、十八梵天、六欲天子、庶民、黃門、淫男、淫女、奴婢、八部鬼神、金剛神、畜生❻，乃至變化人❼，但解法師語，盡受得戒，皆名第一清淨者❽。

佛告諸佛子言，有十重波羅提木叉，若受菩薩戒，不誦此戒者，非菩薩，非佛種子。我亦如是誦，一切菩薩已學，一切菩薩當學，一切菩薩今學。

我已略說菩薩波羅提木叉相貌，應當學，敬心奉持。

【譯文】

那個時候，釋迦牟尼佛，當初坐在菩提樹下，夜睹明星而悟道，成就無上正等正覺。初轉法輪時便結集開演大乘菩薩戒，著重宣講孝順之道，即孝順父母、孝順師長、孝順同學、孝順三寶。孝順，乃成就無上佛果至道的要法。孝順所在，是名戒行具足，亦可名制止諸惡。

佛說至此，口中即放無量光明。這時，百萬億大眾、諸菩薩、十八梵天、六欲界天天子、十六大國王等，皆合掌誠心，恭聽佛陀宣說成就一切諸佛的大乘菩薩戒。

釋迦佛告訴諸菩薩，我雖已成佛，但仍於每月上半月和下半月各誦一次成就諸佛的大乘菩薩戒以自省，你等一切初發心菩薩更應該時常持誦此戒，乃至十發趣、十長養、十金剛、十地等，你等諸菩薩也應當時常持誦。只有這樣，才能口出無量戒光。諸佛口出無量戒光，是有緣由的，不是沒有原因的，皆由諸佛自誦大乘菩薩戒，諸菩薩亦誦此戒，所以心地戒光咸從諸佛口中流出。此心地戒光，非屬青、黃、赤、白、黑等色塵之光，非色法非心法，非有非無，非因果法。此光是諸佛所證無上菩提無餘涅槃之本源法，是踐行大乘菩薩道的根本法，亦是諸現前大眾新發心諸佛子的根本法。因此，諸佛弟子應當領受持守，應當閱讀諷誦，應當善加學習。

諸位佛弟子請仔細聽，若能受持大乘菩薩戒者，不論是國王、王子、百官、宰相、比丘、比丘尼、十八梵天、六欲天子、庶民，還是黃門、淫男、淫女、奴婢、八部鬼神、金剛神、畜生，乃至變化人等，但能解得法師說戒法語者，盡能得受大乘菩薩戒體，皆名得第一清淨。

釋迦佛告訴諸佛弟子，有十重戒，如果受持大乘菩薩戒的人，不受持讀誦此十重戒，現在失卻菩薩之位，將來失卻成佛之種。我現在也在讀誦此十重戒，且過去一切菩薩已誦，未來菩薩當誦，現在菩薩正在誦，你們這些新學佛子亦應當時常讀誦受持。

我已經略說大乘菩薩戒種種戒相，你們應當時時勤學，以恭敬心至誠奉持。

【注釋】

❶ 無上覺：即「無上正等正覺」的略稱。指佛所證悟的智慧，為最上而無有超過者。覺，音譯「菩提」，指證得佛智妙理，證入涅槃境界。

❷ 孝順：指愛敬天下之人、順天下人之心的美好德行。孝，指盡心奉養父母。順，指順從父母的意

志。

❸孝名為戒：孝順所在，即戒體具足，戒行圓滿。佛教孝順，是為大孝順，孝順父母、孝順師長、孝順同學、孝順三寶，故能通於戒。例如，觀一切眾生皆曾是我父母，故不殺、不盜。孝順本屬於中國傳統文化精神，與印度文化中的戒律思想差異較大，以孝為戒，反映了《梵網經》中濃厚的中國文化價值色彩。

❹十八梵天：指色界的十八天，即初禪天中的梵眾天、梵輔天、大梵天三天；二禪天中的少光天、無量光天、光音天三天；三禪天中的少淨天、無量淨天、遍淨天三天；四禪天中的無雲天、福生天、廣果天、無想天、無煩天、無熱天、善見天、善現天、色究竟天共九天。總共十八天，名「十八梵天」。六欲天子：即欲界六天之主。六欲天，即欲界四天王天、忉利天、夜摩天、兜率天、化樂天、他化自在天。十六大國王：即古印度當時的十六大國之國王。

❺半月半月自誦諸佛法戒：佛陀已經成佛，尚於每月的白半月、黑半月各自誦一次諸佛法戒，況初發心菩薩，更須經常持誦諸佛法戒。此處誦戒，即誦十重四十八輕戒。半月半月，即白半月和黑半月。每月初一日至十五日為「白半月」，十六日至三十日為「黑半月」，若逢月小，則至二十九日。

❻黃門：指男根損壞的閹人。八部鬼神：又稱「天龍八部」，包括：一天眾、二龍眾、三夜叉、四乾達婆、五阿修羅、六迦樓羅、七緊那羅、八摩呼羅迦。大乘佛教經典中敘述佛陀講法時，常有

天龍八部參與聽法，或護持佛法。八部中以天人和龍為首，故稱天龍八部。一、天眾，指生活在欲界、色界、無色界等各層天中的天人。天人生活優異，壽命長久，但在臨終前卻會有天人五衰現象，即：衣裳垢膩、頭上花萎、身體臭穢、腋下汗出、不樂本座。天眾包括天王，如帝釋天王、大梵天王等，民間常稱天王為神。二、龍眾，即龍，跟我國傳說中的龍王或龍類似，不過沒有腳，主要生活在水中，其職責是施雲布雨，即從天海中取水而灑下人間。古印度人認為水中生物以龍的力氣最大，因此非常尊敬龍，也尊稱德行崇高的人為「龍象」。三、夜叉，指在地上、在虛空、在天界等各處的諸多鬼神，其首領有夜叉八大將、十六大夜叉將等。夜叉本義是指能吃鬼的神，又有敏捷、勇健、輕靈、秘密等義。佛經中的很多夜叉受佛陀教化轉為護法善神，察看人間善惡，護持善人。四、乾達婆，又稱「香神」，是一種不吃酒肉、只尋香氣作為滋養的神，是服侍帝釋天的專管奏樂演唱的樂神之一，能凌空作樂，身上散發著濃烈的香氣。五、阿修羅，意譯為「非天」，居住在須彌山以北的大海下，縱橫八萬由旬，有多處阿修羅王宮。也有說阿修羅中極弱者住在人間山地中，即今西方山中有大深窟，多為阿修羅宮。阿修羅眾，男的極醜陋，而女的極美麗。阿修羅與帝釋天為世仇，常年惡戰不斷，一般是阿修羅一方失敗。阿修羅王性子暴躁，執拗而善妒，疑心又重，在聽佛說法時，總疑心佛偏袒帝釋，故意少說了一樣。釋迦牟尼說法，說「四念處」，阿修羅王也說法，說「五念處」。六、迦樓羅，居住在四大洲大樹上的金翅鳥神，此鳥鳴聲悲苦，以龍為食，據說日食一條龍及五百條小龍。命終時毒發自焚，肉身燒去後只餘一純青琉璃色心。七、緊那羅，即「歌神」，其形狀和人一樣，但頭上生一隻角，所以稱為「人非人」，善於歌舞，是帝釋的樂神之一。八、摩呼羅迦，是大蟒神，人身而蛇頭。金剛神：又名「金剛手」、「金剛力士」等，指執金剛杵護持佛法之神祇，韋馱菩薩為其首領。或謂帝釋天之大力士，常隨帝釋天護持佛法。現今佛教寺院韋馱殿中常供奉四大金剛及韋馱菩薩。

❼ 變化人：即變化之人，指經由神通力而變化顯現之人。例如，佛、菩薩為度化各類眾生，常隨機變化為各種人形。

❽ 第一清淨者：遠離種種惡行之過失，遠離諸煩惱之垢染，是名「清淨」。一般常說身、語、意三種清淨。第一清淨，指能解如來實義，持戒清淨，戒體光潔，戒行圓滿，身心完全清淨。

十重戒

重戒，亦稱「波羅夷戒」，若有違犯，會造極重罪業，感招三惡道苦報，現身喪失發菩提心及修行成佛之因，並會被逐出僧團，喪失佛教徒的資格。《梵網經》中稱重戒有十種，即：第一、殺戒，第二、盜戒，第三、淫戒，第四、妄語戒，第五、酤酒戒，第六、說四眾過戒，第七、自讚毀他戒，第八、慳惜加毀戒，第九、瞋心不受悔戒，第十、謗三寶戒。

大乘菩薩重戒，各菩薩戒類經典中說法不一，《菩薩瓔珞本業經》中說有十不可悔戒：殺戒、盜戒、淫戒、妄語戒、說四眾過戒、酤酒戒、自讚毀他戒、慳戒、瞋戒、謗三寶戒。《善戒經》中說有八重戒：殺戒、盜戒、淫戒、妄語戒、自讚毀他戒、貪慳不施戒、瞋恨不息戒、謗菩薩藏戒。《優婆塞經》中說有六重戒：殺戒、盜戒、大妄語戒、邪淫戒、說四眾過戒、酤酒戒。

第一　殺戒

佛言：佛子，若自殺❶，教人殺，方便殺❷，讚歎殺❸，見作隨喜❹，乃至咒殺❺，殺因、殺緣、殺法、殺業❻，乃至一切有命者，不得故殺。

是菩薩，應起常住慈悲心、孝順心❼，方便救護一切眾生。而反恣心快意殺生者，是菩薩波羅夷罪❽。

【譯文】

釋迦佛說：作為佛弟子，親自動手殺害有情生命（包括自殺），教唆鼓勵他人殺害生命，為他人殺害生命提供種種方便，讚歎他人殺害生命，見他人殺害生命而心生歡喜，乃至於以邪惡咒術殺害有情生命，此等種種殺生行為皆不可以做。由無始無明而起的殺生之念、引發殺心促成殺生的種種外緣、殺生的各種器具方法、殺生的種種行為，一一皆當遠離禁止。乃至於對一切有生命的眾生，皆不可以故意殺害。

因此，大乘菩薩，應該發起並時常住於慈悲心和孝順心之中，盡一切方便保護、救濟一切眾生。如果反而放縱身心，快意於殺害眾生生命者，則犯波羅夷罪，永棄佛門之外，永墮三惡道中。

【注釋】

❶自殺：指自己動手殺害有情眾生之生命，包括自毀己命。佛教雖然視人生為苦、空、無常，但也認為人身難得，暇滿人生更是稀有，所以反對任何戕害他命及己命的做法，主張利用此身勤修佛法，一期生命即得證入佛果。此屬身心造殺業。

❷方便殺：即以自己的謀劃主張、物力財力等為行殺業者提供方便，使其能夠完成殺害生命的行為。此屬意地造殺業。

❸讚歎殺：即以言語等鼓勵他人殺害生命，此屬心口造殺業。

❹見作隨喜：指自己不去殺害生命，然而見到其他人殺害生命的行為，內心生起歡喜。佛教主張慈悲對待一切眾生，即使是因犯重罪而受國法的人，也應該生起憐憫之情，不應該有痛恨該殺之念。見作隨喜屬意造殺業。

❺咒殺：指以咒術殺人。宗教中，特別是原始宗教、民間宗教中，有許多巫術、咒語等，透過某些特定的儀式、方法，念動咒語，可以遠距離害人性命。此屬心口造殺業。

❻殺因、殺緣、殺法、殺業：殺因，謂眾生無始以來貪、瞋、癡等無明種子中，有殺等習氣，會一念現行而生起殺的動機。殺緣，謂能引起殺心甚至引起殺生行為的種種外緣，如宿世怨家聚會、打殺場所、鬥殺視頻畫面等。殺法，指刀、杖、網、毒藥、惡咒等殺害眾生的方法。殺業，即殺生的行為及其產生的後續業力，由此業力而得惡報。小乘佛教注重殺生的後果，被殺者性命未

斷，則未成殺業，性命一斷，殺業已成。大乘佛教除強調不可犯殺生的行為外，更強調起心動念，殺念一動，即造殺業。當然，殺念的強弱、殺生行為是否開始、殺生行為的後果等，都會產生強弱不同的業力，其果報也不相同。

❼孝順心：大乘佛法修習者，觀一切眾生都是未來之佛，一切男子都曾是我父，一切女子都曾是我母，故應該有孝順心。應當救護一切眾生，使其得安樂，永離刀砧等苦。

❽波羅夷罪：指極惡極重之罪，又名「棄罪」，犯此罪者，永棄佛門之外，不得入於清淨眾中，共同說戒羯磨等事，一切僧事，不得參預。亦云「墮罪」，謂犯此戒者，即墮落於三惡道，永受眾苦。

【解讀】

小乘佛教戒律中的五戒，以淫戒為首戒。大乘佛教戒律中的五戒，以殺戒為第一，反映了大乘佛教特別強調悲天憫人的大乘菩薩情懷。大乘菩薩發願教化利益一切眾生，以慈為本。一切眾生皆貪生畏死，若殺害其命，便失慈悲心，且令眾生銜苦而怨怨相報，不得出離生死苦海，故修習大乘佛法者當以殺戒為先。況殺心不除，塵不可出，縱有許多智慧禪定現前，終必落神道。小乘佛教中的殺戒，其主要對象是人，殺人戒為大殺戒，殺畜生戒為小殺戒，雖同為犯殺戒，但犯小殺戒罪業相對輕一點。大乘佛教視一切眾生平等，一切眾生都有佛性，一切眾生都是未來佛，一切眾生都曾是我等父母，故將犯殺戒所得波羅夷罪涵蓋一切眾生。

第二　盜戒

若佛子，自盜❶，教人盜❷，方便盜❸，咒盜❹，盜因、盜緣、盜法、盜業❺，乃至鬼神有主物，劫賊物❻，一切財物，一針一草，不得故盜。而菩薩應生佛性孝順心、慈悲心，常助一切人生福生樂。而反更盜人財物者，是菩薩波羅夷罪。

【譯文】

作為佛弟子，自己親自偷盜他人財物，教唆、指使他人行盜，為他人偷盜提供方便或因方便而自取，用咒術或以咒術遣使鬼神盜取他人財物，此等偷盜行為皆不可做。由本有貪婪種子而起的一念盜心、引發盜心促成偷盜的種種外緣、偷盜的種種方法、偷盜的種種行為，都得遠離禁止。乃至供養鬼神的祭品，盜賊劫盜所得之物，一針一線，一草一木，都不得故意盜取。大乘菩薩應當由本有佛性中生起孝順心、慈悲心，時常幫助一切眾生，使其幸福、快樂。若不如此，而反盜竊他人財物者，則犯波羅夷罪。

【注釋】

❶自盜：自己親手竊取他人的財物。盜，對於一切有主之物，不經過物主同意而取得，名之為「盜」。

❷教人盜：教唆他人去偷盜或為我去劫取，乃至為我偷稅等，都屬教人盜。

❸方便盜：為他人偷盜行為提供方便，或借人物而不還，或代人保管財物而後來據為己有，都是「方便盜」。

❹咒盜：以自己所學咒術，起咒取物，或以咒術遣鬼神盜取等，雖自己未曾出面，亦名為「盜」，是謂「咒盜」。

❺盜因：謂由無始以來熏習所成的貪婪種子而起一念盜心，是為「盜因」。盜緣：指引起偷盜之心的種種外緣。如種種珍貴寶物，或自己特別喜愛的東西，現在自己面前，誘發自己去偷盜。盜法：謂助成盜取行為的種種方法。如巧設種種的計謀，嘗試種種的方法，盜人財物。盜業：指盜竊行為。盜竊行為既成，則生偷盜業力，於未來當感招惡果，如會為畜為奴，世世償還苦報。

❻劫賊物：劫盜所得之物，在劫賊看來仍然為己所有，也不應不告而取。也就是說，不論財物來源，只要不告而取，即名為「盜」。

【解讀】

偷盜行為必有所感之果，偷人財物，必於未來償還，或為奴為婢，或無償供人役使，或無償供人財物。偷盜之果，又會下世貧窮下賤，或墮鬼道、地獄受諸痛苦。偷盜財物之事不可為，偷盜財物之心不可有，甚至偷心學法都不可。學法當至誠恭敬，請師授法，不認師不敬師而旁聽得法，是謂「盜法」。盜法，則自損德行，損害功德。偷心不除，塵不可出，縱有許多智慧禪定現前，也必落邪道，終不會得無上智慧，也不得生命解脫。即使是機心學佛，也難以真正得見佛性。無上智慧，本自佛性，絕不是機心思慮而得。

第三　淫戒

若佛子，自淫，教人淫❶，乃至一切女人，不得故淫❷。淫因、淫緣、淫法、淫業❸，乃至畜生女，諸天鬼神女，及非道行淫❹。

而菩薩應生孝順心，救度一切眾生，淨法與人❺。而反更起一切人淫，不擇畜生，乃至母女姊妹六親行淫。無慈悲心者，是菩薩波羅夷罪。

【譯文】

對於佛弟子而言，不得自己行淫，不得唆使、教導他人行淫，乃至一切女子，都不得故意與之行淫。無始以來淫欲習氣而起一念淫心、引起或助長淫心的種種外緣、行淫的種種方法、各種淫欲行為，都得斷除遠離。不得與畜生女、諸天鬼神女等行淫，亦不得非道非時非地行淫。

菩薩應該生起孝順心，救度一切眾生，且將清淨之法傳與他人，令其斷淫離欲。若不如此，而反更與一切人行淫，不擇畜生，乃至母女姊妹六親行淫，已經失卻了慈悲心，犯下了菩薩波羅夷罪。

【注釋】

❶ 教人淫：即唆使他人或教導他人行淫欲之事，或以種種方便，如淫語、淫穢圖畫視頻等挑起他人的淫欲心。自淫其罪尚小，教人行淫其罪則大。

❷ 故淫：即在自主意識支配下主動行淫，或在自主意識清醒時意淫。若於夢中熟睡不知，若被迷失本心，或為怨家所逼不得不為，因皆不屬起心動念，所知所感唯苦無樂，則不犯。

❸ 淫因：指阿賴耶識中無始以來所熏習的貪淫習氣，而於當下生起一念淫心，名為「淫因」。一念淫心起，或由外緣激發，或無緣而起，心中突然產生淫念，並會相續不斷，若再遇外緣，其勢不可收。淫緣：指引起淫心、助長淫心，甚至引起淫欲行為的種種外緣。如男女聚會場所、色情場所、淫穢語言、淫穢圖畫視頻等。淫法：指行淫的種種方法，各種性交技巧等。淫業：指淫欲行

為。佛教於淫欲行為有嚴格規定，如有淫欲念頭、享受淫欲之樂、性器官接觸幾分等等。如果不是被暴力所逼，只要性器官接觸少許，無論是否起心動念，即成「淫業」。

❹ 非道行淫：廣義講，在家人除夫妻之外，凡與一切男女、鬼神、畜生而行淫，皆為非道行淫。狹義講，指非處非時行淫。雖是夫妻，亦須避於口道、大便道等「非處」行淫。若妻子已得孕，或遇佛菩薩紀念日、每月六齋日、父母生日、親屬薦亡之日及大雷雨等特殊天氣日等，亦皆不得行淫。於出家人而言，一切淫事、淫心皆當斷絕。

❺ 淨法：清淨梵行之法。

【解讀】

淫為萬惡之首，出家人，當斷一切淫欲行為及一切淫欲之心，在家學佛之人，亦不得非道非時非地行淫。就修行而言，淫根不斷，永不得出生死輪迴。淫心不除，縱有許多智慧禪定現前，亦猶如蒸沙成飯，雖熱度很高而終不能得成，亦終不能免落魔道。不斷淫根，了生脫死，證悟佛智，必不能得。然就現實而言，強壓淫心，特別是在家佛子，有夫妻而又強忍淫欲行為，或雖有淫事而多有悔心，反而傷害身心。或雖少淫欲行為，然意淫愈強。在家佛子，倒不如正常生活，克盡夫道妻道，優化夫妻生活，反而易至身心和順。除夫妻生活之外，斷除一切邪淫，盡量不起一切淫念。一念淫心起，當下即空，長期修煉，即能煉精化氣，滋養身心。若經常生起淫念，甚至意淫，即生濁精，不能化氣，又不能泄去，只會阻礙生命流動，障礙生機，或至死氣沉沉，或更加煩躁，或身心疾病。在家佛子，修行至一定階段，當如出家人一般，斷除淫欲，方能成就。當然，佛教中有許多斷除淫欲之法，如修白骨觀、不淨觀等。亦可直達空性，以空性見觀照起心動念，當下即空，漸次斷除淫心。

第四　妄語戒

若佛子，自妄語❶，教人妄語❷，方便妄語❸，妄語因、妄語緣、妄語法、妄語業❹，乃至不見言見，見言不見❺，身心妄語。

而菩薩常生正語、正見❻，亦生一切眾生正語、正見。而反更起一切眾生邪語、邪見、邪業者❼，是菩薩波羅夷罪。

【譯文】

佛弟子，自說妄語，指使或引導他人說妄語，以種種方便暗示他人相信不實之情的方便妄語，一切此等妄語皆不可以說。由無始誑貪習氣而生誑惑他人之心、引起或助長妄語的種種外緣、種種妄語方法、一切妄語行為等，皆當斷除遠離。乃至不曾見說見，見說未見，一切身心妄語，都得禁止。

菩薩恆說正語，持正見，亦令一切眾生說正語，持正見。若不如此，而反使一切眾生說邪語，持邪見，行邪業，是犯菩薩波羅夷罪。

【注釋】

❶自妄語：自己有意欺誑他人，或為貪圖名利，或為自我表現。妄語，即虛誑不實之語。妄語有小妄語與大妄語之分。小妄語，指說不實之辭，犯波羅提罪，須向眾僧懺悔。大妄語，謂未證聖果而稱得證，未得聖法而稱已得，此為波羅夷罪，要被逐出僧團，其惡業果報是墮入無間地獄。

❷教人妄語：指使或引導他人說不真實之語，或揚己功德，或說我是聖人等。

❸方便妄語：指以種種善巧方便，引導暗示他人相信自己已經證得佛道，說自己得到人天供養等，其內在動機無非名聞利養。

❹妄語因：指阿賴耶識中無始以來的誑貪種子，虛妄習氣，因此習氣而會生起誑惑他人之心。妄語緣：指引起或助長妄語心的種種外緣。如可欺之人現前，交往華而不實的朋友，不正當利益現前，皆可助成妄語。妄語法：指說妄語並盡量使人相信的種種方法。妄語業：說妄語且有人相信，妄語業即成。大乘佛教認為，即使是起心動念上不真實，也犯妄語戒，只不過相對於妄語行為較輕而已。

❺不見言見，見言不見：不見言見，即不曾見他人行善作惡，以順人意而言曾見，或不曾見佛而言

見佛。見言不見，即實見他人行善，以嫉妒心而言未見其善；或見他人作惡，以包庇心而言未見其惡。

❻正語：又作「正言」、「諦語」，八正道之一，指遠離欺誑語、離間語、粗俗語、華而不實語、詛咒語等一切虛妄不實的語言。正見：八正道之一，指如實了知世間、出世間的因果，明白一切諸法實相的見解。

❼邪語：即欺誑語、離間語、粗俗語、華而不實語、詛咒語等一切不正當的語言。邪見：即不明瞭世間、出世間因果，不識諸法實相的見解，如佛教中所說的身見、邊見、邪見、見取見、戒禁取見等五不正見。邪業：指由貪、瞋、癡而起的種種不正當的身業，如殺生、不與取、邪淫等。

【解讀】

妄語之果報，將來會有拔舌犁耕等苦。大妄語者，會墮無間地獄，受苦慘烈不盡。然妄語戒，看似簡易，實則極難守持。說妄語欺誑他人財物，說未證言證大妄語，欺誑他人供養，此等有形粗相戒尚易於持守。然於平時無意中自我表現而說妄語，為自己處境方便而說妄語，對他人無當下明顯損害，亦無明顯名利之心，甚至難以發現或不願發現自己言語中的不實之處，此等妄語確實難以盡除，非智慧者不能盡於微細。

第五　酤酒戒❶

若佛子，自酤酒，教人酤酒，酤酒因、酤酒緣、酤酒法、酤酒業❷，一切酒不得酤❸，是酒起罪因緣。而菩薩應生一切眾生明達之慧❹。而反更生一切眾生顛倒之心者❺，是菩薩波羅夷罪。

【譯文】

佛弟子，不可自己造酒賣酒，亦不可指使他人造酒賣酒，一切造酒賣酒之事都不可以做。由無始無明中的貪欲種子而生起的酤酒之心、引發酤酒的種種外緣、酤酒的種種工藝方法、酤酒的種種行為產業等，都得斷除遠離。一切酒都不可釀造，不得買賣，因為酒能生起一切罪業因緣。

菩薩應當開啟一切眾生光明通達的智慧，若不如此，反而釀酒、賣酒，使一切眾生生起種種顛倒之心，是則犯菩薩波羅夷罪。

【注釋】

❶酤酒戒：又作「沽酒戒」，指禁止釀酒賣人，或為利益而以酒販賣與人。酒能令人昏沉，生顛倒心，起造諸惡，故應戒之。因此，大乘佛教修行者，不得參預造酒、賣酒等事。

❷酤酒因：指由無始無明中的貪欲種子而起的一念酤酒以求取高度利潤之心。酤酒緣：指成就酤酒之心的種種外緣，如酤酒的高額利潤，米、麵、葡萄等釀酒物，及釀酒工人、買賣店鋪等。酤酒法：指種種釀酒的工藝方法。酤酒業：即酤酒的行為。有酤酒之心，有酤酒之助緣，又有酤酒之法，則完成酤酒的行為，進而感招酤酒的業力，於當下或未來致使癡呆無知等果報。

❸一切酒不得酤：米、麥等酒不可造，甘蔗、葡萄、楊梅、棗子等物所釀造的酒也不可以去做。一切酒俱不可造，因為一切酒皆可成為一切罪業的緣起。

❹明達：智慧光明通達，於諸事理無不通達。明，即宿世、天眼、漏盡三明。達，即通達過去、現在、未來三世之智。

❺顛倒：指違背常理、正理的知見或行為。如以無常為常，以苦為樂，進而產生種種煩惱。一般來說，顛倒有想顛倒、見顛倒、心顛倒三種。

【解讀】

酒能使人失卻心智，起造種種惡業，故佛教五戒中有酒戒。但酒戒是指不能喝酒，酤酒是指不能造酒賣酒。大乘菩薩開啟眾生智慧，為人授五戒時必說飲酒戒，自己當然不能再行酤酒之事。況酤酒之事，有未來癡聾無知之果報。當代藥酒，因為醫治身體之需，故於飲用上有所開許。大乘菩薩仍然應該嚴格要求自己，盡量不要接近一切酒業之事。

第六　說四眾過戒

若佛子，口自說出家、在家菩薩、比丘、比丘尼罪過，教人說罪過，罪過因、罪過緣、罪過法、罪過業❶。

而菩薩聞外道、惡人，及二乘惡人❷，說佛法中非法非律❸，常生慈心，教化是惡人輩，令生大乘善信。而菩薩反更自說佛法中罪過者❹，是菩薩波羅夷罪。

【譯文】

佛弟子，不可自己口說出家菩薩、在家菩薩、比丘、比丘尼的罪過，亦不可指使他人說彼罪過。由本有惡口習氣而生一念說人過失之心、引發說人過失的種種外緣、種種說人過失的方法、種種說人過失的行為，都得斷除遠離。

大乘菩薩聽見外道、惡人、小乘中的惡人，說大乘佛法非佛法，說大乘戒律非佛制，尚能時常生起慈悲心，教化此等外道、惡人、小乘人，使其捨邪歸正，生起大乘善信之心。如果不是這樣，菩薩反而自說佛法中種種罪過，是則犯菩薩波羅夷罪。

【注釋】

❶罪過因：即阿賴耶識中貪、瞋、癡三毒染心習氣而生起的一念心。正是內心的惡口習氣為因，見到外面種種是非之人或事，因緣聚合，則會說是非之事，並會生起瞋心，從而種下種種罪業。罪過緣：指促成惡口的種種外緣，如處於是是非非之事中，與是非多的人交往，經常面對不平之事，或不平，或正義，或傲慢，總是不免讓自己口說是非。罪過法：即種種說別人過失的方法，如直說，如暗示，如打罵等。罪過業：言語出口，無論有無人聽，無論聽者是否明白，即成罪業。

❷二乘惡人：此處指小乘人中的惡人。乘，即運載之意，指運載眾生度生死海。佛教將佛陀所說之教法分為大、小二乘。佛為聲聞、緣覺所說之法稱為「小乘」，佛為菩薩所說成佛之法稱為「大乘」。小乘注重自利自度，大乘強調自度度他。在佛教歷史發展過程中，大乘雖然是在小乘的基礎上發展而來，而許多小乘中的人認為大乘非佛說，甚至有人不斷攻擊大乘佛法，所以說二乘中的惡人。當代佛教，已經逐步淡化大小乘的區別，通常以南傳佛教、北傳佛教、藏傳佛教以示區分，相互之間基本上能相互尊重。即使有高低之見，也以權教、實教言之。

❸佛法中非法非律：指說大乘佛法非佛陀親自所說，不是真正佛法；大乘戒律非佛陀親自所制。

❹菩薩：此處指在家菩薩、出家菩薩。

【解讀】

說人過失，可以算是眾生根深柢固的習氣。緣於俱生以來的我慢之心，緣於內心深處強烈的瞋恨之心及不平之氣，緣於價值感缺失而導致的爭強好勝心，也會緣於曾受創傷的自然反應，一見對方不合己意，一見對方勝過自己，一遇對方衝擊自己，自發生起惡心惡口，說人過失，抬高自己，釋放自己心中怨氣。其結果是更種惡業，更招苦報。佛教中常說，「若說人不好，自己苦未了」。說人過失時，對方的是非對錯只是外緣，關鍵還是自己心中的怨苦要釋放。但是，以說人過失的方式釋放，種子起現行，現行又生種子，更進一步種下苦因。如此不斷說，不斷種，生命越來越受束縛，也越痛苦。真正佛法修持者，應該想到，「一念是非心，自己苦已起」，當下警覺，當念即空，或念佛，或念咒，務必使其不起，消惡口習氣。如此則自然體會到心淨則土淨之理，內心見一切人皆是佛，一切事皆無不善。識人做事雖有對有錯、有善有惡、有讚有罵，然內心則無一物可掛，善惡平等，對錯無二。

第七　自讚毀他戒

若佛子，口自讚毀他❶，亦教人自讚毀他，毀他因、毀他緣、毀他法❷、毀他業❸。而菩薩應代一切眾生受加毀辱，惡事自向己，好事與他人。若自揚己德，隱他人好事，令他人受毀者，是菩薩波羅夷罪。

【譯文】

佛弟子，不可以自己讚頌自己且誹謗他人，也不可指使他人讚揚自己且誹謗他人。由貪、慢等無明習氣所生一念毀他之心、促成毀他之心的種種外緣、詆毀他人的種種方法、詆毀他人的種種行為，都得斷除遠離。

菩薩應該為一切眾生代受所加的詆毀污辱，惡事由自己承擔，好事歸於大眾。如果自己宣揚自己的德行，隱藏他人做的好事，則犯菩薩波羅夷罪。

【注釋】

❶ 自讚：即自我誇讚，自我標榜，自揚德行功勞。於佛教修行中，自讚能行六度，能得諸佛加持，能得高僧等賞識，皆名「自讚」。毀他：即揭人短處，說人過失，毀人德行。

❷ 教人自讚毀他：指教人讚我有德，並毀他人無德。毀他因：以阿賴耶識中貪、慢等無明種子而生起一念讚毀之心。正是由於此讚毀習氣作為內因，才會遇外緣而生起讚毀之心。毀他緣：指促發讚毀之心的種種外緣。如同事同行競爭、事業追求等。毀他法：指詆毀他人德行、家庭、事業的

種種方法。

❸毀他業：指詆毀他人德行、家庭、事業的種種行為。

【解讀】

自讚毀他，皆由無始無明中俱生我執、我慢之因，觸種種外緣，或價值感缺失，或自卑心理，或陰暗心理，因緣聚會，則生自讚毀他之心。由自讚毀他行為而造罪業，福報功德受損，更增苦果。真修心人，一念自讚毀他心起，即自警覺，反省內觀，不隨情緒走，照見自己人格中的不足之處，人格漸次完善，苦消業忘。

第八　慳惜加毀戒

若佛子，自慳❶，教人慳❷，慳因、慳緣、慳法、慳業❸。而菩薩見一切貧窮人來乞者❹，隨前人所須，一切給與。而菩薩以惡心、瞋心，乃至不施一錢一針一草；有求法者，不為說一句、一偈、一微塵許法。而反更罵辱者，是菩薩波羅夷罪。

【譯文】

佛弟子，自身不可吝嗇，亦不可教導他人吝嗇，由無始慳吝習氣而生起的一念慳吝之心、引發慳吝心的種種外緣、種種慳吝的方法、種種慳吝的行為，皆當斷除遠離。

菩薩見一切貧窮者來乞討，皆應隨其所求，一切給與。若菩薩因厭惡心、瞋恨心，對乞求財物者，不施與一針一線、一草一木；對求請佛法者，不說一句、一偈，乃至不說一微塵許佛法，反而辱罵前來乞求者，則犯菩薩波羅夷罪。

【注釋】

❶ 自慳：自己吝惜財法，不惠施與人。慳，又作「慳貪心」，為「六蔽心」之一，指心為慳吝貪念所惑而不行布施，或雖行布施亦不能以好物與人。

❷ 教人慳：即教導他人吝嗇自私，不願施捨財物與人。教人吝嗇，於己本無利益，不過為了遮掩自己的慳貪之心。既然大家都一樣，我雖吝嗇但問心無愧。

❸ 慳因：無始以來的無明種子，即慳吝習氣，由此習氣而能生起一念慳吝之心。慳緣：指引起慳吝之心的種種外緣。如自己貧窮、外來求財法的人與自己不相契合等。慳法：即種種善巧遮護財法的方法。對方如一再向自己求取，則必用種種方法以回絕，或不予施捨，或略小捨。慳業：即慳吝的種種行為。本應給人財物，卻剋斤少兩。即使有所施捨，也是以次充好，廢物處理而已。

❹貧窮人：指貧於財物之人，或指缺少佛法之人。

【解讀】

慳吝之心，本緣於眾生心中之俱生我執，極難根除。然我執不破，必不能證入無我。破慳吝財物之心尚覺容易，要破對佛法境界的執著，更屬微細艱難。放下並不是放棄，在基本生活無憂的情況下，放下對財物的執著，行布施之道，並精進佛法，提高自己的覺照心，照破內心深處的慳吝心，漸破我執，得入無我。

第九　瞋心不受悔戒

若佛子，自瞋，教人瞋❶，瞋因、瞋緣、瞋法、瞋業❷。而菩薩應生一切眾生中善根無諍之事❸，常生慈悲心、孝順心。而反更於一切眾生中，乃至於非眾生中，以惡口罵辱，加以手打，及以刀杖，意猶不息；前人求悔，善言懺謝，猶瞋不解者，是菩薩波羅夷罪。

【譯文】

佛弟子，不可自己生起瞋恨心，亦不可激發他人的瞋恨心，本有瞋恚種子所起的一念瞋心、引起瞋心的種種外緣、種種發洩瞋恨的方法、種種施行瞋恨的行為，皆當斷除遠離。

菩薩應該增長一切眾生無貪、無瞋、無癡之善根，教以無訟諍之事，又常生起慈悲心、孝順心。若不能這樣，反而對一切眾生，乃至對一切非眾生等，惡口辱罵，加以手打，施以杖擊，如此瞋心意猶不息。所瞋之人，前來悔過，善言道歉，瞋恨之心猶不能解，是則犯菩薩波羅夷罪。

【注釋】

❶ 教人瞋：即激起他人的瞋恨心。至於教人生起瞋恨心的原因，不外三種：一為故意引他人瞋恨生氣，以雪自己對其恨意。二為激起他人的瞋恨心，使其失去正確的判斷，自己好從中取利。三為挑起其他人的瞋恨心，使其兩相瞋害，自己則於其中取樂。

❷ 瞋因：阿賴耶識中由無始無明熏習所成的瞋恚種子，由彼種子而現起一念瞋心。瞋緣：指引發瞋心的種種外緣，如自己不喜歡的人、事、環境等。瞋法：指種種使他人受辱而生起瞋恨心的方法。瞋業：種種瞋恨的行為。有瞋因，有瞋緣，因緣聚會，則生瞋恨心，再由種種施行瞋恨的方法設計，從而有瞋恨行為的發生。

❸ 善根：又作「善本」、「德本」，即產生諸善法之根本。無貪、無瞋、無癡三者為善根之體，合

稱為「三善根」。此處指無貪、無瞋、無癡。

【解讀】

所謂一念瞋心起，燒八千功德林。心中瞋恨，如含毒在心。貪、瞋、癡三毒，以瞋心為最毒。瞋心，障菩提心，障菩提願，一切障礙，無過於瞋。痛恨生氣等為粗大瞋心，不滿為細小瞋心。心中一念不滿，無論所不滿對象是對是錯，是善是惡，皆是自身微細瞋心已經發動，應當立即覺察，當即放下空掉，切勿令其發酵增長成大煩惱。除瞋之法，莫過於長養慈悲心，清除內心種種界限執著，所謂天下萬象許崢嶸，不求萬物與我同。

第十　謗三寶戒

若佛子，自謗三寶❶，教人謗三寶，謗因、謗緣、謗法、謗業❷。而菩薩見外道及以惡人，一言謗佛音聲，如三百矛刺心❸，況口自謗。不生信心、孝順心，而反更助惡人、邪見人謗者，是菩薩波羅夷罪。

【譯文】

佛弟子，不可自己誹謗佛、法、僧三寶，亦不可指使他人誹謗佛、法、僧三寶。本有好邪論議習氣所起一念誹謗心、引起或助長誹謗心的種種外緣、種種誹謗三寶的方法、種種誹謗三寶的行為，皆當斷除遠離。

菩薩聽到外道及一切惡人，以一言半句誹謗三寶之聲，就猶如三百矛劍刺心，何況自己誹謗三寶。菩薩見三寶不生正信之心，不生孝順心，反而幫助惡人、邪見人等誹謗三寶，是犯菩薩波羅夷罪。

【注釋】

❶ 自謗三寶：即自己誹謗佛、法、僧三寶。學佛者自己未具佛法正見，未能理解深奧佛法，或見外道典籍，或聞外道人所言，或順有權有勢者之意，即自口出誹謗三寶之語。

❷ 謗因：即阿賴耶識中無始無明熏習而成的好邪論議習氣，依此習氣而現在生起一念誹謗之心，好邪論議，欲興誹謗。謗緣：指引發或助長誹謗之心的種種外緣。如見種種不如己之事、遇種種好誹謗論議之人等。謗法：指種種誹謗之方法。如巧詞誹謗、著作邪書、惑亂人心等。謗業：指種種誹謗行為。謗因、謗緣和合，又有種種誹謗方法，因而造作種種誹謗之事，又有人領受理解，則成三惡道謗業苦果。依大乘佛教，有誹謗行為，口說心動，即使無有受眾理解，亦成罪業。

❸矛：即刀、劍。

【解讀】

非但誹謗佛、法、僧三寶，會遭無量罪報。即使是誹謗一般人等，也造罪業。現代民主社會，各社會團體互相監督，佛教團體也受社會大眾監督，出家僧人，不事產業，受人供養，為社會大眾道德楷模，當然更受社會大眾監督。任何社會團體和個人，如果不受他人批評監督，則必然走向腐敗。因此，佛教團體和出家僧眾應該虛心接受社會批評監督，不應動輒以「下無間地獄」以回絕社會監督。然而，誹謗並非批評監督，而是惡意損傷。善意批評，惡意譏謗，唯發言者當下一念，不可不察。

善學諸仁者❶，是菩薩十波羅提木叉，應當學，於中不應一一犯如微塵許，何況具足犯十戒。若有犯者，不得現身發菩提心，亦失國王位、轉輪王位❷，亦失比丘位、比丘尼位❸，亦失十發趣、十長養、十金剛、十地。佛性常住妙果，一切皆失。墮三惡道中，二劫、三劫，不聞父母三寶名字❹。以是不應一一犯。

汝等一切諸菩薩，今學，當學，已學，如是十戒，應當學，敬心奉持。〈八萬威儀品〉當廣明。

【譯文】

各位善持戒仁者，此菩薩十波羅提木叉，你們應當認真學習，一一戒都應該嚴謹守持，縱然微塵許都不能犯，更不用說具足犯十戒了。如果有所犯戒，則背覺合塵，染污梵行，即不得現身發起菩提心，在國王失國王位，在轉輪王失轉輪王位，在比丘失比丘位，在比丘尼失比丘尼位，所修十發趣心、十長養心、十金剛心、十地之功德位亦失去。因地既失，佛性常住妙覺果位等，一切皆失。如此則墮於地獄、餓鬼、畜生三惡道之中，歷經二劫、三劫之久，聽不到父母名字，更何況能聞佛、法、僧三寶之名。所以，此十重戒，一一不可違犯。

你等一切三世諸菩薩，現今正在修學大乘菩薩戒者，未來當學大乘菩薩戒者，過去已經修學大乘菩薩者，於此十重戒，應當重點修學，敬心奉持。十重戒，此處僅是略說，在大部〈八萬威儀品〉中當有詳細而又廣泛的說明。

【注釋】

❶善學諸仁者：是釋尊對在座的善持戒諸位菩薩的讚美之詞。善學，即對於上述十重戒善能學習，且善能守持。仁者，指此等善持戒人等，具足慈悲孝順之德，故稱「仁者」。

❷轉輪王：又作「遮迦越羅」、「轉輪聖王」、「轉輪聖帝」等，此王身具三十二好相，即位時，由天感得輪寶，轉其輪寶而降伏四方，故曰「轉輪王」。在增劫，當人壽增至二萬歲以上時，則

有轉輪王出世；在滅劫時，當人壽自無量歲減至八萬歲時乃有轉輪王出世。轉輪王分四種，金輪王統領四大洲，銀輪王統領東西南三大洲，銅輪王統領東南二大洲，鐵輪王僅統領南閻浮提一洲。轉輪王為佛教政治理想中的統治者。依佛典所載，轉輪王成就七寶，具足四德，以正法治理其國。

❸比丘位、比丘尼位：依佛教戒法規定，只有受持了具足戒，即比丘戒二百五十戒，比丘尼戒三百四十八戒，才是正式取得了比丘、比丘尼資格。比丘、比丘尼受戒之後，必須嚴守戒律，於一切境界中精勤修持，擇善離惡。若犯十重戒，則戒體破失，也不再是真正的比丘、比丘尼。

❹不聞父母三寶名字：地獄三途罪障深重，不似人間受生有福報。地獄中眾生沒有父母，餓鬼是化生亦無父母，畜生有父母然長大後不識父母，所以說不聞父母名字。聞父母名字的福報都沒有，更不說能有福報聽聞佛、法、僧三寶的名字。

【解讀】

此節總結了十重戒。十重戒規定了大乘菩薩嚴格禁止的十種行為，若有所犯，則得波羅夷罪，即造下極重罪業，將感召三惡道苦報。現身發菩提心，修習十發趣心、十長養心、十金剛心、十地等，皆無有可能，連佛教徒的資格亦喪失。

四十八輕戒

輕戒，指相對於重戒，犯行輕微的戒條。輕戒之名稱，諸經所說不同，《菩薩地持經》、《優婆塞五戒威儀經》稱為「突吉羅」，《瑜伽師地論》翻為「惡作」，《優婆塞戒經》、《菩薩善戒經》稱為「失意罪」，《梵網經》稱為「輕垢」。諸經所說輕戒之數量，也不相同，《菩薩地持經》說四十二種，《瑜伽師地論》說四十四種，《菩薩善戒經》說五十種，《優婆塞戒經》於六重禁之外另列二十五種，《菩薩瓔珞本業經》中說有八萬威儀。《梵網經》認為輕戒有四十八種，若有所違犯，會導致輕垢罪，玷污淨行。犯輕戒所招罪業，雖相對於犯重戒者輕一點，但仍然是十分重的，不但會感招惡報，而且直接影響戒體的清淨及修行的進步。因為犯輕戒罪相對輕一點，若有所犯，不必像犯十重罪者那樣必須在佛菩薩形像前，日夜六時誦經禮佛，至誠懺悔，直至得見好相方才滅罪。犯輕戒者，只須於首座或後堂師父面前，或面對其他的修行僧（一人至三人），稟陳事實，懺悔己過，罪業便得消滅。

四十八輕戒之內容，不僅包括抑惡之止持，而且包括揚善之作持。做惡事是犯戒，但有善事不去做，也為犯戒。雖去做善事，若擇人擇事而做，或為了名利去做，或做善事不徹底，同樣為犯戒。甚至不發菩提心，不珍惜自己生命，不如法修習大乘，不如法給人授戒，自己修為不高而給人講法授戒，皆為犯戒。四十八輕戒，充分體現了大乘菩薩「上求佛道、下化眾生」的廣大願心。

佛告諸菩薩言，已說十波羅提木叉竟，四十八輕今當說❶。

【譯文】

佛對眾菩薩說，十重戒已說完，下面當說四十八輕戒。

【注釋】

❶四十八輕：即「四十八輕罪戒」，為防止犯相對較輕罪業而制定的戒律。

第一　不敬師友戒

若佛子，欲受國王位時，受轉輪王位時，百官受位時，應先受菩薩戒。一切鬼神救護王身，百官之身，諸佛歡喜。既得戒已，生孝順心、恭敬心，見上座、和尚、阿闍黎、大德、同學、同見、同行者❶，應起承迎，禮拜問訊。而菩薩反生憍心、慢心、癡心、瞋心，不起承迎禮拜，一一不如法供養。以自賣身、國城、男女、七寶、百物而供給之，若不爾者，犯輕垢罪❷。

【譯文】

佛弟子，將要承受國王位、轉輪王位時，以及文武百官受位時，都應當首先受菩薩戒。這樣，就會有一切鬼神護持保佑王身、百官之身，一切諸佛亦會歡喜讚歎。國王百官等既已納受了菩薩戒，就應當生起孝順心、恭敬心，見了上座、和尚、軌範師、大德、同學、同見、同行等，應當起身恭敬迎接，禮拜問訊。菩薩若不如此，反而生驕心、慢心、癡心、瞋心，不起身承迎禮拜，亦不一一依法供養，或不以賣己身、國城、奴婢、七寶、百物等而供養他們，果若如此者，犯輕垢罪。

【注釋】

❶上座：音譯「悉他薛羅」，又稱「長老」、「上臘」、「尚座」、「首座」、「上首」。此詞有多義，一是指僧眾中出家年數（法臘）較多的人；二指眾所推敬的高僧大德；三指統督寺內僧眾，辦理寺務的年長德高的僧人。和尚：又作「和上」、「和闍」、「和社」等，意譯為「親教師」、「力生」、「近誦」、「依學」、「大眾之師」。原指德高望重的高僧，後世常作為弟子對師父的尊稱，世俗則用以通稱出家的男眾。阿闍黎：又作「阿闍梨」。指能為人軌範者，主要教授威儀，示人軌式。其類有多種，如出家阿闍梨、受戒阿闍梨、教授阿闍梨、受經阿闍梨、依止阿闍梨等。大德：音譯「婆壇陀」，為對佛菩薩或高僧的敬稱。比丘中的長老，亦稱「大德」。此外，統領僧尼的僧官，亦稱「大德」。同學：指共同學習大乘佛法的人。同見：指對大乘佛法及大乘菩薩戒有共同認知的人。同行：指有著共同心願，相互尊重，相互切磋，共同進步的人。

❷輕垢罪：音譯為「突吉羅」，即「輕罪」。相對於重罪（波羅夷罪）而言，雖然也污黷清淨之行，但罪業相對輕一點，故稱「輕垢罪」。此罪比前十重罪略減一等，並非指罪業輕細。

【解讀】

佛法之道，本為師道。學佛者雖然歸依佛、法、僧三寶，但真正能得跟隨學習佛法者，是自己的依止師。尊師才能重道，才能與師心心相應，才能以心傳心。當然，尊師，並不是整日匍匐老師腳下，而是以平等心敬重老師，自卑心強，敬畏心太重，都難以與師心心相應。

第二　飲酒戒

若佛子，故飲酒❶，而酒生過失無量❷。若自身手過酒器，與人飲酒者，五百世無手❸，何況自飲。亦不得教一切人飲及一切眾生飲酒❹，況自飲酒。一切酒不得飲❺，若故自飲，教人飲者，犯輕垢罪。

【譯文】

佛弟子，不可故意飲酒，因為飲酒會導致無量過失。如果自身以手拿酒具，過酒與人飲者，會得五百世無手之果報，何況自己飲酒了。

發心修習大乘佛法者，不可教導一切人飲酒，亦不得教使除人以外的一切鬼神、畜生等眾生飲酒，一切酒都不能飲。如果自己故意飲酒，教導他人飲酒，犯輕垢罪。

【注釋】

❶故飲酒：即主動故意飲酒。對於飲酒，佛教律書中也有開許，即對於重病之人，醫生指示以酒引藥，則不犯飲酒戒。無故而飲，或借病而飲，是為「故飲」。

❷酒生過失無量：指飲酒能使人神志昏迷，從而無慚無愧，打人、罵人、迷心亂性，喪失菩薩威儀，甚至犯下無邊罪業。據《四分律》卷一中載，佛陀弟子須提那因飲酒而犯殺、盜、淫、妄四罪，佛陀制戒之緣就是因為須提那因飲酒而毀壞梵行事件。佛教律書中說，飲酒之人，會得墮燒煮地獄中五個五百世之果報。

❸五百世無手：指勸人飲酒，會招感五百世無手之果報，如墮生鱔、蚯蚓類。

❹一切眾生：這裡指除人以外的一切眾生，如鬼神、畜生等。

❺一切酒：酒有兩類，一為穀酒，指用各種糧食釀造而成的酒；二指木酒，指用植物根、莖、葉、花、果等釀造而成的酒，此種酒同樣有酒色、酒香、酒味，飲之也同樣能醉人。所以說，無論是白酒，還是各種有色酒，皆不能飲。

【解讀】

佛教戒律分性戒和遮戒。性戒，如五戒中的殺、盜、淫、妄四戒，世人無論是否受戒，只要有所犯，即得罪業，若為受戒佛子，再加上犯戒罪業。遮戒，如飲酒戒，世人沒有受此戒者，飲酒本身並無罪業，若因飲酒而犯其他性戒，則有罪業。受飲酒戒者，飲酒則得犯戒罪業。然而，大乘佛法對於戒律要求更嚴，明確規定飲酒戒為一切大乘佛子所應受持，犯戒果報亦十分嚴重。

第三 食肉戒

若佛子，故食肉，一切眾生肉不得食❶。夫食肉者，斷大慈悲佛性種子❷，一切眾生見而捨去，是故一切菩薩不得食一切眾生肉。食肉得無量罪，若故食者，犯輕垢罪。

【譯文】

佛弟子，不可故意吃肉，一切眾生的肉都不可以吃。如果吃肉，則難以生起大慈悲心，也會斷佛性種子，一切眾生見到都會遠離而去，所以一切菩薩不得食一切眾生的肉。須知食肉會得無量罪業，若明知而故意食肉者，犯輕垢罪。

【注釋】

❶一切眾生肉不得食：佛教認為，一切眾生皆有靈覺之氣，俱有貪生畏死之心，皆有恩愛情識之

念，世人為一己之口腹之欲而食眾生之肉，實為邪見欲念覆心，無有慈悲，且種下與眾生相互纏縛沉淪六道的果報，互換地位，相互啖食。

❷ 斷大慈悲佛性種子：一為斷自己佛性種子，菩薩發大菩提心、慈悲心而願令一切眾生皆離苦得樂，慈悲心為成佛之正因，現今無慈心食眾生肉，則斷自己成佛因種。二為斷眾生佛性種子，眾生從無始以來輪迴六道，皆有貪生畏死之性，今見欲食其身肉，心生恐怖，見而捨去，失去得受教化之緣，是謂斷眾生成佛因種。佛性種子，指眾生之本有佛性。

【解讀】

原始佛教對食肉並沒有絕對禁止，因為當時佛教僧眾托鉢乞食，食無所擇，乞得什麼即吃什麼。上古印度婆羅門教經典《摩奴法典》中有嚴禁食肉、食五辛等說，佛教興起後，對於其中嚴格的戒律反而持較中庸的態度。釋尊沒有絕對禁止僧眾吃肉，雖然開許僧眾可以吃三淨肉（不自殺、不為己殺、不聞殺），但也沒有贊同僧眾吃肉，僧眾可由自己的修行需要和修行狀態自己決定是否食肉。為一己之貪欲而食肉當然不可以，否則種下與眾生互相纏縛之果報，不能發起大慈悲心，難以得證無上菩提。若無其他食物可食，或為素食而至自己及他人生起許多煩惱，則可開許。食肉、食素，偏執一邊，皆為執著。中國漢傳佛教，自梁武帝提倡不食肉以來，僧眾持不食肉戒。大乘菩薩戒中有食肉戒，體現了大乘菩薩憐憫救度一切眾生的大慈大悲精神，修習大乘者，當持不食肉戒。

第四　食五辛戒

若佛子，不得食五辛❶：大蒜、革蔥、慈蔥、蘭蔥、興渠❷。是五種，一切食中不得食❸。若故食者，犯輕垢罪。

【譯文】

佛弟子，不得食五種辛物：大蒜、革蔥、慈蔥、蘭蔥、興渠。此五種辛物，既不可單食，亦不可以配料夾雜在一切食物中吃。若明知而故食者，犯輕垢罪。

【注釋】

❶五辛：指五種有辛味的蔬菜，又作「五葷」。此五辛之物，熟食者令人發起淫欲之心，生吃者會增加人的瞋恨心。人若食此五辛，十方天仙嫌其臭穢而咸皆遠離，諸餓鬼等則舐其唇吻，大力魔王現作佛身為其說法，是人命終為魔眷屬，永墮無間地獄。關於五辛有諸多異說，現在則認為一切有辛味的蔬菜都不可以吃。

❷興渠：產於西域的一種植物，根白，其味如蒜。

❸一切食中不得食：既不能單獨食，也不能以佐料夾雜在一切食物中吃。若為患病者所確實需要，則不在此例。

【解讀】

此五種辛物，熟食會生淫欲心，生吃會增瞋恨心，且身發異味，身心皆不得清淨，故大乘佛子，當遠離而不食。但於公共交際場合，亦應盡量方便別人，不過分強調自己需要而使自己及他人生起無邊煩惱。

第五　不教悔罪戒

若佛子，見一切眾生犯八戒、五戒、十戒、毀禁、七逆、八難❶，一切犯戒罪，應教懺悔。而菩薩不教懺悔，同住，同僧利養，而共布薩❷，同一眾住說戒，而不舉其罪，不教悔過者，犯輕垢罪。

【譯文】

大乘佛弟子，若見一切眾生犯八戒、五戒、十戒，犯比丘二百五十戒、比丘尼三百四十八戒，乃至犯七逆罪，將來必落八難不得見佛聞法，如此犯一切禁戒罪，應當教導其懺悔。若菩薩見他人犯戒，不教導其懺悔，自己仍與他同住，同僧利養，而共同參加布薩時，面對同一住處僧眾說戒而不舉其過，是為不教導人懺悔過錯，犯輕垢罪。

【注釋】

❶八戒：亦名「八關齋戒」、「八支齋」。即：一不殺生戒，二不偷盜戒，三不淫戒，四不妄語戒，五不飲酒戒，六不塗飾鬘歌舞觀聽戒，七不坐高大華麗床戒，八不非時食戒。「八關齋戒」指優婆塞（在家學佛且受五戒之男眾）、優婆夷（在家學佛且受五戒之女眾）於一日一夜中學習出家所守之戒。五戒：即不殺生戒、不偷盜戒、不邪淫戒、不妄語戒、不飲酒戒。此五戒為優婆塞、優婆夷所守，故又稱「優婆塞戒」、「優婆夷戒」。十戒：此為沙彌（未滿二十歲之男出家眾）、沙彌尼（未滿二十歲之女出家眾）所守之戒，分別稱為「沙彌戒」、「沙彌尼戒」。內容是：不殺生、不偷盜、不淫、不妄語、不飲酒、不塗飾香鬘、不坐高廣大床、不非時食、不蓄金銀寶、不歌舞觀聽。毀禁：比丘二百五十戒、比丘尼三百四十八戒，名為「禁戒」。如若受而不持，持而不誦，甚至越其所制，是名「毀禁」。毀，即破壞、違犯之義。禁，即止滅，指如來所制戒律。七逆：指七種忤逆罪，即：一出佛身血（傷害佛陀），二殺父，三殺母，四殺和尚，五

殺阿闍梨，六破羯磨轉法輪僧（即破壞教團的團結），七殺聖人（阿羅漢）。八難：又作「八難處」、「八無暇」、「八不閒」、「八惡」等，指不得遇佛、無法聽聞佛法的八種障難處。即：一、地獄，惡業所惑，受苦無間，不聞佛法。二、畜生，常受鞭打，互相呑啖，受苦無窮。三、餓鬼，不聞漿水，伺求糞穢，受苦無量。四、長壽天，即色界第四禪中之無想天，其心想不行，障於見聞佛法。五、邊地，亦名「勝處」，人壽千歲，貪著享樂而不受教化，聖人不出，不得見佛聞法。六、盲聾喑啞，業障深重，諸根不具，雖值佛出世，亦不能見佛聞法。七、世智辯聰，雖然聰明伶俐，但總耽習外道經書，不信出世正法。八、佛前佛後，業重緣薄，總出生於兩佛中間，不得見佛聞法。

❷ 布薩：又名「長養」、「說戒」，指同住比丘眾或比丘尼眾每半月集會一處，或齊集布薩堂（即「說戒堂」），請精熟律法之比丘宣說戒律，眾等反省過去半月內之行為是否合乎戒法，若有犯戒者，則於眾前懺悔。

第六　不供給請法戒

若佛子，見大乘法師、大乘同學、同見、同行❶，來入僧坊、舍宅、城邑❷，若百里、千里來者，即起迎來送去，禮拜供養。日日三時供養❸，日食三兩金，百味飲食，床座醫藥，供事法師，一切所須，盡給與之。

常請法師三時說法，日日三時禮拜，不生瞋心、患惱之心❹。為法滅身❺，請法不懈。若不爾者，犯輕垢罪。

【譯文】

佛弟子，如果見有弘揚大乘佛法的法師、學習大乘佛法的同學、對大乘佛法有共同認知的同見者、修持大乘佛法的同行，來到寺院、舍宅、城邑，無論遠近，若百里來若千里來，出家菩薩、在家菩薩、國王等，都應立即起身迎來送去，禮拜恭敬，供養不輟。日日早、中、晚三時供養，每日所食費用三兩金，盡力準備百味飲食，敷設舒適床座，更廣備醫藥，以供養侍奉法師。法師大德所需一切，盡力給予滿足。

常請法師三時說法，日日三時禮拜，雖然法師教訓嚴厲，供養辛苦繁費，但不生瞋恨、患惱之心。菩薩為求法尚不惜自家身命，於請法當然不能懈怠。若不如此，犯輕垢罪。

【注釋】

❶大乘法師：具大乘佛法正信智解，發大菩提心，趨大乘佛果，智悲雙運、自利利他之法師，是名

「大乘法師」。

❷入僧坊：此處指約見參學出家菩薩。僧坊，又作「僧房」，即僧尼所住之坊舍。僧坊，也特指專門的戒律道場，其制度與其他寺院有很大差異。舍宅：即一般的民居，此處指約見參學在家菩薩。城邑：即城市。此處指約見參學喜聞佛法的國王、官宦等。城大名「都」，城小名「邑」。

❸日日三時：印度分一晝夜為六時，即晝三時、夜三時。晝三時，指晨朝、日中、日沒三個時間段。晨朝為上午八時左右，日中為正午十二時左右，日沒為下午四時左右。夜三時指初夜、中夜、後夜。

❹不生瞋心：指對師友的規矩要求、嚴辭教訓及尊高地位，不生瞋恨之心。患惱：指對供養繁費的身受難忍之惱。

❺為法滅身：真為求法者，尚不惜自家身命，何況外財。如釋迦牟尼佛在因地修行中，為求大法，身為床座，布發掩泥，半指燃燈，種種苦行，皆是為法滅身的榜樣。

【解讀】

供養請法，大乘佛子所當為之。博學多聞，確有益處。但是，自己若不具正信，不解正見，聽聞種種知見，只能亂己心緒，徒勞無益。所以，請法，當親近明眼法師。若不識真正善知識，以戒觀之，總不至相差太遠。

第七　懈怠不聽法戒

若佛子，一切處❶，有講法毘尼經律❷，大宅舍中有講法處，是新學菩薩，應持經律卷，至法師所聽受咨問。若山林樹下，僧地房中，一切說法處，悉至聽受。若不至彼聽受咨問者，犯輕垢罪。

【譯文】

佛弟子，一切之處，凡有演說聖法毘尼經律之處，甚至於大宅舍中有講法之處，你們這些新發心修習大乘佛法的菩薩，都應該手持經律寶卷，前往法師處聽講諮詢請問。無論是在山林樹下，還是在寺院僧舍，乃至一切有法師說法之處，都應該前往聽法。如果不前往此等講法處聽講諮詢請問，犯輕垢罪。

【注釋】

❶一切處：亦名「遍處」，指不論何處。此處指凡有講法之處。

❷毘尼：又作「毘奈耶」、「毘尼」，律藏之梵名。意譯「善治」，又言「調伏」，謂能調伏身、

口、意三業，能治貪、瞋、癡等惡。

【解讀】

凡有講法之處，必見新發心修學大乘佛法者的身影。初學之人，確實應當廣學博聞，但切不可以知識當智慧，徒增傲慢，障己障人。真正求法者，更需要理清修學次第，不然的話，以佛的境界尋求依止師，恐怕一生也求師不得。

第八　背大向小戒

若佛子，心背大乘常住經律❶，言非佛說，而受持二乘聲聞、外道惡見、一切禁戒邪見經律者❷，犯輕垢罪。

【譯文】

佛弟子，如果有人在內心背離大乘經律，言大乘非佛說，且又受持小乘聲聞之法、外道惡見，以及一切禁戒、邪見經律者，犯輕垢罪。

【注釋】

❶常住：指恆常安住於過去、現在、未來三世，不生、不滅、不變易。此處是指對佛法真理性的形容之詞。

❷聲聞：音譯「舍羅婆迦」，意譯為「弟子」，指聽聞佛陀聲教而得證悟的出家弟子，歸於小乘。

外道惡見：指外道的種種邪見惡見。

【解讀】

大乘佛法修持者，雖不廢世間外典，但於自己本家之大乘佛法知見必須確立，方不為所轉。否則，雖自稱大乘，而所言所行皆是外道邪法。例如，佛教講無常，講因果法，可許多佛教徒經常忙於算命排八卦。大乘佛法講諸法性空，講中道智慧，可許多佛教徒整日追求神識往生，所言無非福報功德，於無我、空性等，不落一辭，何談大乘。

第九　不看病戒

若佛子，見一切疾病人，常應供養，如佛無異。八福田中❶，看病福田，第一福田。若父母、師僧、弟子病，諸根不具❷，百種病苦惱，皆供養令差❸。而菩薩以瞋恨心不看，乃至僧房中❹，城邑、曠野、山林、道路中❺，見病不救濟者，犯輕垢罪。

【譯文】

佛弟子，遇一切身患疾病之人，都應該主動供養救助，猶如供養諸佛一樣。在能培植福德的八福田中，看護救助病人福田，是第一福田。如果見到父母、師僧、弟子等生病，或者見到身體殘障而生活不能自理之人，乃至見到身受百種疾病折磨而極度痛苦煩惱之人，皆當盡心盡力供養救助，直至其疾病痊癒為止。如果菩薩因為瞋恨心而對諸多患病之人視而不見，乃至在僧房、城邑、曠野、山林、道路中，遇見患病之人而不施以救濟，犯輕垢罪。

【注釋】

❶八福田：佛、聖人、和尚、阿闍梨、僧、父、母、病人，如果有人能對此八種人恭敬供養，慈愍惠施，則能生無量福德，猶如農人於田中耕種能得收成，是名「八福田」。其中佛、聖人、僧三種為「敬田」；和尚、阿闍梨、父、母四種為「恩田」；救濟病人為「病田」，又稱「悲田」。

❷諸根不具：即諸根不全，指眼、耳、鼻、舌、身五根有所殘缺，如眼盲、耳聾、腿跛、口啞等。

根，喻人體的器官、機能。

❸供養令差：指盡心盡力供養，直至疾病痊癒為止。

❹僧房：即僧眾經常居住的房舍。此處指師僧弟子等養病之處。

❺城邑：即城市。此處指父母等養病之處。曠野、山林、道路：指眾生可能得病躺下的種種處所。

【解讀】

勿以善小而不為，點滴之事，點點之慈悲心，可以成線、成面，積大功德大福報。然而，必須以無我之心而行一切布施，則功德無量。若有我布施，為名而為，為利而為，為功德而為，則是小功小德，亦是有漏功德，事倍功半而已。

第十　不畜殺具戒

若佛子，不得畜一切刀杖、弓箭、矛斧、鬥戰之具❶，及惡羅網殺生之器❷，一切不得畜。而菩薩乃至殺父母，尚不加報，況殺一切眾生？不得畜殺眾生具，若故畜者，犯輕垢罪。

如是十戒應當學，敬心奉持，下〈六度品〉中廣明。

【譯文】

佛弟子，不得收藏一切刀、杖、弓箭、長矛、斧等戰鬥武器，以及羅網、陷阱等殺生器具，一切殺生工具都不得收藏。菩薩乃至對殺害自己父母的仇人，尚不加以報復，更何況殺害一切無辜眾生？因此，不得收藏殺害眾生的工具，若明知而故意收藏者，犯輕垢罪。

如是十戒，應當學，應當敬心奉持，在下〈六度品〉中有更加詳細的說明。

【注釋】

❶ 鬥戰之具：即戰鬥武器。殺具有二種，一為戰鬥武器，二為獵取殺害諸物的工具。兩者皆會激起殺心，殘害生命，損傷慈悲心。

❷ 羅網：指獵殺動物的器具，如漁網、走獸網、飛鳥網等。

【解讀】

殺生器具，即使是文物，觀之也會使人聯想到殺戮，於滋養慈悲心不利，大乘佛法修持者盡量遠離。

第十一　國使戒

佛言：佛子，不得為利養、惡心故，通國使命❶。軍陣合會❷，興師相伐，殺無量眾生。而菩薩尚不得入軍中往來，況故作國賊❸。若故作者，犯輕垢罪。

【譯文】

佛說：佛弟子，不得因為名聞利養、瞋惡心等而接受在兩國間傳遞情報的使命。軍陣對壘，興師相互攻伐，會殘殺無量眾生。菩薩連往來於軍中都不允許，更何況故意作殘殺民眾生命的國賊。若明知而故意做者，犯輕垢罪。

【注釋】

❶通國使命：指身為國使，傳達外交、作戰等事至彼此雙方，或下戰書申明作戰時間地點，或入軍傳言立期交戰，皆令多人命斷。故國使之職，為注重大慈悲心的大乘菩薩戒所不許。

❷軍陣合會：古代軍制，二千五百人為師，約萬二千人為軍。師旅成列為陣，合其戰，會其兵，是謂「軍陣合會」。

❸國賊：民為國家的根本，殘害民眾即是害國，故稱「國賊」。

【解讀】
俗語說：慈不掌兵，義不守財。軍旅之事，有太多的殺伐之氣，確實非滋養慈悲心的大乘佛子所為。

第十二　販賣戒

若佛子，故販賣良人、奴婢、六畜❶，市易棺材板木盛死之具❷，尚不應自作，況教人作。若故自作，教人作者，犯輕垢罪。

【譯文】
佛弟子，對於故意販賣良善人家的子女、奴婢、六畜等事，以及在市場上從事棺材板木等盛死之具的經營活動，菩薩尚且不應自己去做，而況教人去做。若故意自己去做，或教人去做，犯輕垢罪。

【注釋】

❶良人：良善人家的子女。六畜：即牛、馬、豬、羊、雞、犬六種畜生。

❷市易棺材板木盛死之具：如果從事棺材等盛死之具的經營活動，心念在無意間會希望多人死亡，此是惡念。故大乘佛子不可從事此等行業。板木，即棺材，一般指棺外之槨。

【解讀】

大乘佛子，以大慈悲心應觀一切眾生猶如父母、子女，當然不應該從事販賣人畜之事，徒使他人受分離之苦。至於經營棺材板木等盛死之具，心念必然無意間期盼人死，如此惡念，大乘佛子不應起，如此行業，大乘佛子亦當遠離。

第十三　謗毀戒

若佛子，以惡心故❶，無事謗他良人、善人、法師、師僧、國王、貴人❷，言犯七逆十重❸。父母兄弟六親中，應生孝順心、慈悲心。而反更加於逆害，墮不如意處者，犯輕垢罪。

【譯文】

佛弟子，若因忌、貪、瞋等惡心，無事誹謗溫良人、善柔人、法師、師僧、國王、貴人等，即是犯了七逆、十重戒罪。對於父母、兄弟六親等人，菩薩應時常生起孝順心、慈悲心。如果不是這樣，反而施加以違逆傷害之心，使他們墮於不如意的境地，犯輕垢罪。

【注釋】

❶惡心：指忌、貪、瞋等心。謗毀之事，雖出於口，但依心意而起。

❷無事：指所謗毀之人，並無貪、瞋、癡煩惱等三根惡事。另外，即使耳有妄聞，以口妄言，悉名為「謗」，亦稱為「無事」。

❸七逆：即第五不教悔罪戒中所注的七種忤逆罪。十重：即本經的十重戒。

【解讀】

無根訕說他人，為謗；壞他人名德，為毀。謗毀他人，實因自己內在有忌、貪、瞋等惡心，既傷己德，又壞人德行，更有惡報，大乘佛子，斷不可為。即使他人有真實惡事短處，大乘佛子亦當以憐憫寬容之心對待，而況於無根之事。謗毀之事不可為，即使是忌、貪、瞋等起心動念，大乘佛子亦當得斷。

第十四　放火焚燒戒

若佛子，以惡心故，放大火燒山林曠野，四月乃至九月放火❶。若燒他人家屋宅、城邑、僧房、田木，及鬼神、官物，一切有主物，不得故燒。若故燒者，犯輕垢罪。

【譯文】

佛弟子，如果因為自己內在的惡心，放大火焚燒山林曠野，尤其是在萬物生長、禽獸鼠蟻鳥蟲繁殖的四月至九月間放火燒山，是絕對不可以的。焚燒他人家屋住宅、城邑村落、寺廟僧房、林間田木，以及一切鬼神官物等，都為聖戒所禁止。一切有主之物，都不得故意焚燒。若故意燒者，犯輕垢罪。

【注釋】

❶ 四月乃至九月放火：四月至九月，正是大自然中萬物生長、禽獸鼠蟻鳥蟲繁殖的時節，草木茂盛，蟲蛾遍地，此時如果燒山，必然殺害生命無數。佛教僧眾於此時期結夏安居，以免外出踏傷無數生命及植物之幼芽。

【解讀】

此世界中，非僅有人類，其他有生命之眾生，或大或小，或有形或無形，或愚或智，無量無邊。大乘佛子，以大慈悲心故，唯恐傷害眾生，當然不能隨意焚燒山林、房舍等處。佛律開許臘月放火，也必率眾持咒繞山告報，令蟲等遠避，然後方可縱火。

第十五　僻教戒

若佛子，自佛弟子，及外道、惡人、六親❶，一切善知識❷，應一一教受持大乘經律，教解義理，使發菩提心。十發趣心、十長養心、十金剛心，於三十心中，一一解其次第法用。而菩薩以惡心、瞋心，橫教二乘聲聞經律、外道邪見論等❸，犯輕垢罪。

【譯文】

佛弟子，對自家佛弟子，以及外道、惡人、六親眷屬，一切具大乘根性的善知識，都應當一一教導他們，使其受持大乘佛教經律，教導他們理解經中義理，並令他們發起大菩提心。應教導他們次第修習十發趣心、十長養心、十金剛心，於這三十心修習中，一一了解其次第功德法用。如果菩薩因為惡心、瞋心，不教其大乘佛法，而是橫教小乘聲聞經律，甚至宣教外道邪見之論，犯輕垢罪。

【注釋】

❶惡人：即不善之人，指身、口、意行惡之人，尤指於佛教正理不能信受甚至誹謗之人。佛教經論中說不善之人有五種惡性，即：謗真行偽、謗正行邪、謗是行非、謗實行虛、謗善行惡。六親：指父、母、兄、弟、妻、子等六種親屬。

❷善知識：又作「善友」、「親友」、「勝友」等，指正直而有德行、能教導他人行正道之人。佛教中謂善知識有三種，即：一、外護，指從外護持，使修道之人能安穩修道。二、同行，即相互策勵，共同進步。三、教授，指善巧說法，教化他人。此處指自己相知相識的好友中，有大乘根性之人。

❸橫教：指不依病症下藥，而是違背機緣倒逆說法。

【解讀】

僻者，偏也。僻教，即不以大乘佛法教人，而常以世間外典、惡人邪見等教導佛子，令其失卻大乘根性，陷入斷、常之坑，實為斷人慧命。如此做者，造墮落無間地獄之罪業。

第十六　為利倒說戒

若佛子，應好心先學大乘威儀經律❶，廣開解義味❷。見後新學菩薩，有從百里千里來求大乘經律，應如法為說一切苦行❸，若燒身、燒臂、燒指。若不燒身、臂、指供養諸佛，非出家菩薩❹。乃至餓虎、狼、獅子、一切餓鬼，悉應捨身肉手足而供養之。然後一一次第為說正法，使心開意解。而菩薩為利養故，為名聞故，應答不答，倒說經律文字❺，無前無後❻，謗三寶說者，犯輕垢罪。

【譯文】

佛弟子，應當發心首先學習大乘威儀類經律，並廣泛而深入地理解體會其義理和宗旨。若遇見後來新學菩薩，有從百里而來，有從千里而來，前來求學大乘經律，應該依法為其演說一切苦行，如燒身、燒臂、燒指等。如果不能燒身、臂、指等供養諸佛，則不是真正的出家菩薩。真正的大乘菩薩，於餓虎、餓狼、獅子、一切餓鬼等眾，悉應能夠捨棄自身上肉、手足等去供養。說完苦行後，然後再按一一次第為他們宣說正法，使其心開意解。如果菩薩為了利養，為了名聞，該答的不答，顛倒次第宣說佛教經律內容，無前無後，如此在說法中誹謗三寶者，犯輕垢罪。

【注釋】

❶大乘威儀：佛教非常重視僧眾行、走、坐、臥之莊嚴，所以有三千威儀、八千律儀之說，涵蓋了生活的方方面面。威儀，指舉止善合規矩，語默動作不失方正，見之能使人生起崇仰畏敬之心的儀容。

❷廣開解義味：即廣開一切義理，深察精微之玄妙。

❸說一切苦行：上古印度宗教修行，有種種苦行方法，如自餓法、投淵赴火、自墜高巖、常翹一腳、五熱炙身等，又有常臥於灰土、棘刺、樹葉、惡草、牛糞等之上，更有受持牛戒、狗雞雉戒、以灰塗身、長髮為相等諸多苦行法，其種種慘痛苦行，總體上是為了滅卻今世之苦，以期來世生於天界享福。釋尊出家後，遍學當時修道之法，也曾精修苦行，日食一麻一麥，至身形枯瘦，但覺其並非聖道，縱受天果，未脫輪迴，故最終捨棄苦行。佛教經典中述及釋尊前世本生修行，也曾講到種種苦行，如抉眼與人、割肉餵鷹、投身飼虎、捐髓腦等。佛教修行，基本上提倡中道，但也有僧人踐行苦行。大乘佛法，提倡發大菩提心，主張難忍能忍，故有行一切苦行之說。苦行，指斷除肉體欲望，堪忍種種難忍能忍的行為。

❹非出家菩薩：即不是真正的出家菩薩。依上文之義，若不燒身、燒臂、燒指，則我、法、空三執未破，所以不名為真正出家菩薩。

❺倒說經律：指不先說諸種苦行持，堅其志願，即說一切法皆空，使人輕視有相戒法，導致學人失

卻正信修行，故稱「倒說」。

❻無前無後：教以大乘，又不說苦行，是為「無前」；又倒說經律內容，而令義無所歸，是為「無後」。回前作後，回後作前，又會令眾生混淆大乘佛法修習次第。

【解讀】大乘佛子，發心為人天師表，當然必須具足三千威儀，八千功德，世人見之，則有威可畏，有儀可仰。佛門中有說，寧可執有如須彌山，不可執空如一芥子。佛教修行，從有相入手，較為妥當。一入手即授以空性法門，除非大根器者，則會導入狂禪，非一切戒法，修行不成，地獄有份，不可不戒。當代修行，雖然不必燒身、燒臂、燒指，也不會投身飼虎，但仍應當相對堅持苦行，粗衣淡飯，早起晚睡，參禪打坐，念佛不輟，是為真修行。若只圖生活舒適，悠閒度日，以何回饋眾生供養。

第十七　恃勢乞求戒

若佛子，自為飲食、錢財、利養、名譽故，親近國王、王子、大臣、百官，恃作形勢❶，乞索打拍牽挽，橫取錢財。

一切求利，名為惡求❷。多求❸，教他人求，都無慈愍心。無孝順心者，犯輕垢罪。

【譯文】

佛弟子，為了自己追求飲食、錢財、利養、名譽的緣故，去親近國王、王子、大臣、百官等，並依仗此等豪貴勢力去壓迫他人，乞索飲食錢財。乞索不得，便行打拍牽挽，橫逼強取，如此一一皆不可為。

像這樣的一切求利行為，皆名為惡求。自己貪求，教導他人去求，都是無慈愍心的表現。大乘菩薩應該觀一切眾生如己父母，一切師長皆應奉侍供養，如今反而以勢乞求，使其窮苦怨恨，是為無孝順心，犯輕垢罪。

【注釋】

❶恃作形勢：即依仗國王、大臣等有力之勢，以壓迫無權無勢無力之人。

❷惡求：即惡法求，不合理之求。

❸多求：即貪求。

【解讀】

大乘菩薩發心利益一切眾生，當然不可持勢而與人爭利，反而應該幫助一切眾生，廣行財布施，廣行法布施，令一切眾生身心皆得安樂。

第十八　無解作師戒

若佛子，應學十二部經❶，誦戒，日日六時持菩薩戒❷，解其義理佛性之性。而菩薩不解一句一偈，及戒律因緣，詐言能解者，即為自欺誑，亦欺誑他人。一一不解，一切法不知，而為他人作師授戒者，犯輕垢罪。

【譯文】

佛弟子，應當廣為學習佛教十二部經典，經常誦詠戒律，日日六時守持大乘菩薩戒，深解其中義理，體悟佛性之性。

如果菩薩於十二部經中不解其中一句一偈之義，不知守持菩薩心地戒之義趣，反而詐言能解，即為自我欺誑，亦是欺誑他人。若於一一義理不能理解，於一切法不能體悟，而為他人作師授戒者，犯輕垢罪。

【注釋】

❶十二部經：指釋尊所說一切法，依其敘述形式與內容分成十二種類，是名「十二部經」。又作「十二分教」、「十二分聖教」、「十二分經」，即：契經、應頌、記別、諷頌、自說、因緣、譬喻、本事、本生、方廣、希法、論議。此十二部經，大小乘共通。

❷日日六時：指晝夜六時。依印度文化，一晝夜分為六等分，即晨朝、日中、日暮為晝三時，初夜、中夜、後夜為夜三時，合為六時。

【解讀】

人之大患，在好為人師。自身戒體不清淨，戒行不具足，戒相不顯，如何能為人師？如何能為人授戒？授戒受戒，重在戒體傳承。若無清淨戒體，授戒受戒亦是徒具形式而已。授戒師，受戒者，皆當重視。

第十九　兩舌戒❶

若佛子，以惡心故❷，見持戒比丘，手捉香爐，行菩薩行，而鬥遘兩頭❸，謗欺賢人，無惡不造者，犯輕垢罪。

【譯文】

佛弟子，因為存有惡心的緣故，遇見持戒比丘，手持香爐，虔誠地踐行大乘菩薩道，不思隨喜精進，反而於兩邊製造是非，令其諍鬥不斷，如是誹謗賢人，無惡不造者，犯輕垢罪。

【注釋】

❶兩舌：即於兩者之間搬弄是非，挑撥離間，破壞彼此之間和諧的行為。兩舌為十惡業（殺生、偷盜、邪淫、妄語、綺語、兩舌、惡口、貪欲、瞋、癡）之一，因其會破壞佛教僧團的團結，所以列之為戒。

❷惡心：如嫉忌心、障礙心等。見他人持戒精嚴，自感有愧，然不思進取，反而心生嫉忌，誹謗他人，以求自心平衡，徒招拔舌地獄果報而已。

❸鬥遘兩頭：即於兩邊說是說非，引兩邊諍鬥。鬥，即交興惡。遘，即引是非。兩頭，即兩邊。

【解讀】

見賢思齊是人之美德。見賢反妒，也為人之常性。見賢聖之人，見聖德之事，特別是與自己名利相關之人和事，心生嫉忌，言起誹謗，造無窮罪業，招拔舌地獄果報，大乘佛子，不可不謹慎。

第二十　不行放救戒

若佛子，以慈心故，行放生業❶。應作是念：一切男子是我父，一切女人是我母，我生生無不從之受生，故六道眾生皆是我父母，而殺而食者，即殺我父母，亦殺我故身。一切地水是我先身，一切火風是我本體，故當行放生業。

生生受生，常住之法，教人放生。若見世人殺畜生時，應方便救護，解其苦難。常教化講說菩薩戒，救度眾生。若父母兄弟死亡之日，應請法師講菩薩戒經律，福資亡者❷，得見諸佛，生人天上。若不爾者，犯輕垢罪。

如是十戒，應當學，敬心奉持。〈滅罪品〉中，廣明一一戒相。

【譯文】

佛弟子，應當發起大慈悲心，常行放生之事。應該經常這樣想：一切男子皆是我父親，一切女子皆是我母親，我生生世世無不依其而得出生，所以說六道眾生都是我父母，如果殺而食之，就是殺我父母，就是殺我故身。一切地水是我原來之身，一切風火是我本來之體，所以應當常行放生之事。於生生受生之中常行放生，並作為常住不變之法，教人放生。若見世人將要宰殺畜生時，應盡一切方便施行救護，令其解脫苦難。亦應時常施設教化，講說大乘菩薩戒，救度一切眾生。若遇父母、兄弟死亡之日，應請法師宣講菩薩戒類經律，以此福報功德，資助救拔亡者，使其得見諸佛，出離三惡道，得生天上人間。如果不這樣做，犯輕垢罪。

上述十戒，應當修學，敬心奉持。在〈滅罪品〉中，對於其中戒相一一作了廣泛而詳細說明。

【注釋】

❶放生：即釋放羈禁之生物，也指釋放即將被殺之生物。不殺生居佛教戒律之首，但不殺生僅是止持，從作持而言，放生為最大的功德。在歷史上，以及在當代社會，放生是重要且影響很大的佛教活動。

❷福資亡者：佛教認為，父母等親人死亡之後，最好能在七七四十九天以內，亦可在其死亡祭日，敬請法師誦經講經，有大福報大功德，能夠超度亡者，令其脫離三惡道，得生天上人間。

【解讀】大乘佛子，因為發大慈悲心而常行放生。因常行放生，又反養自身慈悲心。然放生之事，也當有教理和智慧支撐，方不會本末倒置，事與願違。

第二十一　瞋打報仇戒

佛言：佛子，不得以瞋報瞋，以打報打。若殺父母兄弟六親，不得加報。若國主為他人殺者，亦不得加報。殺生報生，不順孝道。尚不畜奴婢打拍罵辱，日日起三業❶，口罪無量，況故作七逆之罪。而出家菩薩，無慈心報仇，乃至六親中，故作報者，犯輕垢罪。

【譯文】佛說：作為佛弟子，不得以瞋報瞋，以打報打。即使是父母兄弟等六親眷屬被殺害，也不得尋仇報復。如果國王被他人殺害，亦不得報仇。以殺害生命為手段報復生命，是為不順孝道。尚不得畜養奴婢打拍罵辱，天天造作身、口、意三業，即使是只造口業，其罪過已是無量，更何況故意造作七逆罪了。

出家菩薩，如果沒有慈悲心，存報仇之心，乃至為了六親眷屬，故意做報仇之事，犯輕垢罪。

【注釋】

❶三業：即身、口、意三業。業，又稱「業力」，音譯「羯磨」，義譯「造作」，既指人之身、口、意三者的種種行為，也指由此行為而產生的影響未來的內在力量。此業力由行為的性質而有善、惡、無記三性之分，以善惡之業為因，可招感來生苦樂之果。

【解讀】

殺親之仇，要能放下，何事不能放下。但並不是人人有殺親之仇，若能於他人之輕視污蔑放下，已經難能可貴了。所以要發大菩提心，有了大願心、大菩提心，基本上不會「小人常戚戚」了。

第二十二　憍慢不請法戒❶

若佛子，初始出家，未有所解，而自恃聰明有智，或恃高貴年宿，或恃大姓、高門、大解、大富、饒財七寶❷，以此憍慢，而不咨受先學法師經律。其法師者，或小姓、年少、卑門、貧窮下賤、諸根不具，而實有德，一切經律盡解。而新學菩薩，不得觀法師種姓，而不來諮受法師第一義諦者，犯輕垢罪。

【譯文】

作為佛弟子，如果剛開始出家，對大乘佛法還未有深入了解，不可以自恃聰明才智，或自恃出身高貴、年長德碩，或自恃自己是大姓、高門、大學問家、資產大富、饒財七寶，以此生起大驕慢心，而不向先學法師虛心諮詢受教經律之理。先學法師，或種姓低下，或青春年少，或出身寒門，或貧窮下賤，或身體殘疾，但確實德行具足，且能正確理解一切經律，新學菩薩不得因為法師種姓低下，而不前往法師處諮詢受教大乘第一義諦，如果這樣做，犯輕垢罪。

【注釋】

❶憍慢：傲慢。憍，同「驕」，驕傲，驕矜。

❷大姓：古代印度將整個社會分成婆羅門、剎帝利、吠舍和首陀羅四個階層，亦稱「四種姓」。婆羅門為從事祭祀的僧侶，剎帝利是以部落首領為首的武士集團，包括國王、大臣等，這兩個種姓為社會的上層大姓。吠舍為社會中的普通勞動者，包括農民、牧民、手工業者和商人等。首陀

羅，包括貧民、雇工和奴隸，為社會最低種姓。後兩者為社會的小姓。高門：指名門望族。大解：指大學問家。

【解讀】

求師訪道，當求明師。但名師好見，明師難求。若能放下身段，不以貌取人，不以出身、地位、財富等取人，注重德行、學問，又自己廣積福德資糧，必能得遇自己依止上師。

第二十三　憍慢僻說戒❶

若佛子，佛滅度後，欲以好心受菩薩戒時，於佛菩薩形像前，自誓受戒❷。當七日佛前懺悔，得見好相❸，便得戒。

若不得好相時，應二七、三七，乃至一年，要得好相。得好相已，使得佛菩薩形像前受戒。若不得好相，雖佛像前受戒，不得戒。

若現前先受菩薩戒法師前受戒時，不須要見好相。何以故？是法師，師師相授，故不須好相。是以法師前受戒時，即得戒，以生至重心故，便得戒。

若千里內無能授戒師，得佛菩薩形像前自誓受戒，而要見好相。

若法師自倚解經律、大乘學戒，與國王、太子、百官，以為善友。而新學菩薩來問，若經義律義，輕心、惡心、慢心，不一一好答問者，犯輕垢罪。

【譯文】

佛弟子，佛陀滅度之後，如果有人好心想要受持菩薩戒時，應當在佛菩薩形像前，自誓受戒。當於七日，在佛菩薩形像前懺悔，如果得見佛來摩頂，見光明、蓮花等好相時，便得納受戒體，受戒成功。

如果沒有得見種種好相，當於十四日、二十一日，乃至一年時間，繼續於佛菩薩像前懺悔，直至見到好相為止。如果沒有得見種種好相，雖然於佛菩薩形像面前自誓受戒，也沒有得到戒體，沒有受戒成功。

如果現前有先行受過菩薩戒的法師，於此法師面前秉受菩薩戒時，則不須得見好相。為什麼呢？因為受持菩薩戒的法師，其大乘菩薩戒戒體，師師相授，代代相傳，所以說不須見到好相。因此，在先受大乘菩薩戒的法師面前受戒時，即可納受戒體。因為生起至誠至重之心，便得納受戒體。

如果千里以內沒有授大乘菩薩戒的法師，可以自己在佛菩薩形像前自誓受戒，但一定要得見好相。

如果法師自恃能夠精解經律，了知大乘學戒，又自恃與國王、太子、百官等為好友，而當新學菩薩前來請教時，於諸經義律義，法師因為有輕視心、憎惡心、驕慢心，不認真一一如法答問者，犯輕垢罪。

【注釋】

❶僻說：因為憍慢心，對於求法者，答非所問，或不如法而答。僻，即有所偏見。

❷自誓受戒：指沒有請三師七證，也沒正式授戒儀式，由自誓而得受戒。佛教有特定的授戒儀式，稱「三壇授戒」。初壇授沙彌、沙彌尼戒，二壇授比丘、比丘尼戒，三壇授出家菩薩戒。出家者經過三壇大戒，始被公認為合格的大乘出家人。在授戒儀式上，主事者為十師和尚，其中，得戒和尚一人、羯磨阿闍梨一人、教授阿闍梨一人，是為「三師和尚」，另有尊證阿闍梨七人，總稱「三師七證」。大乘菩薩戒，可由出家眾按一定儀式正式授戒，也可以在佛菩薩或其畫像面前自誓受戒。

❸得見好相：指由自誓受戒而感應到佛來摩頂，見光明、蓮花等種種神奇異相。

【解讀】

自誓受戒，談何容易！況今日有正式傳戒之法師，言自誓受戒，非慢即狂了。

第二十四　不習學佛戒

若佛子，有佛經律大乘法，正見、正性、正法身❶，而不能勤學修習。而捨七寶❷，反學邪見、二乘、外道俗典、阿毘曇、雜論、一切書記❸，是斷佛性，障道因緣，非行菩薩道者。若故作者，犯輕垢罪。

【譯文】

作為佛弟子，面對佛教經律大乘佛法，正見、正性、正法身等第一義諦，不能夠勤學修習。捨棄佛寶、經寶、律寶、法寶、正見、正性、正法身這七寶，反而去學習邪見、小乘經論、外道俗典、阿毘曇、雜論、一切書記等，是為斷佛性種子，是障礙修道的因緣，並非是在踐行菩薩道。如果故意這樣做，犯輕垢罪。

【注釋】

❶ 正性：即「聖性」，唯識家稱生無漏智而斷煩惱之性為「聖性」，俱舍家以離煩惱為「正性」。
正法身：即佛的法身，指佛所說的正法、佛所得的無漏法及佛的自性真如。

❷七寶：即佛寶、經寶、律寶、大乘法寶、正見寶、正性寶、正法身寶。

❸俗典：即世俗人所著的典籍，如哲學、政治學、文學等等。阿毘曇：又稱「阿毘達磨」，通常指部派佛教三藏中的論藏，意思是指在探究之後所得到的理論體系。雜論：凡論有論無，小乘外道以及世俗經典雜糅所成之論，是名「雜論」。書記：即詩詞歌賦、醫藥卜占、陰陽術數、神話傳記之類。

【解讀】

佛陀雖然開許大乘佛子閱讀研究世俗外道經典，若於自家佛教義理不明，實修實證全無，不下力苦學勤修，整日沉浸於世俗論著，是謂本末倒置。佛法為無上智慧，於其中略有領悟，觀世俗聰明才智，猶如高屋建瓴。

第二十五　不善知眾戒

若佛子，佛滅度後，為說法主❶，為行法主❷，為僧房主❸，為教化主❹，坐禪主❺，行來主❻，應生慈心，善和鬥諍，善守三寶物，莫無度用，如自己有。

而反亂眾鬥諍，恣心用三寶物者，犯輕垢罪。

【譯文】

作為佛弟子，在佛陀滅度後，不論是為說法主、行法主、僧房主、教化主，還是作為坐禪主、行來主，都應時常生起慈悲心，善於調和鬥訟之事，善於守護三寶財物，使用三寶財物應有節度，如用己物一樣節儉。如果不能這樣，反而擾亂僧眾，使其諍訟不斷，並恣心揮霍三寶財物者，犯輕垢罪。

【注釋】

❶ 說法主：即講經說法之師，指於佛陀所說三藏教法，善能主持宣講。

❷ 行法主：指主持清規戒律、檢點僧眾威儀之僧。

❸ 僧房主：即當家師，善於主持寺院大小事務。

❹ 教化主：指以佛法教化眾生，啟人智慧，教人培種善根福田。

❺ 坐禪主：即禪堂內的「維那師」，善能主持修習禪定，能分別了知正定邪定，並於魔境現前等事能方便制伏。

❻ 行來主：即「知客師」，善能主持遠近賓客送往迎來等事，合乎禮節而不致疏慢。

【解讀】僧團內部，各處其位，各司其職，各遵戒律，且行羯磨、布薩等法，不僅內部和諧，而且可以為人天師表，為世俗社會提供範式。

第二十六　獨受利養戒

若佛子，先在僧坊中住，若見客菩薩比丘，來入僧坊、舍宅、城邑，若國王宅舍中，乃至夏坐安居處，及大會中❶，先住僧應迎來送去，飲食供養，房舍臥具、繩床木床，事事給與。若無物，應賣自身，及男女身，應割自身肉賣，供給所需，客僧所需都就該盡量予以滿足。若有檀越來請眾僧❷，客僧有利養分，僧坊主應次第差客僧受請。而先住僧獨受請，而不差客僧者，僧坊主得無量罪。畜生無異，非沙門，非釋種姓，犯輕垢罪。

【譯文】作為佛弟子，先在僧坊中入住，如果見到客菩薩比丘，來到寺廟、舍宅、城邑、國王宅舍，乃至夏坐安居之處，以及種種大法會中，先住僧應該迎來送往，供應飲食、房舍、臥具、繩床、木床等，事事皆盡力供給。若無財物，應當賣己身、奴婢，乃至割己身上肉去賣，供給客僧所需，客僧所需都應該盡量予以滿足。

若有施主來請僧供養，不論是普請還是限請，客僧也應當得到供養，僧坊主應當次第請客僧受請。如果只有先住僧獨自受請，而不安排客僧去受請者，僧坊主則犯無量罪。這樣做，則與禽獸無異，非出家人，非釋迦弟子，犯輕垢罪。

【注釋】

❶ 大會：即各種大法會，如講經大法會、傳戒大法會、水陸大法會等。

❷ 檀越：梵文的音譯，即「施主」，指布施之主人，常施與僧眾衣服食物，或出資興建廟宇、舉辦法會等。《增一阿含經》卷二十四中說，施主惠施有五種功德，即：一、名聞四遠，眾人歎譽。二、若至眾中，不懷慚愧，亦無所畏。三、受眾人敬仰，見者歡悅。四、命終之後，生天上或人中，為天所敬，或為人中尊貴。五、智慧遠出眾人之上，現身漏盡不經後世。

【解讀】

僧眾之間相互尊重，相互幫助，才能有僧團的和諧，才能有正法的久住。

第二十七　受別請戒

若佛子，一切不得受別請、利養入己❶，而此利養屬十方僧❷。而別受請，即是取十方僧物入己。八福田中，諸佛、聖人、一一師僧、父母、病人物，自己用故，犯輕垢罪。

【譯文】

作為佛弟子，不得接受施主特別指定的一切供養，並將利養歸為己有，因為利養是屬於十方僧眾所有。如果接受施主的特別指定供養，即是奪取十方僧物歸為己有。眾生培植八福田之物，即供養諸佛、聖人（羅漢僧）、和尚、阿闍梨、僧、父、母、病人之物，如果自己取用，犯輕垢罪。

【注釋】

❶別請：指在家人於僧眾之中特別指定某位僧人接受供養。如果於僧眾中特別指定請四人以上，稱為「別請眾食」。接受在家人的施食供養，必須以僧之臘次次第赴請方為正規，故別請為戒律所禁止。

❷十方僧：或稱「四方僧」，即所有僧眾。

【解讀】

「施主一粒米，大如須彌山」，寺院之物，皆來自十方供養，若自取自用者，只有「披毛戴角還」。

第二十八　別請僧戒

若佛子，有出家菩薩、在家菩薩，及一切檀越，請僧福田求願之時，應入僧坊問知事人❶，今欲請僧求願。知事報言，次第請者，即得十方賢聖僧。而世人別請五百羅漢、菩薩僧，不如僧次一凡夫僧。若別請僧者，是外道法，七佛無別請法❷，不順孝道。若故別請僧者，犯輕垢罪。

【譯文】

作為佛弟子，如果有出家菩薩、在家菩薩，以及一切施主，前來請僧供養、培植福田、發心求願之時，應先入僧坊中告知事人，今欲請僧求願。知事應該回答說，若以平等心次第請僧供養者，即可請得十方一切賢聖僧。

然而世人常以分別心而別請五百羅漢、菩薩僧，如是作者，不如於眾僧中依次第請一凡夫僧。如果特別指定請僧，是外道之法，七佛中無有別請之法，如此請者是為不順孝道。如果故意別請僧者，犯輕垢罪。

【注釋】

❶知事人：又稱「維那」、「都維那」、「悅眾」等，乃寺院中掌管諸僧雜事與庶務之職稱，基本上由順應諸僧願望、嚴持戒律、心存公正之賢者擔任。

❷七佛：毘婆尸佛、尸棄佛、毘舍浮佛，是過去莊嚴劫中已成正覺的三位佛。拘留孫佛、拘那含牟尼佛、迦葉佛、釋迦牟尼佛，是現在賢劫中今成正覺的四位佛。

【解讀】

佛法修持，常言無分別心。若對法師判高判低，分別對待，一念慢心所動，獲無量罪。倒不如平等尊重，次第供養，則獲福無量。

第二十九　邪命自活戒

若佛子，以惡心故，為利養販賣男女色，自手作食❶，自磨自舂❷，占相男女❸，解夢吉凶❹，是男是女，咒術工巧❺，調鷹方法，和合百種毒藥，千種毒藥，蛇毒、生金銀毒、蠱毒，都無慈愍心，無孝順心。若故作者，犯輕垢罪。

【譯文】

佛弟子，因為內在惡心，為求利養而販賣男色女色，自己動手做食，磨穀舂米，為男女占相合婚，依夢境解判凶吉，占卜孕婦生男生女，以咒驅遣鬼神，以幻術迷惑世人，以精工巧匠製造種種奇物，以及調教鷹犬之法，配製百種毒藥、千種毒藥，提取蛇毒、生金銀毒、蠱毒，是謂邪命自活，都是沒有慈愍心的表現，也沒有孝順心，如此做者，犯輕垢罪。

【注釋】

❶自手作食：指自己動手做食。依佛教戒律，出家人，當以乞食為生活，乞檀越一餐之供，清淨自活，以資色身，又可為施主積福。自己做食，不合佛制。

❷舂：用杵臼搗去穀物的皮殼。金陵刻經處本中為「春」，此處根據《大正藏》本改。

❸占，金陵刻經處本中為「古」，此處根據《大正藏》本改。

❹解夢吉凶：即根據人們夢中的人、事等作出是吉是凶的解析。

❺咒術工巧：此等皆是世人所為。咒，以驅神遣將，攝人魂魄。術，為幻術，以幻惑人。工，為精工。巧，為巧匠。

【解讀】

佛弟子，當選擇正命之法，遠離咒術、占卜等五種邪惡之謀生方法，方便清淨身、口、意三業。一般人難以脫離環境影響，修行者最好選擇清淨而又有閒時之職業，方便修行。

第三十　不敬好時戒

若佛子，以惡心故，自身謗三寶，詐現親附。口便說空，行在有中。為白衣通致男女❶，交會淫色，作諸縛著❷。於六齋日❸，年三長齋月❹，作殺生、劫盜、破齋犯戒者，犯輕垢罪。

如是十戒，應當學，敬心奉持。〈制戒品〉中廣明。

【譯文】

佛弟子，由於惡心所致，自身誹謗三寶，而又詐現親附三寶，騙取世人信任尊敬。口中總說一切皆空，所行卻是一切貪欲等事。為世間男女牽線搭橋，助成淫事，使其相互纏縛繫著，無有解脫。又於每月六齋日，每年三長齋月，作殺害生命、搶劫盜竊、破齋犯戒等事。如此做者，犯輕垢罪。

如此十戒，應當學，應當敬心奉持。在〈制戒品〉中有廣泛而詳細的說明。

【注釋】

❶白衣：原意為白色之衣，轉稱穿白衣者，指在家人。印度人一般皆以鮮白的衣服為貴，僧侶以外者皆喜穿白色衣服，故佛教稱在家人為「白衣」，相對於此，出家人則稱為「緇衣」、「染衣」。

❷作諸縛著：男以女為色，女以男為色，相互生起貪欲渴愛之心，不能自拔，互為纏縛，不能解脫。

❸六齋日：謂每月清淨持戒之六日，即初八、十四、十五、二十三、二十九、三十（月小是二十八、二十九）。僧眾每月於此六日須集會一處，布薩說戒。在家二眾於此六日受持一日一夜八關齋戒，功德無量。又此六日，天神巡狩人間考察善惡，又為惡鬼伺人之日，故諸事須謹慎。

❹三長齋月：又作「三長月」、「三齋月」等，指於陰曆正月、五月、九月三個月長期持齋。過午不食，稱為「齋」。又有在家居士，僅此三月不吃葷腥，是謂「吃花齋」。

【解讀】

佛法修持，當知行合一。若為名聞利養，談空說有，販賣佛法，獲無量罪業。若有心財富，可依正道求取。既入佛門，事事當須放下，破執掃相，方為正行。

第三十一　不行救贖戒

佛言：佛子，佛滅度後，於惡世中，若見外道、一切惡人、劫賊，賣佛菩薩父母形像❶，及賣經律，販賣比丘、比丘尼，亦賣發心菩薩道人。或為官使，與一切人作奴婢者。而菩薩見是事已，應生慈悲心，方便救護，處處教化，取物贖佛菩薩形像，及比丘、比丘尼、一切經律。若不贖者，犯輕垢罪。

【譯文】

佛說：作為佛弟子，在佛陀滅度之後，於五濁惡世之中，如果見到外道、一切惡人、劫賊等，販賣佛菩薩父母塑像、畫像，以及販賣佛教經律，販賣比丘、比丘尼，乃至販賣發心修習大乘菩薩道的菩薩。或將他們賣到官府中作為官的遣使，或是賣與世人作奴婢。而菩薩見到此等之事，應該生起慈悲心，以種種方便盡力救護，或處處教導感化一切眾生，令其出資取物，贖買佛菩薩形像，及比丘、比丘尼、一切經律。如果遇此等事不行救贖，犯輕垢罪。

【注釋】

❶ 佛菩薩父母形像：佛為大慈父，菩薩為大悲母，生身父母與人生命，佛菩薩續人慧命，故說佛菩薩父母。形像，即佛之形像，廣含菩薩、羅漢、明王、諸天等像。佛教中作為禮拜的佛像有雕像、畫像兩種，也有專稱雕塑像為「佛像」，畫像則稱「圖像」。印度古代人認為雕畫佛像是冒瀆神聖的事情，所以僅止於以法輪、菩提樹、佛足跡等標記象徵佛。其後，隨著大乘佛教的興起，佛像雕刻繪畫開始盛行，諸大乘經論中也有了許多關於造像因緣及其功德的記載。

【解讀】

一份恭敬，則得一分福報。若遇佛菩薩像等被販賣、遭破壞，佛弟子，必當盡力維護、救贖，以顯真正皈依三寶之德行。

第三十二　損害眾生戒

若佛子，不得畜刀杖弓箭，販賣輕秤小斗❶。因官形勢，取人財物，害心繫縛，破壞成功。長養貓狸豬狗❷。若故養者，犯輕垢罪。

【譯文】

佛弟子，不得收藏刀、杖、弓箭，不可在販賣中使用輕秤小斗，剋斤少兩。不可依恃官府勢力，巧取豪奪他人財物，害心繫縛眾生身體，破壞他人接近成功之事。不得飼養貓、狸、豬、狗等，此是養生害生，間接傷害眾生性命。如果明知故養者，犯輕垢罪。

【注釋】

❶輕秤小斗：指做買賣奸滑刁鑽。輕秤，剋斤少兩。小斗，小斗出大斗入。

❷貓狸：以捕鼠為生，養之，是謂間接殺生。豬狗：世人常以食用，養之，是謂助殺。

【解讀】

鬥殺器具，收藏觀賞，心中必常聯想到殺戮，損害自己的慈悲心。飼養貓、狸、豬、狗等，不但會結來生纏縛之緣，還是間接殺生。如此等事，大乘佛子所不為。

第三十三　邪業覺觀戒

若佛子，以惡心故，觀一切男女等鬥，軍陣兵將劫賊等鬥。亦不得聽吹唄、鼓角、琴、瑟、箏、笛、箜篌❶，歌叫妓樂之聲。不得摴捕、圍棋、波羅塞戲、彈棋、陸博、拍毱、擲石投壺、牽道八道行城❷。爪鏡、蓍草、楊枝、鉢盂、髑髏❸，而作卜筮。不得作盜賊使命。一一不得作。若故作者，犯輕垢罪。

【譯文】

佛弟子，不可因為惡心所使，興趣盎然地觀看男女放蕩鬥鬧之事，兩軍對陣兵將相殺、盜賊劫掠鬥殺之事。亦不得沉醉於聽螺唄、鼓角、琴、瑟、箏、笛、箜篌，以及歌叫妓樂之聲。亦不得沉湎於賭博、圍棋、波羅塞戲、彈棋、陸博、拍毱、擲石投壺、牽道八道行城。不得以爪鏡、蓍草、楊枝、鉢盂、髑髏等法，行種種卜筮，斷人吉凶禍福。不可作盜賊使者，通風報信。上述種種，一一皆不得去做。若明知而故意去做者，犯輕垢罪。

【注釋】

❶箜篌：一種古代樂器。世傳此樂器為西域所出，非華夏固有。箜篌分為豎箜篌、臥箜篌、鳳首箜篌等，其中豎箜篌體曲面長，通常為二十三弦，置於懷中兩手齊奏；臥箜篌則為七弦，形如琵琶。

❷摴捕：即賭博。波羅塞戲：出自印度，模擬兵戰的一種遊戲。謂二人各執二十餘小玉，乘象或馬於道路，以爭得要路以為勝，類似我國的象棋。彈棋：漢朝時的妝奩遊戲，常為宮人仕女所玩。擲石投壺：即於遠處擲石投入壺中的一種遊戲。牽道八道行城：一種出自天竺的棋類遊戲，縱橫各有八路，以棋子行之，如行城的法式。

❸爪鏡：西域巫術，謂以藥塗指上，念動咒語，有光明出，如鏡照人，斷人吉凶。蓍草：多年生宿根草本，被認為是鬼神最愛植物之一，中國古人取其莖截取以為筮，用以卜卦，以斷凶吉。楊枝：即樟柳神，謂巫師以咒祭樟柳樹成神，附人耳邊，報人禍福。缽盂：一種巫術，謂以水注入盂中，以刀攪動，並念動咒語，等水定後，可於其中觀察，以斷人是非、吉凶等事。髑髏：人之頭骨，取自新屍首，以邪咒邪術祭之，能在人耳邊通報禍福等事。

【解讀】

佛法核心是因緣法，因果不爽，有因必有果，有果必有因。眾生畏果，菩薩畏因。既得其果，無能改之。將來之果，在於當下之因。與其算命打卦，不如於當下廣積福田。況此等事，本為佛戒所禁，大乘佛子如若為之，是謂以身謗法，獲罪無量。

第三十四　暫念小乘戒❶

若佛子，護持禁戒❷，行住坐臥，日夜六時，讀誦是戒。猶如金剛。如帶持浮囊❸，欲渡大海。如草繫比丘❹。常生大乘善信，自知我是未成之佛，諸佛是已成之佛。發菩提心，念念不去心，若起一念二乘外道心者，犯輕垢罪。

【譯文】

佛弟子，應該嚴格護持戒律，於行住坐臥、日夜六時之中，讀誦戒律。猶如金剛一樣戒心堅固，視佛戒如帶持浮囊，能渡生死苦海。亦如草繫比丘一般，持律精嚴。諸佛弟子，應常生起大乘善信，相信自己是未來之佛，諸佛是已成之佛。大乘佛子，應當發大菩提心，念念不離大乘心，若起一念小乘、外道心者，犯輕垢罪。

【注釋】

❶ 蹔：同「暫」。

❷ 禁戒：指佛為防止弟子們身、口、意之過錯而制定的戒律。也指非長時期所持之戒，是應於短期內發願修法所制之戒。

❸ 浮囊：佛教經論中常出現的用於渡河的工具，此處喻戒，謂持戒能防非止惡，使人渡生死海。

❹ 草繫比丘：嚴持戒律比丘的代稱，出自佛教中典故。據稱佛陀在世時，有一比丘被賊人以帶根的活生草捆住，比丘怕傷害生草，故靜等不動，偶遇一國王經過，方得解脫。

【解讀】

戒為無上菩提之本，持戒猶如帶持浮囊，能令人渡生死苦海。大乘佛子，發大菩提心，即以大心願守持戒律，而不是自視大心而輕視有相細微戒律，所謂從大處著眼，從細節做起。

第三十五　不發願戒

若佛子，常應發一切願。孝順父母、師僧；願得好師，同學、善知識，常教我大乘經律；十發趣，十長養，十金剛，十地，使我開解，如法修行，堅持佛戒。寧捨身命，念念不去心。若一切菩薩不發是願者，犯輕垢罪。

【譯文】

佛弟子，應當時常發起一切廣大願心。永遠孝順父母，孝順師僧。願得明眼大德為師，願得大乘佛法同學，願遇大善知識，常能教授我大乘經律；十發趣，十長養，十金剛，十地等，可以使我心開意解，並能如法修行，堅持佛戒。大乘佛子，寧可捨棄生命，念念都不應離開如此心願。如果一切菩薩不發如此廣大心願，犯輕垢罪。

【解讀】

此處所說，為十大願心，即：一願孝順父母，二願求好師，三願求同學，四願求大法，五願求十發趣，六願求十長養，七願求十金剛，八願求十地，九願求開解佛乘，十願堅持佛戒。如此十願，總攝一切廣大願心。父母有生育之恩，師僧有教誨之德，同學有互助情義，常行感恩，成就內德。功德福報具足，則學佛持戒無難。

第三十六　不發誓戒

若佛子，發是十大願已，持佛禁戒，作是願言：

寧以此身，投熾然猛火、大坑刀山，終不毀犯三世諸佛經律，與一切女人作不淨行。

復作是願，寧以熱鐵羅網千重，周匝纏身，終不以此破戒之身，受於信心檀越一切衣服。

復作是願，寧以此口吞熱鐵丸，及大流猛火，經百千劫，終不以此破戒之口，食於信心檀越百味飲食。

復作是願，寧以此身臥大流猛火，羅網熱鐵地上，終不以此破戒之身，受於信心檀越百種床座。

復作是願，寧以此身受三百鉾刺身❶，經一劫二劫，終不以此破戒之身，受於信心檀越百味醫藥。

復作是願，寧以此身投熱鐵鑊，經百千劫，終不以此破戒之身，受於信心檀越千種房舍、屋宅、園林、田地。

復作是願，寧以鐵錘打碎此身，從頭至足，令如微塵，終不以此破戒之身，受於信心檀越恭敬禮拜。

復作是願，寧以百千熱鐵刀鉾，挑其兩目，終不以此破戒之心，視他好色。

復作是願，寧以百千鐵錐，劖刺耳根❷，經一劫二劫，終不以此破戒之心，聽好音聲。

復作是願，寧以百千刃刀割去其鼻，終不以此破戒之心，貪嗅諸香。

復作是願，寧以百千刃刀割斷其舌，終不以此破戒之心，食人百味淨食。

復作是願，寧以利斧斬斫其身❸，終不以此破戒之心，貪著好觸。

復作是願，願一切眾生成佛。

菩薩若不發是願者，犯輕垢罪。

【譯文】

大乘佛弟子，發上述十大願後，守持諸佛禁戒，又發如下誓願：

寧願以自身，投入熾燃猛火中，受焦爛苦；或投入大坑刀山中，受陷墜、割截苦，終不毀壞、違犯三世諸佛經律，與一切女人作不淨行。

又發是願，遇寒冷時，寧願以熾熱鐵羅網千重，周匝纏繞己身，終不以此破戒之身，接受信心施主的一切衣服供養。

又發是願，飢餓時，寧願以此口吞食熱鐵之丸；飢渴時，寧願以此口飲大流猛火，受焦腸爛肺之苦，歷經百千劫，終不以此破戒之身，食於信心施主的百味飲食供養。

又發是願，疲倦時，寧願以此身臥在大流猛火、羅網熱鐵地上，終不以此破戒之身，接受信心施主的百種床座供養。

又發是願，患病時，寧願以此身受三百矛刺，經歷一劫、二劫，終不以此破戒之身，接受信心施主的百味醫藥供養。

又發是願，居止時，寧願以此身投入熱鐵籠中，經歷百劫、千劫，終不以此破戒之身，接受信心施主的房舍、屋宅、園林、田地等供養。

又發是願，自尊自重時，寧願用鐵錘打碎此身，從頭到腳，碎如微塵，終不以此破戒之身，接受信心施主的恭敬、禮拜。

又發是願，當眼外觀時，寧願用百千熾熱鐵刀鐵矛，挑其雙眼，終不以此破戒之心，觀看美麗之物。

又發是願，當耳聞聲時，寧願以百千鐵錐，刺破耳根，歷經一劫、二劫，終不以此破戒之心，聽其好聲音。

又發是願，當鼻聞香時，寧願以百千刃刀，割去其鼻，終不以此破戒之心，貪嗅種種好香。

又發是願，飲食時，寧願以百千刃刀，割斷其舌，終不以此破戒之心，食人百味淨食。

又發是願，身觸外境時，寧願以利斧斬破其身，終不以此破戒之心，貪著好的身體感觸。

又發是願，願一切眾生，悉皆成佛。

菩薩若不發此十三誓願，犯輕垢罪。

【注釋】

❶鉾：劍鋒。

❷劖：刺，砭刺。

❸斫：用刀斧砍或削。

【解讀】

此等心願誓詞，句句鏗鏘有力；信心與誠心，皇天可表。大菩提心，必配廣大願心，心行合一，是謂真修行。

第三十七 冒難遊行戒❶

若佛子，常應二時頭陀❷。冬夏坐禪，結夏安居❸。常用楊枝、澡豆、三衣、瓶、鉢、坐具、錫杖、香爐、漉水囊、手巾、刀子、火燧、鑷子、繩床、經、律、佛像、菩薩形像❹。

而菩薩行頭陀時，及遊方時，行來百里千里，此十八種物常隨其身。頭陀者，從正月十五日至三月十五日，八月十五日至十月十五日，是二時中，此十八種物，常隨其身，如鳥二翼。

若布薩日，新學菩薩，半月半月布薩，誦十重四十八輕。若誦戒時，於諸佛菩薩形像前誦。一人布薩，即一人誦。若二及三人，至百千人，亦一人誦。誦者高座，聽者下座，各各披九條、七條、五條袈裟❺。結夏安居，一一如法。

若頭陀時，莫入難處❻。若國難惡王，土地高下，草木深邃，獅子虎狼，水、火、風，劫賊道路，毒蛇，一切難處，悉不得入。若頭陀行道，乃至夏坐安居，是諸難處，亦不得入。若故入者，犯輕垢罪。

【譯文】

作為佛弟子，常應在春、秋二時頭陀，冬、夏二季坐禪，夏天雨季安居。無論頭陀、坐禪、安居，都應常攜如下物品：楊枝、澡豆（即肥皂）、三衣、瓶、缽、坐具、錫杖、香爐、漉水囊、手巾、刀子、火燧、鑷子、繩床、經、律、佛像、菩薩像。

菩薩行頭陀時，以及遊方參學時，無論行來百里、千里，此十八種物品，都應隨身攜帶。若行頭陀，應當從正月十五日至三月十五日（即春分時），從八月十五日至十月十五日（即秋分時），此二時節中行頭陀，上述十八種物品，應常隨身攜帶，它們猶如鳥之兩翼，不可缺少。

如果是布薩日，新學菩薩，當於每月上半月下半月各行布薩，誦此十重四十八輕戒。如果是誦戒時，僧眾應當集於佛菩薩像前誦戒。一人布薩，即一人誦戒。如果是二人，以及三人，乃至百千人布薩，也是一人誦戒。誦者高座，聽者下座，各披九條、七條、五條袈裟。結夏安居，也應一一如此法而行。

佛子行頭陀時，莫入艱難危險處。如戰爭災害不斷的國家，惡王執政的國度，或地勢高低難測之地，草木深邃之地，獅子虎狼、水火風災常生之地，以及劫賊經常出沒的道路，毒蛇經常出沒的場所，如此等一切危險之處，皆不可去。頭陀所行道路，乃至結夏安居之處，此等危險之處，皆不得入。若明知而故去，犯輕垢罪。

【注釋】

❶冒難遊行戒：初學菩薩，雖然發大願心，然道力未充，不能一切無礙，凡會遇難之處，不可輕遊，故戒之，是謂「冒難遊行戒」。遊行，又作「飛錫」、「遊方」，指遍行各地參學聞法。禪宗稱為「行腳」，一般遊行參學的僧侶，稱為「行腳僧」。

❷頭陀：亦稱「抖擻」、「修治」、「棄除」等，苦行之一，指以極嚴格手段破除對衣、食、住等的貪著，修煉身心，抖去客塵煩惱，證無上正道。頭陀有十二種苦行：一、阿蘭若處住（荒野僻

靜處），二、常行乞食，三、次第乞食，四、日中一食，五、節量食，六、中食後不飲果漿，七、穿糞掃衣，八、只有三衣，九、塚間住，十、樹下止宿，十一、露地坐，十二、但坐不臥。

❸結夏安居：佛教修行制度之一，又作「夏安居」、「雨安居」、「坐夏」、「結制安居」等。印度夏季雨期達三月之久，此三個月間，出家人禁止外出，並聚居一處以致力修行，稱為「結夏安居」。如果雨季期間外出，恐踩殺地面之蟲類及草樹之新芽，招引世譏，故聚集修行，避免外出。

❹楊枝：即楊柳枝，或其他樹枝，刷牙用。三衣：依佛教戒律規定，出家人可以擁有的三種衣服：一、僧伽梨，即「大衣」、「重衣」、「入聚落衣」等，為上街托缽或奉召入王宮時所穿之衣，由九至二十五條布片縫製而成，又稱「九條衣」。二、郁多羅僧，即「上衣」、「入眾衣」，為禮拜、聽講、布薩時所穿之衣，由七條布片縫製而成，故又稱「七條衣」。三、安陀會，即「內衣」、「作務衣」、「五條衣」，為做日常勞務時或就寢時所穿之衣。缽：又作「缽盂」，用瓦或鐵製成，為僧尼所常持器具之一，一般做為化緣乞食的容器。坐具：又作「敷具」、「坐臥具」等，指坐臥時敷於地上或臥具上的長方形布，也可指坐墊。坐具可以防禦地上植物、蟲類以保護身體，也可避免三衣及寢具受污損。錫杖：又作「聲杖」、「鳴杖」、「金錫」等，比丘十八物之一。比丘行於道路時，原用於驅趕毒蛇、害蟲等，或乞食之時，振動錫杖，使人遠聞即知。錫杖於後世則成為法器之一。漉水囊：喝水時，擔心水中有蟲，故先要過濾，然後才喝，免得殺害微小生命。刀子：用以剃除鬚髮。頭陀行，嚴格要求，頭髮略長，即必須剃除。火燧：用

以取火的工具。鑷子：比丘十八物之一，用於拔取鼻毛或刺等物。古時頭陀赤足而行，若有刺傷足，用此拔之。

❺九條、七條、五條袈裟：即出家人的「三衣」。

❻莫入難處：即不要進入各種有危險、特別困苦之處。若入於難處，身體易受傷害。此身雖然虛幻，而念佛、參禪全賴此色身。

【解讀】

佛教苦行，旨在破除自身對於衣、食、住等的種種貪著，抖落種種客塵煩惱，而不是作踐身體。瑕滿人身，千劫難得。參禪打坐、持咒念佛，精進用功，證得無上菩提，端賴此色身。故當珍惜愛護，莫入難處，莫加毀壞。

第三十八　乖尊卑次序戒

若佛子，應如法次第坐。先受戒者在前坐，後受戒者在後坐。不問老少，比丘、比丘尼，貴人、國王、王子，乃至黃門、奴婢，皆應先受戒者在前坐，後受戒者次第而坐。莫如外道癡人❶，若老若少，無前無後，坐無次第，如兵奴之法。我佛法中，先者先坐❷，後者後坐，而菩薩一一不如法次第坐者，犯輕垢罪。

【譯文】

佛弟子，應按照佛法規定的次第而坐。先受戒者坐在前面，後受戒者坐在後面。不論年老年少，比丘、比丘尼，貴人、國王、王子，還是閹人、奴婢，皆應先受戒者坐在前面，後受戒者次第而坐。不要像外道癡人那樣，若老若少，無前無後，坐無次第，如兵奴般沒有章法。在佛教儀軌中，先受戒者先坐，後受戒者後坐，如果菩薩不能一一如法次第而坐者，犯輕垢罪。

【注釋】

❶癡人：即愚癡無智慧之人。外道沒有智慧，故說其為「癡人」。

❷先者：指戒臘時間長者。戒臘，指僧侶受具足戒以後的年數。

【解讀】

佛性平等，人格平等，心無高下，然於事相，得有高下前後規矩，方能威儀三千，為人天師表。

第三十九　不修福慧戒

若佛子，常應教化一切眾生。建立僧房，山林園田❶，立作佛塔❷，冬夏安居坐禪處所，一切行道處，皆應立之❸。而菩薩應為一切眾生講說大乘經律。若疾病、國難、賊難，父母、兄弟、和尚、阿闍梨亡滅之日，及三七日、四五七日，乃至七七日，亦應講說大乘經律。

一切齋會求福，行來治生，大火所燒，大水所漂，黑風所吹船舫，江河大海羅剎之難，亦讀誦講說此經律。乃至一切罪報，三惡、八難、七逆、杻械枷鎖繫縛其身，多淫、多瞋、多愚癡、多疾病，皆應講此經律。而新學菩薩若不爾者，犯輕垢罪。

如上九戒，應當學，敬心奉持。〈梵壇品〉當說。

【譯文】

作為佛弟子，常應施設種種方便，教化一切眾生。建設寺廟僧房，廣建山林園田，建造佛塔，建立冬夏安居坐禪處所，一切修行法門之處，皆應設立方便專修場所。菩薩應為一切眾生宣說大乘經律。如人患重病、遇國難、賊難，父母、兄弟、和尚、阿闍梨的去世之日，及二十一日、二十八日、三十五日，直至四十九日，亦應講說大乘經律，令其解脫幽冥之苦。

一切修齋祈福法會，遊行來往，治生產業，為大火燒毀，為大水所漂，為黑風吹起船舫，遭江河大海羅剎之難，皆應讀誦講說此大乘經律。乃至一切罪報，三惡、八難、七逆、杻械枷鎖繫縛其身，多淫、多瞋、多愚癡、多疾病等，皆應讀誦講說此大乘經律，能滅無量罪業，能滅一切貪瞋癡苦，能除身心病患，總令身心俱得解脫。新學菩薩不如此做者，犯輕垢罪。

如上九戒，應當學，應當敬心奉持。在〈梵壇品〉中當細說。

【注釋】

❶ 山林園田：建立山林，可以方便眾人經行，也可以為寺院備足建設所需木材及燒飯所用材薪。所謂經行，指在一定的場所中往復迴旋行走，通常坐禪昏沉瞌睡時，可起而經行，動中觀心參禪。另，經行也指食後或疲倦時，於閒處、戶前、塔下等處的一種調劑身心的安靜散步。建立園圃，種植果蔬，供給僧眾。建設田地，插穀、種粟，備久遠資糧。

❷ 佛塔：原指為安置佛陀舍利等物，而以磚等構造所成的建築物，後世多造各式塔以埋藏遺骨、貯藏經卷，或為標示特別聖靈之地。塔，通常是寺院中標誌性的神聖建築物，以供大眾瞻禮，增加福慧。

❸ 一切行道處，皆應立之：即一切修行法門之處，皆應設立方便專修場所。如修行準提咒者，應為立準提堂；專心念佛者，設念佛堂；立志參禪者，設禪堂。

【解讀】受持讀誦大乘經典，講說大乘經典，皆為教化廣度一切眾生之願。實際理地不染一塵，萬行門中不捨一法，讀誦講說大乘經律，福報功德無量，能消無量罪業，能得身心解脫。

第四十　揀擇授戒戒

佛言：佛子與人授戒時，不得揀擇❶。一切國王、王子、大臣、百官，比丘、比丘尼、信男、信女，淫男、淫女，十八梵天、六欲天子，無根、二根、黃門、奴婢❷，一切鬼神，盡得受戒。

應教身所著袈裟，皆使壞色❸，與道相應。皆染使青、黃、赤、黑、紫色，一切染衣，乃至臥具，盡以壞色。身所著衣，一切染色。若一切國土中，國人所著衣服，比丘皆應與其俗服有異。

若欲授戒時，應問言：現身不作七逆罪耶？菩薩法師，不得與七逆人現身授戒。七逆者，出佛身血、殺父、殺母、殺和尚、殺阿闍梨、破羯磨轉法輪僧、殺聖人❹。若具七逆，即現身不得戒，餘一切人，盡得受戒。

出家人法，不向國王禮拜，不向父母禮拜，六親不敬，鬼神不禮，但解法師語❺。有百里千里來求法者，而菩薩法師，以惡心、瞋心，而不即與授一切眾生戒者，犯輕垢罪。

【譯文】

佛說：作為佛弟子，與人授戒時，不得揀擇區別對待。一切國王、王子、大臣、百官、比丘、比丘尼、信男信女、淫男淫女、十八梵天、六欲天子、無根、二根、閹人、奴婢、一切鬼神，都應當盡得受戒。

授戒時，應教其身穿的袈裟，皆使用壞色，如此則與道相應。都染成青、黃、赤、黑、紫色，一切染衣，乃至一切臥具，都使用壞色。比丘所著衣服，一切都是染以壞色。一切國土之中，國人所穿著的衣服，比丘所著衣服皆應與國中俗服有異。

若欲授戒時，應問受戒者：你現身作過七逆罪嗎？菩薩法師，不得為現身作七逆罪者授戒。七逆罪是：出佛身血、殺父、殺母、殺和尚、殺阿闍梨、破羯磨轉法輪僧、殺聖人。如果犯了此七逆罪，則現身不能受戒，其餘一切人，盡得受戒。

出家人法，不向國王禮拜，不向父母禮拜，不敬六親，不拜鬼神，但能解得法師語。若有人從百里、千里來求法，而菩薩法師，因為自己的惡心、瞋心，而不即與授一切眾生戒者，犯輕垢罪。

【注釋】

❶揀擇：指由求戒者的身份地位、貧富貴賤而區別對待。或授戒，或不授戒，或以不同態度、儀規授戒。

❷無根：指無男女生殖器官的人。二根：指男女生殖器官同體的人，即不男不女之人。

❸壞色：又稱「不正色」、「雜色」，比丘三衣的染色。佛陀為使僧侶與世俗人或外道有所區別，也為了避免比丘對所穿著的衣服生起欲染心，因此制定僧衣應染成壞色。壞色，指避開世俗常用的青、黃、赤、黑、白五正色，有三種色，即：青色、泥色（皂色、黑色）、茜芭（木蘭色）。

❹破羯磨轉法輪僧：指以不正當之言論和行動，破壞教團的和諧。羯磨僧，指授戒儀式中為欲受戒者指示乞戒禮儀規矩的阿闍梨；轉法輪僧，指宣講佛法義理、戒律內容及其主旨的阿闍梨。此兩者，為授戒儀式中三師七證的三師中之二僧，地位十分重要。

❺但解法師語：指受戒出家後，應該以修道為重，不務世俗之禮，但能解得法師說戒之語。

【解讀】

法師心中，應該眾生平等，佛性平等，傳法授戒，亦當一切眾生平等，無有揀擇。平等心，須見之於平等的行為。自身清淨、平等、慈悲，則與諸法實相相合。如此傳戒授戒，受戒者當下戒體成就，授戒受戒同時成功。

第四十一 為利作師戒

若佛子，教化人起信心時，菩薩與他人作教誡法師者❶，見欲受戒人，應教請二師。和尚、阿闍梨二師❷，應問言，汝有七遮罪否？若現身有七遮罪者，師不應與授戒；若無七遮者，得與授戒。

若有犯十重戒者，教懺悔。在佛菩薩形像前，日夜六時，誦十重四十八輕戒，苦到禮三世千佛，得見好相者。若一七日，二三七日，乃至一年，要見好相。好相者，佛來摩頂，見光華。種種異相，便得滅罪。若無好相，雖懺無益。是人現身亦不得戒，而得增長受戒益。

若犯四十八輕戒者，對首懺悔❸，罪便得滅，不同七遮。而教誡師，於是法中，一一好解❹。

若不解大乘經律，若輕若重，是非之相，不解第一義諦，習種性、長養性、性種性、不可壞性、道種性、正覺性❺。其中多少觀行出入❻，十禪支❼，一切行法，一一不得此法中意。

而菩薩為利養，為名聞故，惡求多求，貪利弟子，而詐現解一切經律，為供養故，是自欺詐，亦欺詐他人。故與人授戒者，犯輕垢罪。

【譯文】

作為佛弟子，應當教化眾生生起大乘信心。菩薩與他人作教誡法師時，若見有人欲受大乘菩薩戒，應教其禮請戒和尚、羯磨和尚二師。二師在傳戒前，應先問欲受戒之人：你今生犯有七遮罪了嗎？若現身犯了七遮罪，就不能為他授戒；若沒有犯過七遮罪，就可以為其授戒。

如果有人犯過十重戒，應先教其懺悔。令其在佛菩薩形像前，日夜六時，誦此十重四十八輕戒。以悲苦心、至誠懺悔心禮拜三世千佛，直至得見好相。七日、十四日、二十一日，乃至一年，禮拜、懺悔不輟，畢竟要見好相。所謂的好相，指見佛來摩頂，或見光、見蓮花等。若見此等種種異相，便知已得滅罪。若無好相現前，罪還沒有得滅，雖行懺悔亦無滅罪之利益。此等之人現身不能得戒，但為將來受戒創造了好的條件。

如果犯了四十八輕戒，可於首座或後堂師父面前，也可面對其他的修行僧（一至三人），稟陳事實，懺悔己過，罪業便得消滅，此與七遮之罪不同。教誡師於上述授戒法規、懺悔之法，一一皆得明確了解。

如果不了解大乘經律，不知犯戒之輕重、是非之相，不理解大乘佛法第一義諦，不解習種性、長養性、性種性、不可壞性、道種性、正覺性，乃至其中多少觀行出入，十種禪支，如此等一切法，一一不解其中之意，自利尚難，何況利人。

如果菩薩為了利養，為了名聲，一味地惡求多求，貪多供養，多收徒眾，而詐稱能解一切經律，此種為了供養的行為，是自我欺詐，也是欺詐他人。不解上述諸法，而故意與人作師授戒者，犯輕垢罪。

【注釋】

❶教誡法師：誡，即教人有些事不應該做。即授戒時，教導他人受戒儀式，教他人懺悔，教他人如何得戒等。教，即教人有些事應該做。

❷和尚：在傳戒時，和尚負責傳戒，名「得戒和尚」。阿闍梨：阿闍梨作法令受戒人得戒，名「羯磨和尚」。

❸對首懺悔：三種羯磨法之一，又作「對手」、「對首懺」。對首懺悔，為原始佛教至部派佛教時代，僧團於每月二回的布薩會或結夏安居最後一日的自恣日中所行的懺悔作法，即雙手合十，面對他僧（一至三人），懺悔己過。後來廣用於傳戒時，若犯四十八輕罪而須行懺悔法時，可面對其他的修行僧（一至三人），稟陳事實，表示悔悟之意。對首，即面對面。

❹一一好解：即教誡師應該讓受戒者，一一明白前面所說的道理。即：犯七遮罪者，不得受戒。犯十重罪者，當於佛菩薩形像前懺悔，並能得見好相，方能得戒。犯輕罪者，對首懺悔。

❺習種性：全稱「習所成種性」，二種性（性種性、習種性）之一，六種性（習種性、性種性、道種性、聖種性、等覺性、妙覺性）之一，指由後天聞佛法受教化，修習眾善而日久熏成的種性。

也指大乘菩薩修行階位中的十住，此階位菩薩，習空觀之教，破除見思之惑。長養性：即「十長養性」，因漸增長而名長養性。性種性：無始以來本自具足，輾轉相續的無漏因之種性，稱為「性種性」。或謂十行菩薩，不住於空而教化眾生，能分別一切法性，故名「性種性」。道種性：六種性之一，指十回向位。此階位菩薩修中道妙觀，故名為「道」；通達一切佛法，能生佛果，故名為「種」。正覺性：謂證入聖位，即十地及等、妙二覺。

❻觀行：指觀心修行，觀照自心以明瞭本性。或指觀法之行相。唯識宗於觀行有兩種，稱「二觀行」，即：一、尋伺，即推尋伺察。尋，粗猛推求。伺，細心分別。對於根塵相對所起一念之心，即以空、假、中三觀覺照。二、真如，即常以妙觀觀於心性本具真如之理，速令顯發。

❼十禪支：指四禪定中所修觀法及其功德覺受。初禪五支，覺、觀、喜、樂、一心。二禪四支，內等淨、喜、樂、一心。三禪五支，捨、念、慧、樂、一心。四禪四支，不苦不樂、捨、念、一心。捨去重複者，是謂「十禪支」。

【解讀】

知之為知之，不知為不知，是智也。不解大乘佛教經律，不修大乘佛法，不知授戒因緣，不知懺悔之法，為名聞利養而強行說戒授戒，斷眾生慧命，造無間地獄罪業，不可不慎。

第四十二　為惡人說戒戒

若佛子，不得為利養故，於未受菩薩戒者前，若外道惡人前，說此千佛大戒❶。邪見人前，亦不得說。除國王❷，餘一切不得說。

是惡人輩，不受佛戒，名為畜生，生生不見三寶。如木石無心，名為外道邪見人輩，木頭無異。而菩薩於是惡人前，說七佛教戒者，犯輕垢罪。

【譯文】

佛弟子，不得為了名聞、利養，在未受菩薩戒之人面前，如外道、惡人等面前，講說此千佛大戒。在一切邪見之人面前，亦不可講說此千佛大戒。除國王之外，上述其餘一切諸人面前，都不得講說。

這些惡人，不受佛戒，無慚無愧，與畜生無異，縱三寶在前，置若罔聞，是以生生世世不會得聞三寶。又有一些人，生有人形，實同木石一樣無心，名為外道、邪見人輩，雖屬有情，實與木頭無異。而菩薩在這些惡人、邪見人面前說七佛教戒，犯輕垢罪。

【注釋】

❶千佛大戒：即大乘菩薩戒，佛性戒。

❷除國王：因為國王是一國之主，為治理好國家，當然會希望人改過遷善，故凡所行佛事，不應隱諱。況佛教興滅之事，亦繫於國王。所以說，唯除國王。

【解讀】

持戒雖是善行，學佛雖然可以使人了脫生死，但是，如果說法因緣不具而強行說法，會導致聽者謗法，造就罪業，在講法者是謂無慈悲心，也形同造惡。大乘佛子，不會為了表現自我而販賣如來教法，而是隨順眾生因緣，觀機逗教。

第四十三　無慚受施戒

若佛子，信心出家，受佛正戒。故起心毀犯聖戒者，不得受一切檀越供養。亦不得國王地上行，不得飲國王水。五千大鬼常遮其前，鬼言大賊。入房舍城邑宅中，鬼復常掃其腳跡。一切世人皆罵言，佛法中賊；一切眾生，眼不欲見。犯戒之人，畜生無異，木頭無異。若故毀正戒者，犯輕垢罪。

【譯文】佛弟子，因為有對佛法的信心而出家，受持佛制正戒，應受眾生供養。如果後又反起不信之心，毀犯聖戒，則不得接受一切施主供養。也不得在國王土地上行走、化緣，不得喝國王管轄之內的水。不僅如此，還會有五千大鬼常遮眼前，因為此等人毀犯聖戒且接受施主供養，一切鬼神皆呵罵其為大賊。如果入於房舍、城邑、住宅之中，還會有鬼時常掃其腳跡。一切世人都會罵說，此等人是佛法中賊；一切眾生，都不願見到這些人。犯戒之人，身披袈裟受人供養，無慚無愧，與畜生無異；不知止惡修善，與木頭無異。出家人若故意毀犯正戒者，犯輕垢罪。

【解讀】真正持戒者，是名真佛子。真佛子，方可接受眾生供養。出家僧眾，若不能持戒，甚至毀犯佛戒，身披袈裟受人供養，無間地獄有份。

第四十四　不供養經典戒

若佛子，常應一心受持、讀誦大乘經律。剝皮為紙，刺血為墨，以髓為水，析骨為筆，書寫佛戒。木皮穀紙，絹素竹帛，亦應悉書持。常以七寶❶，無價香華，一切雜寶為箱囊，盛經律卷。若不如法供養者，犯輕垢罪。

【譯文】

佛弟子，常應一心一意受持、讀誦大乘經律。願意剝皮為紙，刺血為墨，以髓為水，析骨為筆，書寫佛制戒律。樹皮穀紙，絹素竹帛，亦應願意用來書寫戒律，受持流通。常以金、銀、琉璃、頗梨、車渠、赤珠、瑪瑙等七寶，無價香花，以及其他一切寶物，為箱為囊，盛放、供養經律。如果不如法供養者，犯輕垢罪。

【注釋】

❶七寶：即七種珍寶，又稱「七珍」，指世間七種珍貴的寶玉。佛教諸經於七寶說法不一，《阿彌陀經》、《大智度論》卷十等稱七寶為：金、銀、琉璃、頗梨（水晶）、車渠、赤珠、瑪瑙。《法華經》卷四中則以金、銀、琉璃、硨磲、瑪瑙、真珠、玫瑰為七寶。

【解讀】

經律所在之處，即是佛法所在。凡三寶弟子，皆當如佛一樣供養，是名真正歸依三寶。

第四十五　不化眾生戒

若佛子，常起大悲心，若入一切城邑、舍宅，見一切眾生，應唱言：汝等眾生，盡應受三歸十戒。若見牛馬豬羊，一切畜生，應心念口言：汝是畜生，發菩提心。而菩薩入一切處，山林川野，皆使一切眾生發菩提心。是菩薩若不發教化眾生心者，犯輕垢罪。

【譯文】佛弟子，應常生起大慈悲心。如果入於城邑、舍宅之中，見一切眾生，應當唱說：你們一切眾生，都應歸依三寶，受持十戒。如果見到牛、馬、豬、羊等，及一切畜生，應當心念口說：你們雖是畜生，也應當發起菩提心。菩薩到達一切地方，山林、田野等，都應使一切眾生發起菩提心。身為菩薩，如果不教化眾生，令其發起菩提心，犯輕垢罪。

【解讀】眾生平等，相信一切眾生皆有佛性，相信他們於未來必當成佛。對一切眾生平等說法，對智者說理，教鈍者念佛念咒，對一切畜生等，只管心念口說，是為隨緣說法，觀機逗教。

第四十六　說法不如法戒

若佛子，常行教化，起大悲心。入檀越貴人家，一切眾中，不得立為白衣說法，應在白衣眾前，高座上坐❶。法師比丘，不得地立為四眾白衣說法。若說法時，法師高座，香華供養，四眾聽者下坐。如孝順父母，敬順師教，如事火婆羅門❷。其說法者，若不如法說，犯輕垢罪。

【譯文】作為佛弟子，應當常行教化之事，生起大慈悲心。不論是來到施主貴人之家，還是來到一切大眾之中，都不得站立著為世人說法，免使世人不尊重佛法而生輕慢佛法之心，而是應該在聽法大眾前面，較高的座位上入座講法。法師比丘，不得在地上站立著為四眾弟子或世俗人說法。正式說法時，法師應在高座上入座，座前當以香花供養，四眾聽法者在下面依次而坐。聽法之人，當至誠恭敬，如子女孝順父母，如弟子敬順師教，如事火婆羅門之精勤恭謹。說法之人，如果不如法高座，不得香花供養，而為大眾說法者，犯輕垢罪。

【注釋】

❶上座：金陵刻經處版本為「土」，據《大正藏》本改為「上」。

❷事火婆羅門：佛教經典中所說古印度的外道之一，其信徒祭祀供養火天阿耆尼。事火之法，雖為外道，然其門徒修行，卻是精勤而不怠，恭謹而不忽。

【解讀】

輕慢佛法，得無量罪業，招無量苦報。隨意說法而使眾生輕慢佛法，是謂陷眾生於罪，自身也會因輕慢佛法而獲罪。如此損人自損之事，名為廣傳佛法，度化眾生，實為以身謗佛，我慢所至，罪業更重。

第四十七　非法制限戒

若佛子，皆以信心受戒者。若國王、太子、百官、四部弟子❶，自恃高貴，破滅佛法戒律。明作制法，制我四部弟子，不聽出家行道，亦復不聽造立形像、佛塔、經律。立統制眾❷，安籍記僧。菩薩比丘地立，白衣高座，廣行非法，如兵奴事主。而菩薩應受一切人供養，而反為官走使，非法非律。若國王百官，好心受佛戒者，莫作是破三寶之罪。而故作破法者，犯輕垢罪。

【譯文】

作為佛弟子，都是以信心而受持佛戒者。如果有國王、太子、百官、四眾弟子，自恃身份高貴，而做破壞毀滅佛法戒律之事。如制定彰明種種制限法度，限制佛教四眾弟子，不許新增出家修道之人，亦復不許造立佛像、佛塔，不許造印經律。又立僧官統管僧眾，設立簿籍登記僧名。菩薩比丘站立於地，而世欲白衣高座在堂，廣行一切非法之事，猶如兵奴事奉主人一般。菩薩本應接受一切眾生供養，反而成為官家走卒，不合於法亦不合於律。國王、太子、百官等，應當好心受持佛戒，千萬不要做此等破壞三寶之事。如果明知而故為，犯輕垢罪。

【注釋】

❶四部弟子：即「四眾弟子」，指構成佛教教團的四種弟子，包括比丘、比丘尼、優婆塞、優婆夷；或指出家四眾，即比丘、比丘尼、沙彌、沙彌尼。

❷立統制眾：指政府設立僧統以管理佛教事務。僧統，指僧官。後秦姚興初立僧官，稱「僧正」。北魏改之，稱為「統」，有「沙門統」、「僧統」、「沙門都統」三名。唐以後另設「僧錄」為僧官機構。

【解讀】

在佛陀所處的古代印度，國家並沒有設置僧官來管理佛教。後秦姚興崇信佛教，其所立僧官，應該類似現代的佛教領袖，協調組織翻譯佛經及弘法活動。僧人過多過濫，非國家之福，亦非佛教之福。過分管理佛教，亦不合佛制，不利世俗國家。外管內治，鬆緊有度，以律治僧，是為正道。

第四十八　破法戒

若佛子，以好心出家，而為名聞利養，於國王、百官前說佛戒者，橫與比丘、比丘尼菩薩戒弟子❶，作繫縛事，如獄囚法，兵奴之法。如獅子身中蟲，自食獅子肉，非餘外蟲。如是佛子，自破佛法，非外道天魔能破。

若受佛戒者，應護佛戒，如念一子，如事父母，不可毀破。而菩薩聞外道惡人，以惡言謗佛戒之聲，如三百鉾心，千刀萬杖打拍其身，等無有異。寧自入地獄，經於百劫，而不聞一惡言破佛戒之聲。況自破佛戒，教人破法因緣，亦無孝順之心。若故作者，犯輕垢罪。

如是九戒，應當學，敬心奉持。

【譯文】

佛弟子，本以了生脫死之心而出家為僧，而今為了名聞利養，於國王、百官等面前宣說佛戒時，指控張揚比丘、比丘尼菩薩戒弟子犯戒之事，致使彼等遭受世俗法律懲罰繫縛之事，如入獄成囚，遭兵奴關押。此等所為，猶如獅身之蟲，自食獅子肉，非是其他一切蟲類所能做到。如此佛弟子，自己破壞佛法，其破壞性遠非外道天魔所能達到。

因此，受持佛戒者，應當愛護佛戒，就像父母掛念獨子，又如子女事奉父母，不可毀破。菩薩聽到外道、惡人，以惡言誹謗佛戒之聲，猶如三百矛刺心，又如千刀萬杖打拍自身，其痛苦無有二致。菩薩寧可自身入於地獄，經歷百劫千劫，而不願聽聞一句惡言誹謗佛戒之聲。況且，自己破壞佛戒，因種種因緣教人破壞佛戒，亦是無孝順心的表現。如果明知而故為，犯輕垢罪。

以上九戒，應當學習，敬心奉持。

【注釋】

❶橫與：即「橫治」。以世俗法律懲治犯戒僧人，是為「橫治」。以佛教律法處理犯戒僧人，是謂「直治」。

【解讀】

堡壘總是從內部攻破的，事物的腐朽也總是從內部先開始的。大乘佛子，有大願必有大行，大行必落於小事。一舉一動，起心動念，皆合於戒律。戒律興，則佛教興。

諸佛子，是四十八輕戒，汝等受持❶，過去諸菩薩已誦，未來諸菩薩當誦，現在諸菩薩今誦。

諸佛子聽：十重四十八輕戒，三世諸佛已誦、當誦、今誦，我今亦如是誦。汝等一切大眾，若國王、王子、百官、比丘、比丘尼、信男、信女、受持菩薩戒者，應受持、讀誦、解說、書寫。佛性常住戒卷❷，流通三世一切眾生，化化不絕。得見千佛，佛佛授手，世世不墮惡道八難❸，常生人道天中。

我今在此樹下，略開七佛法戒❹，汝等大眾，當一心學波羅提木叉，歡喜奉行。如〈無相天王品〉勸學中，一一廣明。

三千學士❺，時坐聽者，聞佛自誦，心心頂戴，喜躍受持。

爾時，釋迦牟尼佛說上蓮華台藏世界，盧舍那佛〈心地法門品〉中，十無盡戒法品竟❻，千百億釋迦亦如是說。從摩醯首羅天王宮，至此道樹下，住處說法品❼，為一切菩薩，不可說大眾，受持讀誦，解說其義，亦如是。千百億世界，蓮華藏世界，微塵世界，一切佛心藏、地藏、戒藏、無量行願藏、因果佛性常住藏❽。如是一切佛說，無量一切法藏竟，千百億世界中，一切眾生受持，歡喜奉行。

若廣開心地相相，如〈佛華光王七行品〉中說。

【譯文】

諸位佛弟子，這些四十八輕戒，你們應當領受憶持。此等輕戒，過去諸菩薩已經持誦，未來諸菩薩應當持誦，現在諸菩薩正在持誦。

諸位佛子請仔細聽：這十重四十八輕戒，三世一切諸佛已經持誦、應當持誦、正在持誦，我釋迦佛如今也在持誦。你們一切大眾，不論是國王、王子、百官，還是比丘、比丘尼、信男、信女，以及一切受持大乘菩薩戒者，都應當領受憶持、時常讀誦、解說戒相、書寫戒卷。發願將此佛性常住戒卷，流通於三世一切眾生，輾轉流布，化化不絕。如此持戒清淨，則能得見千佛，又能得到佛佛授手提攜，生生世世不墮惡道，不出生於障礙見佛聞法的八難之處，常生於人道、天道之中，聞法修道。

我釋迦佛現今在此菩提樹下，粗略開示過去七佛所說心地法戒（即十重四十八輕戒），你等一切大眾，應當一心一意學習大乘菩薩戒，以歡喜心奉行戒法。如在大部中〈無相天王品〉勸學篇中，一一得到了廣泛而詳細說明。

三千菩薩，及一切當時在座聽法者，聽聞釋尊自誦這十重四十八輕戒，都心心頂戴，歡喜雀躍，發願受持讀誦。

爾時，釋迦牟尼佛上蓮花台藏世界，盧舍那佛所說〈心地法門品〉中十無盡戒品，宣說完畢，其餘千百億釋迦佛也是這樣說。他們都是從摩醯首羅天王宮，至菩提樹下，先後十個住處及所傳十世界海、十住、十行、十回向、十禪定、十地等法門品，亦無有異；而一切菩薩，及不可說大眾，受持讀誦，書寫解說其義，亦如娑婆大眾無二。不僅如此，還有千百億世界中佛，千百億蓮華藏世界中佛，乃至無量微塵世界中佛，也在宣說一切諸佛所說三十心藏、十地藏、十重四十八輕戒藏、賢聖所行無量行藏、無量願藏、百劫修行因藏、成等正覺果藏、一切眾生本有佛性之常住藏。像這樣一切諸佛所說，此心地等無量一切法藏究竟，千百億世界之中，一切眾生受持，歡喜奉行，亦如此界眾生等無有異。

諸佛說法度生大略如此，如果廣開心地相相之義，大部中〈佛華光王七行品〉中有詳細說明。

【注釋】

❶受持：即領受憶持。《勝鬘經寶窟》上本中說：「始則領受在心曰受，終則憶而不忘曰持。」

❷佛性常住戒：即大乘菩薩戒。大乘菩薩戒又稱「佛性戒」、「千佛大戒」，得見佛性、證悟無上菩提是其宗旨。攝戒歸性、以佛性為戒體是大乘菩薩戒的重要特徵，而佛性本有，常住而不滅，所以此處又稱菩薩戒為「佛性常住戒」。

❸惡道：一般指地獄、餓鬼、畜生三惡道；阿修羅、人間、天上則稱為「三善道」。八難：指不得遇佛、不聞正法的八種障難（見四十八輕戒之第五戒注）。另外，八難也指八種苦難之處，即：王難、賊難、火難、水難、病難、人難、非人難、毒蟲難。佛教中受戒、自恣時，若遇此八種難事，則聽許略說俗事。

❹略開：眾生身心有八萬四千細行，即當有八萬四千種戒法，但其要旨，不出十重四十八輕戒，所以稱「略開」。

❺三千學士：總稱在會聽法諸菩薩，包括天龍八部、道俗貴賤等一切聽眾。

❻十無盡戒：即本經所說的「十重戒」。

❼住處：《大正藏》本中為「十住處」，指釋迦牟尼佛次第說法的十個處所。即：第一，在摩醯首

羅天王宮普光明殿說十世界海；第二，在忉利天說十住；第三，到夜摩天說十行；第四，到兜率天說十回向；第五，到化樂天說十禪定；第六，到他化自在天說十地；第七，到初禪天說十金剛；第八，到二禪天說十忍；第九，到三禪天說十願；第十，到四禪天說心地法門。

❽佛心藏、地藏、戒藏、無量行願藏：一切諸佛所說之三十心含藏一切心法，故名「心藏」。菩薩十地含攝一切修行證果階第，故名「地藏」。十重四十八輕戒含藏一切戒法，故名「戒藏」。所發無量無邊百千大願，是名「願藏」。因果佛性常住藏：有百劫修行之勝因，故名「因藏」。能成無上正等正覺佛果，是名「果藏」。一切眾生皆有本覺佛性，佛性常住，故名「佛性常住藏」。

【解讀】

此為流通分，總述了大乘菩薩戒的體性功用，並總結了大乘佛法的修習次第，再次強調了此修行方法的重要性。

明人忍慧強❶，能持如是法，未成佛道間，安獲五種利：

一者十方佛，愍念常守護。二者命終時，正見心歡喜。

三者生生處，為諸菩薩友。四者功德聚，戒度悉成就❷。
五者今後世，性戒福慧滿❸。此是諸佛子，智者善思量。
計我著相者，不能信是法。滅壽取證者❹，亦非下種處❺。
欲長菩提苗，光明照世間。應當淨觀察，諸法真實相。
不生亦不滅，不常復不斷。不一亦不異，不來亦不去。
如是一心中，方便勤莊嚴。菩薩所應作，應當次第學。
於學於無學❻，勿生分別想，是名第一道，亦名摩訶衍❼。
一切戲論惡❽，悉從是處滅。諸佛薩婆若❾，悉由是處出。
是故諸佛子，宜發大勇猛，於諸佛淨戒，護持如明珠。
過去諸菩薩，已於是中學，未來者當學，現在者今學。
此是佛行處，聖主所稱歎。我已隨順說，福德無量聚。
回以施眾生，共向一切智。願聞是法者，疾得成佛道。

【譯文】

明智之人忍力慧力皆強，能受持心地戒法，將來必定成佛。未成佛道之前，已安然獲得五種利益：

第一，能得十方諸佛，憐憫掛念，常為守護。

第二，臨命終時，秉持正見，心生歡喜，無惡境現前。

第三，生生世世，在在處處，常得與諸菩薩為友。

第四，無量功德集聚，一切戒度悉能成就。

第五，從今向後，自性戒體呈現，福慧圓滿。

如此五種利益，是持戒諸佛子所得，明智之人，當於此心地戒法仔細思量。

計我、著相之輩，不可能相信如此之法。灰身滅智、著相取證的小乘之人，也不是下菩提種之處。

如果想要增長菩提心苗，當使智慧光明普照世間。應當發起無礙清淨之慧，靜觀細察，徹見諸法真實之相。

諸法實相，自性戒體，不生亦不滅，不常復不斷，不一亦不異，不來亦不去。

如是實相戒體一念清淨心中，起種種巧妙慧方便，勤修種種行門，戒相莊嚴。

如此慧解妙行，實非小乘外道所能，乃是大乘菩薩所應作，但也應當次第如法修學。

對於「有學」與「無學」，不要生起分別執著之想，則名中道第一義諦之道，亦稱大乘道。

一切外道二乘戲論惡見，皆依此中道第一義諦而得滅盡無餘。諸佛一切智慧，皆從此而生。

因此，諸位佛子，應當發起大勇猛精進力，於諸佛清淨戒法，善為保護持守，使其如明珠般光潔無瑕。

心地戒法，過去諸菩薩已經學習，未來諸菩薩當於其中學習，現在諸菩薩正於其中學習。此是三世一切諸佛所行之處，為本師盧舍那佛聖主所稱揚讚歎，我亦隨順諸佛所說。

願以此無量無邊福德之聚，回向施與一切眾生，共同證得諸佛一切智。願凡聽聞此戒法者，速疾得以成就佛道。

【注釋】

❶忍慧：即「忍力」、「慧力」。大乘佛法修持者，以修六波羅蜜（布施、持戒、忍辱、精進、禪定、智慧），可得忍辱、智慧成就，具足忍力、慧力。

❷戒度：即「持戒波羅蜜」，六波羅蜜（六度）之一。持戒波羅蜜，又作「戒度無極」，也譯為「絕對的、完全的持戒」，指持守戒律，能對治身、口、意起三惡業而令身心清淨。此處指能持十重四十八輕戒，一一戒行皆得具足。

❸性戒：即「自性戒」，「佛性戒」。眾生自性本自清淨，若能識自本心，見自本性，身心自然清淨，此時若置一戒，亦是多餘，是謂「佛性戒」。

❹滅壽取證：指聲聞小乘人等，知我空而不知法空，耽空而視涅槃為灰身滅智，或執著有境界可證，有涅槃果可得。

❺下種處：指下菩提種之處。

❻於學於無學：學，即「有學」，指雖斷見惑，已知佛教終極真理，但思惑還得漸斷，功德尚待圓滿。無學，指進趣圓滿，見思二惑斷盡，再無有學。聲聞乘四果中，前三果為有學，第四阿羅漢果為無學。

❼摩訶衍：即「大乘」。

❽戲論：原指違背實理，對增進善法無益的言論。此處指違背大乘佛法的一切思想言論。

❾薩婆若：譯為「一切智」，指在佛果上了悟一切法之智。一切智，佛的兩種智（一切智、一切種智）之一，知一切諸法之總相。一切種智，知一切諸法之種種別相。

【解讀】本偈分別從讚持戒利益、勸觀戒體、勸護回向三個方面，對受持大乘菩薩戒的功德作了回顧與總結。總之，大乘菩薩戒，是千佛大戒，是佛性戒，是心地戒。攝戒歸性、戒慧一如，是大乘菩薩戒的重要特徵。

結語

《梵網經》是大乘佛教經典，其中中道、佛性等思想是與大乘佛教義理一脈相承的。《梵網經》思想體系有個重要特徵，就是以慧解經，攝戒歸性。也就是說，在闡述大乘菩薩修行階第時，無論是因地的十發趣心、十長養心、十金剛心，還是果地的十地，作為修行指導思想的是中道第一義諦智慧，所要證得的也是中道第一義諦智慧，指導理論與證悟智慧合一，因地果地不二。在闡述十重四十八輕戒等大乘菩薩戒時，提倡以中道智慧持戒，既不能偏執於持戒，自我繫縛而導致身心疲憊，更不能輕視持戒，放縱身心而犯無量罪業，正所謂持而非持，非持而持。持戒宗旨，在於攝戒歸性，即當下的每一個持戒的目的都在於使自心清淨，所謂一念惡心起，即是持戒時，當下心清淨，即是佛性現。眾生心性本自清淨，本具佛性，本來具足戒體，皆因後天心有染著，所以需要持戒。若得自身佛性顯現，則自心無有持戒一念，而一言一行一念都合於戒法，真正是無相持戒。《梵網經》中的大乘佛法修行階第及大乘菩薩戒，起自中道般若、佛性，終成於般若、佛性，具有較明顯的大乘圓教特徵。經中對於般若與佛性的會通特徵，是對大乘佛教以第一義空為佛性的繼承，也應該對慧能禪宗視般若、佛性皆為本有且圓融無二產生過重要影響。

在中土儒家思想的文化背景下，大乘佛教幾乎成為中國佛教的代名詞。由於大乘菩薩戒通於在家出家的特徵，中國歷史上，無論是君主、大臣，還是一般士子、庶人，受持大乘菩薩戒十分流行。《梵網經》中大乘菩薩戒的基本精神不僅是止一切惡，更重要的是要積極地廣行一切善，有善不做即是犯戒。孝順父母、師僧、三寶之心，慈悲對待一切眾生之心，貫穿全經，體現了極其濃厚的中國文化特徵。止惡，首在止殺，止殺又首在禁止自殺，由敬重自身生命而善待一切眾生生命，仁愛萬物。揚善不僅僅是看發心，更是體現在布施財物、說法教化、當下救濟、抄經印典等一切具體行為之中。菩薩雖然已經得證聖果，了脫生死，出離六道，然後卻以種種身形往返於六道，隨順眾生因緣，作人、作牛、作馬等，觀機逗教，不辭辛勞度化一切眾生。菩薩雖出入於六道，往來於染污之地，度一切眾生，然於自己卻無一塵可染，無有一眾生可度。後世慧能禪宗，提倡「無念為宗，無相為體，無住為本」，「佛法在世間，不離世間覺」，「若欲修行，在家亦得，不由在寺」，等等，正是大乘菩薩道的集中體現，更是大乘佛教與中國固有文化充分融合的結晶。

《佛說梵網經》，姚秦・鳩摩羅什譯，金陵刻經處通行版。
《佛說梵網經》，姚秦・鳩摩羅什譯，《大正藏》第二十四冊。
《妙法蓮華經》，姚秦・鳩摩羅什譯，《大正藏》第九冊。
《大般涅槃經》，北涼・曇無讖譯，《大正藏》第十二冊。
《大方廣佛華嚴經》，東晉・佛陀跋陀羅譯，《大正藏》第九冊。
《維摩詰所說經》，姚秦・鳩摩羅什譯，《大正藏》第十四冊。
《長阿含經》，姚秦・佛陀耶舍、竺念佛譯，《大正藏》第一冊。
《中阿含經》，東晉・僧伽提婆、僧伽羅叉譯，《大正藏》第一冊。
《雜阿含經》，南朝宋・求那跋陀羅譯，《大正藏》第二冊。
《增一阿含經》，東晉・僧伽提婆譯，《大正藏》第二冊。
《菩薩戒義疏》，唐・天台智者大師說門人灌頂記，《大正藏》第四十冊。

《梵網經古跡記》，新羅·太賢集，《大正藏》第四十冊。
《梵網經合注》，明·智旭注，道昉校訂，《續藏經》第六十冊。
《梵網經直解》，明·寂光直解，《續藏經》第六十冊。
《梵網經順朱》，清·德玉順朱注，《續藏經》第六十一冊。
《授菩薩戒儀》，唐·堪然述，《續藏經》第一〇五冊。
《高僧傳》，梁·慧皎撰，湯用彤校注（北京：中華書局，一九九二）。
《高僧傳二集》，唐·道宣撰，金陵刻經處本。
《宋高僧傳》，宋·贊寧撰，范祥雍點校（北京：中華書局，一九八七）。
《佛光大辭典》（北京：北京圖書館出版社，一九八九）。
《佛學大辭典》，丁福保（上海：上海書店，一九九一）。
《佛家名相通釋》，熊十力著（上海：東方出版中心，一九九六）。
《法相辭典》，朱芾煌編（商務印書館，一九三九）。
《唯識名詞白話新解》（于凌波居士著，佛陀教育基金會出版，二〇〇八）。
《中國佛學源流略講》，呂澂著（北京：中華書局，一九七九）。

《漢魏兩晉南北朝佛教史》（上、下），湯用彤著（北京：中華書局，一九八三）。
《中國佛性論》，賴永海著（北京：中國青年出版社，一九九九）。
《中國佛教文化論》，賴永海著（北京：中國青年出版社，一九九九）。
《戒律學綱要》，聖嚴法師著，金陵刻經處影印本。
《佛教戒律學》，勞政武著（北京：宗教文化出版社，一九九九）。
《佛說梵網經》，季芳桐釋譯（臺北：佛光文化事業有限公司，一九九七）。
《新譯梵網經》，王建光注譯（臺北：三民書局，二〇〇五）。

白話佛經

梵網經

2012年12月初版　　定價：新臺幣320元

主　　編　賴永海
譯 注 者　戴傳江
發 行 人　林載爵

出 版 者　聯經出版事業股份有限公司
地　　址　台北市基隆路一段180號4樓
編輯部地址　台北市基隆路一段180號4樓
叢書主編電話　(02)87876242轉203
台北聯經書房：台北市新生南路三段94號
電　　話：(02)23620308
台中分公司：台中市健行路321號
暨門市電話：(04)22371234ext.5
郵政劃撥帳戶第0100559-3號
郵撥電話：(02)23620308
印 刷 者　文聯彩色製版印刷有限公司
總 經 銷　聯合發行股份有限公司
發 行 所：新北市新店區寶橋路235巷6弄6號2樓
電　　話：(02)29178022

叢書主編　簡美玉
編　　輯　梅心怡
特約編輯　吳淑芳
校　　對　蘇淑惠
封面設計　陳文德
內文排版　翁國鈞

行政院新聞局出版事業登記證局版臺業字第0130號

本書如有缺頁，破損，倒裝請寄回台北聯經書房更換。　ISBN 978-957-08-4105-3 (平裝)
聯經網址：www.linkingbooks.com.tw
電子信箱：linking@udngroup.com

本書中文繁體字版由中華書局（北京）授權出版

國家圖書館出版品預行編目資料

梵網經/賴永海主編．戴傳江譯注．初版．
臺北市．聯經．2012年12月（民101年）．
384面．14.8×21公分（白話佛經）
ISBN 978-957-08-4105-3（平裝）

1.法華部

223.11　　101023074